世界社会保障制度系列丛书

丛书主编 郑功成

美国社会保障制度

苏泽瑞 著

Social Security
System in USA

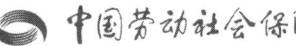

图书在版编目（CIP）数据

美国社会保障制度/苏泽瑞著．－－北京：中国劳动社会保障出版社，2023
（世界社会保障制度系列丛书/郑功成主编）
ISBN 978－7－5167－5885－4

Ⅰ．①美⋯　Ⅱ．①苏⋯　Ⅲ．①社会保障-福利制度-研究-美国　Ⅳ．①D771.27

中国国家版本馆CIP数据核字（2023）第191592号

中国劳动社会保障出版社出版发行

（北京市惠新东街1号　邮政编码：100029）

*

保定市中画美凯印刷有限公司印刷装订　　新华书店经销

787毫米×1092毫米　16开本　17.75印张　186千字
2023年10月第1版　　2023年10月第1次印刷
定价：78.00元

营销中心电话：400－606－6496
出版社网址：http://www.class.com.cn

版权专有　　侵权必究

如有印装差错，请与本社联系调换：(010) 81211666
我社将与版权执法机关配合，大力打击盗印、销售和使用盗版图书活动，敬请广大读者协助举报，经查实将给予举报者奖励。
举报电话：(010) 64954652

序
以美国为鉴，走中国特色社会保障发展新路

郑功成[①]

我的社会保障国际观的集中表述是"远学德国，近学日本，采多国之长，行大国之道"。这是数十年来专业研究社会保障问题的重要心得之一，也是实地广泛考察过欧美及日韩多国社会保障制度发展实践后的一条基本结论。未将当今世界最强大国家——美国，列为优先借鉴对象，甚至还不将其与德国、日本并列，而是将其纳入泛指的"多国"之一，所依据的主要是德国首创社会保险制度的世界级影响力和其制度历经140年风雨仍在持续发展的事实确系举世无双，日本则以其在社会保障制度安排中注入了与中华文化相近的元素值得我们特别关注，而美国与中国国情的差异性太大，其社会保障制度也不可能具有与德国、日本相当的借鉴价值。上述社会保障国际观可能会遭到一些人士（特别是非社会保障专业研究者）的反对，但这并不妨碍我始终坚持这一观点，因为各国的社会保障制度安排必定要适应各自的社会、政治、经济、文化乃至传统等诸多国情要素，影响因素的复杂性决定了制度安排的差异性，进而决定了借鉴他国经验时也特别需要理性与谨慎。与美国几近孪生的英国走的是与美国不同的福利国家道路，亦为我的社会保障国际观提供了一个有力的证据。

强调美国的社会保障制度不是中国借鉴的主要对象，主要是针对国内缺乏对美国社会保障制度的真正了解而又不时冒出以美为师或将美国的市场化、私有化、自由化取向奉为圭臬的主张，及其对公众甚至政策制定者的可能误导，但这并不意味美国不重要。在当今世界百年未有之大变局中，中美两国无疑是大变局中最具代表性的两个大国：一个是年轻却维持了近百年世界霸

[①] 郑功成，全国人大常委会委员，中国社会保障学会会长，中国人民大学学术委员会副主任、教授。

主地位的美国，一个是古老而又由衰复强的中国。美国是当今世界最强大的国家：其陆地总面积为937万平方千米，仅次于俄罗斯、中国而居世界第三；总人口约3.33亿人，仅次于中国、印度而居世界第三；其是高度发达的现代化国家，国内生产总值居世界首位，中国作为世界第二大经济体的经济总量还不及美国的80%；其是联合国安理会常任理事国，也是北大西洋公约组织（北约）、世界贸易组织、亚太经济合作组织等国际组织重要成员，在政治、军事、外交、经济、文化等领域对当今世界特别是西方国家均有很大影响力。中国在过去数十年间取得了举世瞩目的巨大成就，已处在不可逆转的上升通道中，正在以中国式现代化全面推进中华民族伟大复兴，但离全面建成社会主义现代化强国还有一段距离。因此，无论从哪个角度出发，中国都不能对美国轻视或者忽略美国，社会保障方面也是如此。了解美国社会保障制度的真实情况，对于建设和发展好中国特色社会保障事业显然有着重要意义，只不过我们需要的是在真正了解的基础上借鉴其有益的成分，而不是盲目地以美国马首是瞻。

要了解美国的社会保障制度，必须先把握美国的基本国情。概括而言，美国是一个年轻、典型、具有独特移民文化的资本主义现代化国家。所谓年轻，是指美国自1776年立国至今还不到250年；所谓典型，是指美国自1865年南北战争结束后开始全面实行资本主义，很快形成了以资本为中心、以维护资本家集团利益为出发点的极致资本主义国家价值观及国家治理体系；所谓独特移民文化，是指美国作为一个移民国家，信奉的是个人自由至上和对外扩张的文化，而非共享和内敛。回顾美国历史，可以发现，美国原为印第安人聚居地，15世纪末西班牙、荷兰、法国、英国等开始向北美移民，到1773年时英国已在北美建立了13个殖民地。据美国2020年人口普查数据，非拉美裔白人占57.8%、拉美裔占18.7%、非洲裔占12.4%、亚裔占6%，而印第安人和阿拉斯加原住民仅占1.1%，夏威夷原住民或其他太平洋岛民占0.2%（以上比例存在重叠）。[①] 可见，美国早已不是原住民的美国，而是以欧

---

① 美国国家概况［EB/OL］. 中国外交部网站，2023 - 2. https：//www. fmprc. gov. cn/web/gjhdq_676201/gj_676203/bmz_679954/1206_680528/1206x0_680530/.

洲人为主体的移民组成的国家。在国体与政体方面，根据美国 1789 年 3 月第一届国会宣布生效的宪法，其实行的是联邦制，联邦制下各州（全国共分 50 个州和 1 个哥伦比亚特区）拥有包括立法权在内的很大自主权，联邦政府与州政府不是上下级关系而是依宪分权制；其政体是立法权、行政权、司法权相互独立、互相制衡，但又以掌握行政和军事大权的总统为核心。上述基本国情，决定了追求极致资本主义且由移民组成的美国不可能重视发展饱含社会主义元素且以强制性共享为特质的社会保障制度，这是美国立国之后很长时间都只有有限的慈善活动与零星救助的根本原因。

然而，1929—1933 年发端于美国并波及包括英国、法国、德国、日本等在内的整个资本主义世界的重大经济危机，使新兴的资本主义美国陷入了空前的大萧条时期，企业纷纷倒闭，工人大规模失业，农民也陷入了破产境地，到处是民不聊生的惨景，成千上万失去生活保障的下层民众聚集街头，国家陷入严重的危机之中，当时信奉自由放任主义的胡佛总统哀叹"已到了山穷水尽的境地，无能为力了"。面对这样的局面，新上台的罗斯福政府为挽救资本主义灭亡的危机，一反胡佛政府偏向大资本的政策取向，采取抑制大资本、救济穷人的做法，于 1933 年通过实施《联邦紧急救济法案》给饥饿的贫民与失业者以临时救济，接着借鉴德国做法于 1935 年通过制定《社会保障法》建立了美国式社会保障制度，它作为应对经济大萧条的拯救性行动，迅速缓解了民生疾苦，在一定程度上修复了市场失灵和放任自由竞争、弱肉强食的弊端；同时，通过强制性的社会保障制度，也使联邦政府强化了对全国的管治，特别是人人拥有的社会保障号等同于身份证号，极大地增进了美国人民对国家的认同。正是依靠包括社会保障制度在内的一系列制度创新，美国率先从大危机中走出来，迅速成为西方世界中最强大的国家。因此，社会保障制度实质上重构了美国的现代国家治理体系，此后即使遭遇经济危机亦能够避免当年大萧条时期的情景。[①] 不过，由于维护资本家集团利益的极致资本主义和

---

① 郑功成. 中国式现代化与社会保障新制度文明［J］. 社会保障评论，2023（1）.

移民文化，美国并未建立与欧洲发达资本主义国家相似的社会保障制度，这使得其通过社会保障再分配实现社会共享的份额长期偏低，迄今仍然是资本主义发达国家阵营中贫富差距最大的国家。

美国的社会保障制度到底是一个什么样的制度体系？国内虽然对此有所介绍，但难观全貌。在众说纷纭中，还存在着不少认识误区。其一，将美国的社会保障视为市场化或私有化产物，无视社会保障制度应有的公有属性以及美国建立这一制度时正是为了修补市场失灵带来的深刻危机。例如，在养老保险制度方面，国内鲜见有人介绍作为稳固基石的由美国政府负责的公共养老金制度，而是宣扬其市场化、私有化的企业年金与个人养老金，并将之与中国基本养老保险制度相提并论；在医疗保障方面，鲜见有人介绍美国政府负责并面向弱势群体的公共医疗保障制度以及非营利性的医疗保障，而是宣扬市场化、商业性的健康保险，让人误以为美国的医疗保障仅是市场化的医疗保障。其二，盲目"崇美"，即对美国的社会保障只见优点不见缺点。例如，美国作为世界第一大经济体，其公共医疗保障迄今尚未覆盖全民，其医疗卫生支出总额相当于国内生产总值的 18% 左右，是世界之最；这两点常常被欧洲学者诟病，但在中国却有不少拥趸。其三，对美国的社会保障实践只见现象不问缘由。例如，国内的人只了解到美国有发达的慈善事业，学术与舆论场域常见渲染美国慈善力量与家族慈善的现象，甚者还有以某个美国慈善基金会"制止"了某场战争为例来说明其慈善组织具有超越国家的能力，误导公众以为中国要发展慈善事业必须以美国为师。殊不知，美国慈善事业之所以发达，并非其追求社会公平和国际正义的表现，而是因其贫富差距过大而公共社会保障制度根本不足以解决相关社会问题所致，它只是美国式极致资本主义的必然结果。相较之下，欧洲发达资本主义国家推崇共享并利用健全的社会保障制度促进了社会公平，社会慈善的重要性也自然地弱化。因此，我们特别需要全面客观介绍美国社会保障制度的出版物。

由苏泽瑞博士撰著的《美国社会保障制度》一书，以全景式的客观描述揭开了美国社会保障制度的面纱，从中可以了解其历史进程与现实概貌，以及养老保障、医疗保障、失业保险、工伤保险、退役军人保障、社会救助、住房保障以及慈善事业等具体制度安排的情形。透过该书，可以发现如下一些基本事实。一是美国自 1935 年建立社会保障制度以来，形成的是美国特色的社会保障制度。其基本理念是以资本为中心，以维护资本家集团利益为出发点，追求个人自由至上，在这种理念支配下，政府负责有限的社会保障，通过市场与社会力量提供的保障却十分发达，从而在制度体系结构方面呈现为由政府、市场、社会分别支撑且相互协同的多支柱组合型或混合型制度安排。二是美国的社会保障制度经过 1935 年以来的建设与发展，已经较为健全，但与欧洲发达国家的社会保障制度相比，无论是政府投入力度还是社会共享份额均要逊色很多，致使公共社会保障的再分配力度相对较弱，由此也就不难理解为什么美国的基尼系数要明显高于欧洲发达国家了。三是美国政府依然扮演着社会保障主导者的角色，但以承担有限责任为前提。例如，美国政府负责或主导的公共养老金替代率明显低于欧洲与其他地区的发达国家水平，公共医疗保障制度主要覆盖年老、残疾的美国公民以及对贫困家庭的医疗救助。美国人的养老金与医疗保障待遇以及其他保障需求，在很大程度上需要依靠市场化、社会化的制度安排来获得满足，而美国政府则通过推动市场竞争和促进慈善公益事业发展来发挥主导作用。例如，在商业保险市场上，每年均有一批公司遭到淘汰，也有一批新公司诞生，激烈的竞争使得美国的保险市场不得不以发掘保险客户的需求为目标，进而在政府保障有限的条件下赢得巨大的发展机遇；再如，美国的慈善公益事业十分发达，看似美国政府几乎放任不管，但实则与慈善相关的税制却很健全，包括对慈善公益事业实行减免税政策，同时开征税率较高的遗产税、赠与税等，从而是通过健全的税制促使人们参与捐献。四是美国的社会保障制度受两党竞争及其背后的利益集团的影响大。纵观 1935 年以来美国的社会保障发展史，可以发现一个规律，即民主党执政时会推动社会保障发展，共和党人上台后会采取紧缩取向，最典型的例子莫过于美国医保改革经历从克林顿到拜登的 30 年折腾，迄今仍然未能够取得圆满的结果，不仅证明了党争误却民生，也反映了背后利益集团的巨大影响。综上，《美国社会保障制度》一书的贡献不容低估，当然，本书也存在一些遗憾，这就是对社会福利服务关注不足，如养老服务、儿童福利等，其实美国在这方面也调动了政府、市场与社会力量的参与，总体上满足了美国人民的基本需要。

中国式现代化是全体人民共同富裕的现代化，这一根本特征决定了中国不仅需要建立健全的社会保障体系，而且需要其承担扎实推进全体人民共同富裕的重大责任与使命，从而与美国的社会保障制度具有本质差异性。但这并不妨碍我们理性借鉴美国的经验与教训。一方面，我们不能弱化政府的社会保障责任及其对整个制度体系的主导作用，但可以借鉴美国做法实现对市场力量的有效利用，通过完善慈善税制促进慈善事业得到较大发展，进而促进多层次保障体系全面发展。在具体制度安排中，美国优先保障好弱势群体的基本权益，重视全面保障军人与退役军人的权益，还有非营利性医疗保障、工伤预防与康复做法等，均有值得借鉴之处。另一方面，要充分吸取美国因党争与利益集团的影响而误却社会保障发展的教训，坚持中国共产党领导，坚持走社会主义道路，坚持以全体人民共同富裕为发展目标，坚决杜绝利益集团对社会保障制度发展的影响。

在中国式现代化进程中，应以美国为鉴，走出中国特色社会保障发展新路。这条新路必须既体现遵循法治、政府主导、责任分担、互助共济、多层次化等共同特征，又体现人民性、目的性、本土性、先进性等中国特色，并在社会主义制度特别是中国共产党领导、公有制与国家治理体系的加持下实现可持续发展。

2023 年 5 月 1 日于北京

目　录

第一章　美国社会保障发展历史回顾 … 1
第一节　早期社会救济与社会保障萌芽时期 … 2
第二节　现代社会保障制度确立与发展时期 … 6
第三节　社会保障制度艰难调整时期 … 13

第二章　美国社会保障制度概述 … 24
第一节　混合型的社会保障体系 … 24
第二节　社会保障管理体系 … 27
第三节　社会保障制度的特点 … 33

第三章　养老保障 … 38
第一节　公共养老保险 … 40
第二节　雇主养老保险 … 54
第三节　个人储蓄养老保险 … 63

第四章　医疗保障 … 72
第一节　公共医疗保障 … 75
第二节　营利性商业健康保险 … 95
第三节　非营利性健康保险 … 101

第五章　失业保险 … 109
第一节　失业保险的立法历程 … 109
第二节　失业保险的管理机构 … 111

第三节　失业保险的主要内容 …………………………………… 113
　　第四节　失业保险的特点与不足 ………………………………… 130

第六章　工伤保险 ……………………………………………………… 137
　　第一节　工伤保险的立法历程 …………………………………… 137
　　第二节　工伤保险的主要内容 …………………………………… 142

第七章　退役军人保障 ………………………………………………… 168
　　第一节　退役军人的概念 ………………………………………… 168
　　第二节　退役军人保障的历史沿革 ……………………………… 169
　　第三节　退役军人保障的主要内容 ……………………………… 177

第八章　社会救助和住房保障 ………………………………………… 214
　　第一节　生活救助 ………………………………………………… 215
　　第二节　住房保障 ………………………………………………… 231

第九章　慈善事业 ……………………………………………………… 242
　　第一节　慈善事业的发展历程 …………………………………… 243
　　第二节　慈善事业的法律规范 …………………………………… 248
　　第三节　慈善实践 ………………………………………………… 258
　　第四节　慈善事业的特点 ………………………………………… 267

部分术语对照表 ………………………………………………………… 269

第一章
美国社会保障发展历史回顾

社会保障①的设立,是现代社会一个重要的制度特征。社会保障制度的确立与变迁,深受特定时代背景和所在国家政治、经济、社会、文化等多重因素的影响。作为当今世界上经济实力最为强大的国家之一,美国向来将市场作为最有效率的资源配置手段,其自由主义的文化与意识传统根深蒂固。受此影响,美国社会保障制度在立法取向、责任主体、保障范围与水平等方面都有着异于其他国家的特点:政府、市场、社会等多元主体均具有重要的保障功能,效率取向明显但公平不足。这一点在医疗保障领域尤为突出——以先进医疗技术和强调人权保护著称的美国,其医疗绩效却广受诟病,不仅医疗费用居高不下,而且至今仍缺乏惠及全民的公共医疗保障体系,数千万人的生存权面临疾病威胁。

纵观西方主流社会保障思想发展历史,大致可以划分为三大阶段:一是15世纪到19世纪中后期以"自助互助和有限救助"为主要特征的自由资本主义时代;二是19世纪末20世纪初到20世纪70年代以"国家干预和国家责任"为特征的国家干预资本主义时

---

① 本书所称社会保障,是指包含社会救助、社会保险、社会福利以及其他补充保障在内的广义概念,并非特指美国联邦政府负责的老年、遗属和残障保险(OASDI)。

代;三是20世纪70年代以来以"自助互助和国家共同责任"为特征的新自由主义与中间道路资本主义时代。① 与之类似,美国社会保障制度也经历了个人责任和国家责任不断反复的演变过程。以1935年美国《社会保障法》(The Social Security Act)出台为制度建立的重要标志,依据政府在美国社会保障制度中扮演角色的变化,其发展历程大致可划分为以下三个阶段:早期社会救济与社会保障萌芽时期(20世纪30年代之前)、现代社会保障制度确立与发展时期(20世纪30年代至70年代)、社会保障制度艰难调整时期(20世纪70年代至今)。②

第一节 早期社会救济与社会保障萌芽时期

一、早期的社会救济

美国最早是英国的殖民地,其早期的社会保障也同英国1601年《伊丽莎白济贫法》一脉相承,具有明显的社会救济特征。从1607年到1732年,远渡重洋的英国人沿着北美东海岸相继建立了13个殖民地。虽然北美殖民地自然资源丰饶,但从欧洲"旧大陆"来到北美"新世界"的移民依旧难以摆脱困扰旧大陆的天灾人祸。许多人生活在贫困和疾病的侵扰中,随之而来的失业、流浪、盗窃、暴动等种种社会问题频发。这一时期的社会保障效仿英国济贫法传

---

① 丁建定. 西方社会保障制度的理论溯源[J]. 社会科学辑刊,2020(5):136-142.
② 划分标准不一而足。国外学者曾将美国社会保障发展过程细分为殖民地时期(1647—1776年)、南北战争前(1777—1860年)、内战及战后(1860—1900年)、进步时代(1900—1930年)、大萧条和罗斯福新政(1930—1940年)五个阶段;还有学者在此基础上补充了第二次世界大战、繁荣和伟大社会(1940—1980年)、里根主义和社会紧缩(1980—1996年)。国内学者也多以1935年《社会保障法》的出台和20世纪70年代"新联邦主义"的提出作为美国社会保障制度发展的重要历史节点。本书简要划分三阶段旨在说明美国社会保障建制过程中政府责任取向的变化。

统，主要依靠私人自愿捐助和民间团体互助（如社区、宗教）等方式开展救济。这些个人和组织基本上是通过捐税、私人捐赠、赠予及其他私人财产来进行济贫的①，这种济贫传统一直延续到美国建国初期和近代工业化初期。随着自由放任经济思想和市场化经济的发展，贫穷的责任被归咎于个人而非社会，因此只有极少数的州政府、县政府提供收容所、济贫院等公共援助。例如，当时美国一些州的市议会就规定，该城市凡具有扶养能力的家庭，都必须承担扶养寡妇的义务，费用由市政机构提供，数额是事先商定的。进入19世纪后，美国的社会救济有了进一步的发展。在考虑被救助者的基本生存问题以外，也开始适当考虑他们的健康水平、道德状况和受教育程度。如1824年纽约州的立法机构通过的法律规定，州内每个县必须至少建立一个贫民收容院，收容的对象主要是孩子。②

南北战争以联邦政府的胜利宣告结束，统一后的美国迎来了经济上的快速发展，但同时也面临战后遗留的诸多社会问题。在这一时期，一方面，市场经济的进一步发展及联邦政府权力的扩张，为民间慈善行业和大量公共援助计划提供了现实基础，例如，1862年建立了第一个联邦运作的社会保障计划——内战退役军人及遗属福利金，1865年成立第一个联邦政府资助和运行的社会福利机构——自由民局③；另一方面，自由放任主义和社会达尔文主义成为全社会的主流思想，贫困被认定为个人责任从而不应进行公共援助，这

---

① 黄安年. 社会救济时期的社会保障——17世纪初至20世纪30年代的美国[J]. 山东师范大学学报（社会科学版），1997（4）：33-40.
② 李春芳. 美国社会保障制度的发展、演变及启示[J]. 甘肃理论学刊，1998（1）：50-52.
③ COMMAGER, STEEL H. Documents of American history. New Jersey: Pretice-Hall Inc., 1963（1）：451-452.

促成了民间慈善组织的扩大和发展，除了基本的财物救济，公共卫生、教育住房等方面也有了一定的进步，例如，1853年建立的纽约儿童救济协会，是第一个接受"家庭关爱"计划的儿童福利机构；19世纪后半叶，开展了公众卫生和改善住房等社会运动等。

二、20世纪初的社会保障萌芽

19世纪至20世纪之交的大转型年代，是美国社会变迁和国家制度建设的重要时期。美国面临着现代化、工业化、城市化等快速的社会转型，城市人口规模剧增。这场社会结构的大转型重构了美国经济、政治、人口、社会等要素，迫切要求政府回应在现代化中出现的垄断与竞争、公平与效率、改革与稳定、贫富分化等重大问题。一方面，社会保障的物质基础不断得到夯实，制度建立的客观经济条件已经具备；另一方面，社会风险的迅速聚集也急需正面回应，因自由放任主义导致的社会保障建设落后问题日益凸显。据统计，1920年美国城市人口占总人口的比重已经超过了50%，较1900年增长了37个百分点。城市中的失业人口也随之大增，大规模失业造成的社会问题，直接威胁到了社会稳定与经济发展。

各大型都市和各地方州纷纷开展了社会保障制度建设的探索。在工伤补偿方面，早在1902年，马里兰州便通过了美国第一个有关雇员的工伤补偿法，1907—1919年，先后有39个州颁布了类似法案。[①] 为解决失业问题，1916年马萨诸塞州率先尝试引入失业保险；到了20世纪20年代，威斯康星州率先通过了失业保险法案。[②] 养

---

① PORTER, GLENN. The encyclopedia of American economic history, social welfare. New York: Charles Scribner's Sons' Inc., 1980; PAVALKO, KEITH E. Labor process and welfare states formation in the United States, 1900—1930. The Florida State University PhD, 1987.

② 黄安年. 富兰克林·罗斯福和1935年社会保障法 [J]. 世界历史, 1993 (5): 37-46.

老保险发展较为滞后,1915 年阿拉斯加州首次提出了老年雇员养老金法,1923 年蒙大拿州、内华达州和宾夕法尼亚州颁布了老年雇员养老金法。①

针对妇女儿童等弱势群体,政府建立了日间托儿所、少年法庭,制定了卫生指导方针并改善了公共卫生设施。同时,针对女性、儿童、残疾人等弱势群体的各州法案也先后通过。到 1933 年,已有 26 个州发布了向盲人提供援助的法案。② 1911—1920 年,40 个州颁布法律要求县政府建立母亲福利金。至 1917 年,41 个州通过了限制女工最长劳动时间的立法,约 10 个州为女工设立最低工资标准,15 个州相继颁布女工最低工资法。1908 年俄克拉何马州给无依靠的学龄儿童以救济,1911 年出现了全国范围的呼吁援助无依靠儿童的运动。③ 1912 年美国在劳工部下设立了儿童局,专门负责"国民中所有阶层的儿童福利和儿童生活有关的任何问题的调研和报告",其人员和预算增长很快,迅速拓展至州和地方。1916 年通过的《基廷-欧文童工法》(Keating-Owen Act),州际商业中禁止交易由 14 岁以下儿童生产的产品,14 岁以上童工每天工作不能超过 8 小时或每周不能超过 6 天。1921 年,儿童局负责管理重要的联邦社会保障立法——《母婴保护法》(Sheppard-Towner Maternity and Infancy Protection Act,又称《谢泼德-汤纳法》)。④

---

① COBEN, EDWARD N. Social Work in the American Tradition. New York: Holt Rinahart and Winston Inc., 1958: 196.
② FRIEDLANDER, WALTER A, ROBERT Z. Aptz, Introduction to social welfare. New York: Prentice-Hall Inc., 1974.
③ RIENOW, ROBERT. American Problems Today. D. C.: Health & Company, 1965.
④ WEINERT B A. The struggle to legislate health insurance, 1900—1920. Yeshiva University, 1987.

第二节 现代社会保障制度确立与发展时期

一、美国社会保障制度的确立

(一) 大萧条与罗斯福新政

1929—1933年,美国爆发了空前严重的经济危机,金融系统整体崩溃,大批工厂倒闭,数千万人处于贫困中,国家经济陷入大萧条。大萧条使得以1958年美元计算的国民生产总值从2 030亿美元减少到1 410亿美元。直到1939年,国民生产总值才恢复到大萧条之前的水平。在危机面前,时任总统胡佛对其严重性估计不足,仍坚持由私人慈善机构、地方政府和州政府负责救济的理念,认为联邦政府不应插手市场。这种自愿合作、政府有限干预或局部干预的自由放任思想并未能够奏效。到1932年,许多州和城市政府已濒临破产,私人慈善机构也面临资金干涸,联邦政府不得不紧急为各地的救济机构提供援助,但仍没有起到有效作用。仅1932年美国就有3 400万人无任何收入来源,占全国总人口的28%。

此次大萧条直接冲击了美国市场经济中的自由主义理念,震撼了美国社会的根基。人们逐渐意识到,贫困并不完全是个人的因素造成的,往往会受制于社会因素。由于胡佛政府在应对大萧条时的无能表现,强调政府作用的民主党人罗斯福在1932年总统大选中以压倒性优势击败胡佛,开启了长达13年的执政生涯。

面对如此严峻的局面,罗斯福总统一改自由放任的有限政府理念,积极推行新政,强调联邦政府应当在国民经济中起到更积极的作用,主动干预市场失灵。其中最重要的政策便是包括一系列创造就业机会的公共工程计划和应对风险的社会保障制度。

为了解决失业造成的贫困问题，1933年5月，罗斯福签署《联邦紧急救济法案》，并成立联邦紧急救援署（FERA），拉开了新政的序幕。根据这一救济法案，联邦紧急救援署立即给各州拨款5亿美元资金，供直接救济和以工代赈之用，一定程度上扭转了救济主要依靠地方政府的局面。此外，国会还于1933年3月通过了民间自然资源保护队计划（Civic Conservation Corps），组织年轻人开展自然资源保护工作。联邦政府通过公共工程建设和促进产业复兴，承担起创造工作机会和提振国民信心的责任，如市政工程署（Civil Works Administration）在高峰时雇用了426.4万人。新政期间，美国在公共救助等社会项目上的支出远高于欧美其他资本主义国家。1933—1939年，各个救济工作管理机关总共支出约180亿美元，大大减轻了失业者的痛苦并起到了稳定社会的作用。这种临时性的救济政策虽然取得了一定成效，但从长期看并不能及时应对经济危机，必须建立一个长效稳定的机制，即社会保障制度。

在这一时期，凯恩斯主义应时而起。西方传统经济学就业理论的核心是萨伊定律，即"供给会自动创造需求"。但此次大萧条直接宣告了萨伊定律的破产，也促使凯恩斯经济理论登上历史舞台。凯恩斯理论以维护社会再生产的连续性为目的，反对自由放任，要求扩大政府职能，实施调节消费倾向和投资引诱的职能。虽然没有直接提出社会保障的思想，但凯恩斯理论为政府干预经济、兴办公共事业提供了重要的理论基础和支撑。不过，凯恩斯理论的主张是以刺激需求、保护生产为核心，这也决定了美国社会保障制度的建制理念是一种有限保障观念，体现的是有利于经济发展、充分就业的工具性导向。

受凯恩斯理论的影响，罗斯福在社会保障领域提出了一系列原则和主张，并充分反映在其后的社会保障制度立法中。罗斯福认为，社会保障设立的原因，是适应社会化大生产的需要，通过政府行为来弥补家庭和邻里互助的不足；政府举办社会救助时，应当将消极的失业救济和积极的以工代赈相结合，通过稳定就业来防范贫困，而在举办社会保险时，除制度建立的费用外，其他开支应同国民自我保障意识相匹配，通过缴费实现自给自足。在提及有限保障方面，罗斯福认为，政府仅仅为了满足国民最基本的生活，并不企图完全消除结构性失业导致的贫困，既不意味着个人主要责任的减弱，也不意味着家庭义务的削弱。

（二）1935 年《社会保障法》

1934 年 6 月，罗斯福向国会提交了一份旨在建立一种预防风险冲击体制的特别咨文，并于三周后创建了专门负责计划制定的委员会。1935 年 1 月，该委员会完成了社会保障计划的制定工作，并在多次修订后，最终由罗斯福递交国会审议。国会众议院和参议院分别以 371 票赞成、33 票反对和 77 票赞成、6 票反对的压倒性多数通过了《社会保障法》，并由罗斯福总统在 1935 年 8 月 14 日签署生效。

1935 年的《社会保障法》明确了联邦政府在向老年人、遗属、儿童、残疾人等对象提供福利援助和康复服务的责任，建立了以解决老年贫困和失业问题为主体的安全保障制度，标志着社会保险和公共救济相结合的美国现代社会保障体系的建立。[①] 尽管因美国医学会（American Medical Association，AMA）反对未能将医疗保险

[①] 郑功成. 社会保障与国家治理的历史逻辑及未来选择［J］. 社会保障评论，2017，1（1）：24-33，62.

纳入其中，但该法案规定了养老保险、失业保险以及对盲人、需要照顾的儿童和其他不幸者的救助，是20世纪美国最重要的社会政策创新。

1939年颁布的《社会保障法修正案》在美国老年社会保障制度发展史上具有重大意义，自此建立了信托基金管理基金余额，实现了制度向现收现付制的转变。该修正案关注了家庭保障的改革方案，增加了联邦政府对"抚养未成年子女援助"（Aid to Dependent Children）基金分担的比例，将受益儿童的最高年龄提高至18岁。在这一年，约190万人领取了养老金，约100万人领取了抚养未成年子女援助福利金，约170万人得到了救助金。①

二、美国社会保障的快速发展

（一）社会保障制度的扩大与完善

从第二次世界大战到20世纪70年代，是美国社会保障体系快速发展和进一步完善的时期。在此期间，民主党人屡屡赢得大选，但即使共和党的艾森豪威尔执政时，也未能阻碍社会保障覆盖范围的扩大和保障水平的提高，以及由此带来的政府职能和规模的扩张。1950—1972年通过的数次社会保障法修正案进一步扩大了社会保障体系覆盖的群体，提高了社会保障待遇水平。一方面，社会保障参保人数和受益人数猛增，1940年参加社会保障的人数为3 500万人，受益人数为1万人，受益比例为0.029%，1960年这三个数值分别增长到了7 300万人、1 400万人和19.18%。在1950—1970

---

① 徐晓新，高世楫，张秀兰. 从美国社会保障体系演进历程看现代国家建设［J］. 经济社会体制比较，2013（4）：169-182.

年，全国就业者中社会保障受益面从65%增长到90%。①

虽然美国是第二次世界大战的战胜国，但战争依旧深刻地影响了美国的经济与社会，造成了大量的社会问题。战后，大批军人复员造成了就业和住房等方面的困难，因战争而繁荣起来的军工产业工人面临群体性失业，通货膨胀带来的物价飞涨也引发了数次罢工运动。在巨大的失业和住房压力下，杜鲁门政府继承了罗斯福的政策导向，进一步推行了一系列扩张性的社会保障政策，包括失业补助和促进就业政策、住房保障政策、扩大社会保障覆盖范围和为退役军人制定的就业、住房等特殊保障政策等。

在失业保障方面，杜鲁门政府将临时性的失业救济和长期性的就业促进相结合，扩大失业保险的覆盖范围、提高救济金额并延长救济领取时间，并于1946年出台了旨在促进充分就业的《就业法》，试图发挥政府政策的引导作用，处理国内经济转型与稳定就业的关系，从根本上解决失业问题。住房保障的政策主要着眼于解决短期内的住房紧缺问题，包括提供低租金住房、控制市场房租、清理贫民窟、农场住房建造或维修补助等。这些政策通过降低房租，提高了现有住房的使用率，同时加紧新房建设，逐步改善住房拥挤的状况。杜鲁门政府扩大了社会保障范围，为全体国民特别是社会弱势群体的老人、残疾人、儿童提供了生活、医疗和教育保障，缓解了通货膨胀引起的社会矛盾，为美国战后经济的转轨营造了一个安定的社会环境。

艾森豪威尔自1952年起担任总统，在其任内一直推行折中性社

---

① 牛文光. 美国社会保障制度的发展［M］. 北京：中国劳动社会保障出版社，2004：155.

会保障政策，推行介于罗斯福新政和自由放任政策之间的"新共和党主义"。虽然继续扩大了社会保障的规模和范围，但同时也强调地方和私人应更多承担社会保障的责任，进而推行了一些有条件的社会福利政策。艾森豪威尔执政时期，国会于1954年、1956年、1958年三次修订了《社会保障法》，将保障范围扩大到独立从业的人员，如农业工人、家庭雇工、小商业主、宗教人员、军事人员等。除了在社会保险和社会救济覆盖范围和保障水平方面的改善，艾森豪威尔政府还在住房保障、教育保障及公共卫生健康等方面推出了多项法案。1958年9月颁布的《国防教育法》（National Defense Education Act），对大专学生提供长期低息贷款，还为大学毕业生设立了研究生奖学金。

（二）反贫困战略与"伟大社会"计划

虽然社会保障的体系在不断扩展，但远未能满足当时的社会需求，特别是老弱病残孕等弱势群体的需求。20世纪60年代初，肯尼迪因其竞选时对贫穷、失业和饥饿等问题的关注及对50年代保守政策的批判被选为总统。他一反艾森豪威尔时期过于保守的财政政策，上任伊始便采取积极财政手段来促进经济增长并解决就业问题。同时，在其就任早期便采取了扩大抚养未成年子女的家庭援助（AFDC）覆盖范围、控制青少年犯罪法案等措施，关注儿童健康成长及预防青少年犯罪。为了应对日益恶化的福利危机，1962年通过的《社会保障法修正案》极大提高了联邦政府对地方政府社会工作的支持水平，有助于将失业贫困群体转变为经济独立的劳动者，从而减少政府被动救济和公共开支。虽然肯尼迪任内的一些提案如医疗照顾、援助公立学校等因国会反对而失败，但依然使政府成为社会保障体系改革中的坚实后盾。

约翰逊和肯尼迪的政策取向一脉相承,他提出了"伟大社会"构想,宣布"向美国的贫困无条件开战"。这一构想把社会保障和解决贫困相联系,将解决贫困问题作为实现"伟大社会"的重要组成部分,从养老、医疗、教育、住房等各个方面加大了政府的财政投入,追求所有国民的机会平等和经济权利平等。约翰逊曾表示"不仅要满足人类的肉体和商业需要,而且要满足人们对美的追求和对群体生活的渴望"。在其任期内,国会通过了综合性反贫困和促进就业的《经济机会法》(EOA)、针对老年人和残疾人的《医疗保险和医疗救助法案》、免费向贫困人群和儿童提供食物的《食品补助法案》、为穷人提供租金和购房补贴的《住房法》、旨在保障教育和青少年成长的一系列教育法案和职业培训计划等诸多法案。在重振落后地区方面,还要特别提及的是1964年提出的《阿巴拉契亚山脉地区发展法案》(Appalachian Regional Development Act),用以帮助美国最贫困地区之一尽快脱贫。在诸多社会保障政策中,食品券计划(FSP)、针对老年人及残疾人的联邦医疗保险(Medicare)和医疗救助(Medicaid)最具影响。

肯尼迪与约翰逊两任民主党总统在任的8年,是自罗斯福新政以来美国政府扩大和完善社会保障制度的高峰时期,社会保障的深度和广度均得到极大提升。这一时期,社会保障不再仅限于满足最基本的生存需求,也不仅限于保障老弱病残等弱势群体,而是同现代社会出现的贫困问题紧密联系,越来越重视满足人们的发展需求,部分政策扩展至全民,凸显了社会保障作为社会稳定器和安全网的作用;但快速增长的社会保障开支,尤其是深受医疗市场化裹挟的医疗保障支出，也成为美国财政负担越来越重的重要原因之一，加速了通货膨胀的恶性发展，为日后经济滞胀埋下了祸根。

第三节　社会保障制度艰难调整时期

进入20世纪70年代，由于越南战争、石油危机、扩张性财政政策等，美国经济陷入滞胀，失业率上升，通货膨胀严重。这加速了20世纪60年代后期以来自由主义的重新崛起，供给学派、货币主义、理性预期学派、公共选择学派等均对凯恩斯主义大加批判，新自由主义逐渐成为西方经济学的主流。新自由主义认为，政府加强国家干预、过高的社会福利是导致官僚主义和市场非效率性的祸根，不仅拖累了经济发展，还破坏了经济激励机制，使得福利制度沦为"养懒人"的恶政。代表这一观点的共和党人在70年代后的多数时间内成为美国白宫和国会的主导力量。美国社会保障政策也随之从扩张转为收缩，并随着社会经济的发展不断进行调整。虽然民主党人执政期间曾试图推动社会保障制度的完善，却屡遭挫折，尤其在医疗保障方面，时至今日仍有数千万人没有任何医疗保障。

一、"新联邦主义"与社会保障的收缩

为扭转权力和资源从地方流向联邦的集权化趋势，减少联邦政府的干预及社会保障领域的主导功能，共和党的尼克松就任总统后提出了"新联邦主义"的主张。尼克松谴责联邦政府过多参与救济个人和社会的做法，倡导自救自助、自强自立，鼓励个人行动和地方与州政府的努力。他认为全面的社会保障实际上违背了美国平等和自由的价值观，并缩小了前几任总统一直以来进行的扩张的社会

保障政策，减少了用于社会保障的财政资金，在残疾人保障、就业保障、医疗保障、教育保障、食品保障等多项社会福利保障方面作出了适当调整。1969年，尼克松向国会递交了家庭援助计划（Family Assistance Plan，FAP），一方面试图以简单的现金支付取代庞大的社会福利官僚机构；另一方面，试图以"工作"来取代"福利"，即要求受援穷人参加工作或职业培训。虽然这一计划因在参议院遭遇极大阻力而宣告流产，但其将所有参加工作的低收入贫困家庭列为福利救济对象的规定，改变了过去只对部分贫困家庭进行单纯救济性质的扶助，力图说明福利仅仅是一种保证基本生活的救济并非不工作的理由，对打破福利依赖思想有积极意义。1972年，补充性保障收入计划（Supplemental Security Income，SSI）建立，调整了联邦与地方政府责任，再次彰显了美国社会保障工作导向的政策价值转变。尽管尼克松试图对福利政策进行改革，但受制于20世纪60年代社会保障高速发展的政策惯性和选民政治影响，其任期内福利开支仍保持增长趋势。

福特进一步继承了尼克松的施政理念，采取收缩性的社会保障政策。在其任内，除了老年人的保障，其他社会保障项目水平都有一定程度的收缩。卡特执政时期，美国面临高失业率、高物价水平以及能源危机三大问题，经济形势不容乐观。此外，人口出生率的下降和老龄化的加深进一步激化了社会保障带来的财政赤字矛盾。为解决就业和保障低收入家庭，卡特认为应提高社会保险税率，大幅度削减用于救济穷人的慈善基金，将众多福利项目进行合并，以是否有工作能力为标准分类提供社会保障，并提出了"改善就业和收入计划"（The Program Better Jobs and Income）。这一全面改革计划最终未被国会批准，卡特也未能成功挽救美国经济，但反映出一贯支持扩张性社会保障政策的民主党的态度已发生重大转折。

二、全面缩减政府责任的"里根经济学"

里根就任总统之前，国内形势愈发严峻：长期的经济滞胀使得美国通货膨胀率高达13.5%，利率超过15%；失业率也超过两位数，800万人失业[①]；社会保障政策扩张造成联邦政府支出大幅上升，1980年社会保障总支出为4 925亿美元，占国民生产总值的18.7%，占联邦预算的54.1%[②]。社会保障的过快过度发展，给美国经济造成了消极影响，打击了劳动积极性，破坏了经济的良性循环。

里根政府的改革是美国社会保障思想和政策转变的重要标志。他认为"过高的税率是问题的根源"，并提出了被称为"里根经济学"的复兴计划：削减联邦预算开支、降低企业与个人税率、放松政府管制、增加国防开支、平衡联邦预算等。这一经济复兴计划一改新政以来扩大社会保障和联邦政府干预社会保障的政策取向，转而采取强调经济自由发展、反对国家干预的供给学派和货币主义理论，全面缩减社会保障的政府责任，主张社会保障私有化，以减轻联邦政府的沉重负担。在其任期内，里根削减了政府几乎在所有社会保障项目上的开支，包括补充性保障收入、医疗补助、抚养未成年子女的家庭援助、食品券计划、住房补助等；通过在各州设立专项信托基金，将联邦政府承担的社会保障管理责任转移给州和地方政府；减少政府的管制，实行市场准入，依靠私人企业分担社会保

---

① 牛文光. 美国社会保障制度的发展[M]. 北京：中国劳动社会保障出版社，2004：175.
② 美国人口署. 美国统计摘要1983[R]. 美国政府印务署，1984：355.

障服务工作。里根的继任者布什属于过渡性人物,其上台后基本延续了里根时期紧缩性社会保障政策的改革取向,在教育、医疗等领域进行了多次改革尝试。

20世纪80年代被称为美国社会保障制度的"分水岭",是自第二次世界大战以来遭受批评最严重的时期。以强化工作动机、提高工作能力和自救能力为特征的改革取向表明,政府试图减轻社会保障事业的主体责任,摆脱沉重的财政负担,但这加剧了社会的贫富分化与不平等,进一步激化了社会矛盾。从改革结果来看,由于第二次世界大战后几十年持续扩张的政策惯性,社会保障制度早已成为美国现代社会制度的重要组成部分,受益人口高达90%[1],是社会安定不可或缺的重要因素。因此出于争取政治筹码和维持社会稳定的考量,这一时期的制度虽有调整与转型,但主要是改变了大众对于社会保障的看法,并没有造成社会保障事业的巨大倒退。

三、克林顿医改与布什私有化改革

(一)克林顿医改失败与1996年社会保障法案

20世纪90年代,美国社会保障面临着财政赤字危机、老年危机和家庭危机,这三大危机又导致了人们对社会保障制度的信任危机。其中,造成财政危机的关键因素之一便是快速上涨的医疗费用。1985年美国的医疗费用占GDP的5.9%,仅用7年就疯狂上涨到1992年的14%。1991年,美国政府医疗保险和医疗救助的财政开支高达2 230亿美元,较上年增加284亿美元,同时期联邦财政赤字为2 695亿美元,较上年增加481亿美元,其中59%是医疗费

---

[1] 李晓岗,王珊.战后美国社会福利政策的发展[J].陕西师范大学学报(哲学社会科学版),1992(4):84-89.

用增加的结果。① 高涨的医疗保险费用造成的另一后果就是参保人群的不断下降,不仅贫困人口缺乏医疗保险,相当多的中产阶级也逐渐退出了商业健康保险市场。1980 年拥有商业健康保险的约 1.87 亿人,1990 年降低至 1.77 亿人,一些传统的参保人因无力负担医疗保险费用而陆续退出。② 此外,主流社会舆论已经将大政府和福利国家视作经济社会发展的障碍,此种自由主义的取向也严重影响了其后美国社会保障体制改革。

1992 年克林顿在竞选时,矛头直指飞速上涨的医疗费用,认为飞涨的医疗费用侵吞了美国经济发展的成果,并号召"为每个美国人建立一个全民覆盖的医疗保障"。其就任后一周便成立了由第一夫人希拉里主持的全民医疗改革工作组,并于 1993 年 10 月完成并提交了《医疗保障法案》(Health Security Act)。该法案希望以雇主和个人强制缴费、政府专项补助的方式,建立一个覆盖全体国民和合法移民的医疗保险计划。该计划主要通过引入地区性的医疗参保联盟(Health Care Alliances),整合一个区域内的参保群体以分散风险,在不大幅增税的前提下购买到低价的团体医疗保险。该计划提交国会后,引起了相关利益集团和共和党的强烈反对,未能在两院闯关成功。该法案于 1994 年被国会否决,成为资本控制下权力制衡与党派之争的牺牲品。

医保改革失败是克林顿政府首届任期内遭遇的重大挫折。为争取连任,他同共和党展开了艰难的福利削减拉锯战。1996 年 7 月,

---

① 黄安年. 克林顿政府改革美国家庭福利保障的对策 [J]. 美国研究,1997(2):87-104,4-5.

② 杨冠琼. 当代美国社会保障制度 [M]. 北京:法律出版社,2001:310.

两党在国会达成妥协，通过了曾两度被克林顿否决的《个人责任与工作机会协调法》（The Personal Responsibility and Work Opportunity Reconciliation Act，PRWORA），拉开了大规模削减社会保障支出的改革序幕。这项法案弱化了长久以来联邦政府的主导责任，将"一揽子援助"直接交由各州负责，提高了国民获得政府救助的门槛。1997年的一项家庭调查显示，在该法案通过一年后，49%的妇女失去了相应保障，30%的儿童失去了医疗保险。[①] 克林顿连任后汲取了改革失败的教训，转而采用渐进方式扩大医保覆盖面。1997年两党一致通过了儿童健康保险计划（SCHIP），该计划由联邦政府拨款，为各州低收入家庭中没有医疗保险的儿童提供保险。

克林顿时期的社会保障改革，受"小政府"理念及共和党反对力量的影响，不得不在失败妥协中向强调个人责任和工作福利的取向倾斜。社会保障领域内联邦政府的退缩及私有化程度的提高，也加剧了美国贫富差距扩大对低收入人群的负面影响。

（二）养老保险私有化改革尝试

布什于2001年担任美国总统，秉持新自由主义的理念，上任伊始便启动了大规模的减税计划，同时削减政府的社会保障项目及财政开支。由于美国人口老龄化及战后婴儿潮的到来，美国社保基金面临入不敷出的财务风险。针对于此，布什政府认为养老保险的改革方向应当是部分私有化，即建立自愿性的个人账户，将养老保险税的一部分划入其中，个人可以对账户资金进行投资。这一改革方案的实质是将政府的责任转嫁给个人，减轻政府责任，交由市场及

[①] SMITH D G, MOORE J D. Medicaid politics and policy，1965—2007 [M]. New Brunswick：Transaction Publishers，2008：244.

个人来分担老龄化风险。方案出台后，在美国社会引起了普遍争议，民众态度"两极分化"，最终因无法达成对个人账户转制成本和投资风险问题的共识而搁浅。此外，布什政府还在医疗保险中引入了私人保险的处方药方案，但其目的仍是政府功能私有化，并未解决医疗费用上涨及穷人缺乏医疗保险的问题，反而使制药行业极大受益。

四、全民医疗保障的党争困局

（一）奥巴马"覆盖全民"的医保改革

2007年美国爆发次贷危机，造成自1935年大萧条以来最严重的经济衰退，大批中产阶级失去工作，国内失业率居高不下。人们本就对布什政府对外发动战争和对内劫贫济富的政策积怨甚久，此次危机更是直接引起民怨，民意开始朝向民主党。受危机影响，2007年美国有19个州计划削减医疗保险预算，越来越多的人失去了医疗保险。据联邦基金报告，2007年，美国约有5 000万人完全没有医疗保险，外加2 500万人保障不足，共计约7 500万人陷入医保困境。因此，在2008年大选中，医保制度改革成为美国重要的政策议题。

2009年2月奥巴马就任总统后立即启动了医改立法工作，旨在建立一个覆盖全民、费用可控的医疗保险制度。但医改的立法过程艰难曲折，经过多方利益集团的磋商与博弈，最终在无一名共和党投赞成票的情况下，国会两院于2010年3月以极其微弱的优势险之又险地通过了《患者保护与平价医疗法案》（PPACA，又被称为"奥巴马医改法案"）。这项法案创建了一个由政府主办的公共医疗保险计划，通过改革筹资和加强政府监管等措施，将美国数千万没有医疗保险的低收入人群纳入其中。奥巴马医改法案预计最终可以使95%以上的美国人得到某种医疗保障计划，实现近乎全民覆盖的目标。

但奥巴马医改法案的实施并不顺利。在立法过程中出现的共和党全员反对，意味着两党之间并没有达成一致意见，反而存在着难以调和的巨大分歧。正因如此，共和党夺回众议院多数议席后，便针对奥巴马医改法案展开了猛烈的进攻，不仅前后数十次在两院提起废除奥巴马医改法案的方案，而且在全美27个州相继起诉奥巴马医改法案违宪。[①] 反击运动的最高潮是2013年的联邦政府停摆事件，但最终也没有达到推翻奥巴马医改法案的目的。奥巴马医改法案在实施中暴露的诸多问题使其并未取得预期成果，例如，风险补偿方式缺失导致医疗保险费用上涨、保险交易市场严重不足导致医疗保险选择有限、筹资方式不可持续导致医保覆盖面的扩大困难重重等。

奥巴马医改法案吸取了克林顿医改失败的经验教训，是美国自1965年建立医疗保险制度以来，在促进社会公平方面具有里程碑意义的重大进步。这一法案艰难的立法过程，暴露出两党之间愈发明显的政治裂痕以及美国国内不同利益集体之间愈发尖锐的矛盾分歧。

（二）特朗普废除全民医保未果

作为"小政府"理念的拥护者，2017年1月，共和党总统特朗普入主白宫后签署的第一个行政命令就是叫停奥巴马医改法案。在奥巴马医改法案中，政府通过提高税收来补助低收入参保人的做

---

① 许飞琼. 从奥巴马医改一波三折看利益集团的较量[J]. 中国医疗保险，2014 (2): 66-70.

法，损害了中产以上阶层的利益，引起了美国广大中产以上阶层的不满。此外，奥巴马医改法案规定医疗保险机构有自主定价权，意在通过竞争来控制费用，但保险机构无法拒保身患慢性病或处于亚健康状态的非标准化保障人群，也无法控制医疗费用增长，只能被动增加保险费，致使雇主支付参保雇员的费用逐年递增。

2017年3月7日，特朗普公布了奥巴马医改法案的替代方案——《美国医保法案》（American Health Care Act，又被称为"特朗普医改法案"）。该法案废除了奥巴马医改法案的强制条款，即不再强制要求个人必须购买医疗保险和企业必须为员工购买医疗保险；废除了联邦政府对个人购买医疗保险的补贴，改为采取购买医疗保险的费用完全作为税前抵扣的方法来鼓励民众购买医疗保险；对接受医疗补贴的人均医疗花费设立限额，旨在提高医疗保险金的使用效率；对联邦政府向各州医疗救助计划的拨款设定限额，从而削减了对低收入人群的医疗支持，同时取消了奥巴马医改法案中对富人的增税。该方案经过修正后，于同年5月4日以微弱优势通过了众议院投票，但最终并未能获得参议院通过。这意味着此次废除全民医疗保障的改革以失败告终，是特朗普任期内的一次重大挫折。此后他将执政重心转移到了市场更为关注的税收改革中，但宣称将会适时再次启动医改。

特朗普医改的核心理念是自由市场原则，增强了医疗保险的商品化特征，缩减政府负责的医疗救助保障范围，强调通过市场竞争和税收政策调节来解决医疗问题。

（三）拜登大规模救市计划

2020年新冠肺炎疫情全球蔓延，但特朗普政府却作出了不作为的决策，导致疫情失控并酿成了惨重后果。美国疾病控制和预防中心（CDC）发布的数据显示，截至2022年12月29日，美国累计因新冠肺炎死亡病例超过108万人，其中2022年因新冠肺炎死亡病例超过26万人。受此影响，CDC下属全国健康状况统计中心的报告显示，2019年至2021年，美国人均预期寿命下降了2.7岁，至76.1岁，降至1996年来新低。[①] 新冠肺炎疫情使美国陷入了第二次世界大战以来最严重的经济衰退，企业大批倒闭，劳动者大规模失业，医疗保障覆盖人群锐减，底层民众深受饥饿和疾病之苦。

由于特朗普政府的糟糕表现，曾在奥巴马时期任副总统的民主党人拜登成功当选新一任总统，并采取了大规模的财政刺激计划，通过发挥联邦政府的调控功能来推动美国经济恢复。拜登就职一周后便签署了重启奥巴马医改法案的行政令，降低了参保补助的申请标准并将奥巴马医改法案的覆盖范围扩大至部分未参与的州，承诺美国医疗服务更加可负担和可得。2021年5月28日，拜登政府向国会提交了总值6万亿美元的2022财年预算，提出一系列增加税收和政府开支的计划，重点包括已经于当年3月通过并落地实施的1.9万亿美元"美国救援计划"（American Rescue Plan，ARP）以及另外两项十年期财政刺激政策——2.35万亿美元的"美国就业计划"（American Jobs Plan，AJP）和1.8万亿美元的"美国家庭计划"（American Families Plan，AFP）。其中，美国救援计划主要包括疫苗接种计划与重开学校、为工薪家庭提供经济救助以及为社区和小企业提供援助三个部分；美国就业计划主要包括交通基础设施

---

① 国务院新闻办公室. 2022年美国侵犯人权报告［EB/OL］. 新华网，（2023－03－28）［2023－04－05］. http：//www.news.cn/world/2023－03/28/c_1129470457.htm.

投资、水电和宽带投资、教育卫生等建筑投资、护理服务基础设施投资、研发与制造业投资以及就业促进投资；美国家庭计划主要包括公共教育与投资、儿童和家庭的直接援助以及低收入群体减税三个部分。方案还提出针对制造业和高收入群体的加税计划，试图通过转移支付来缩小贫富差距，因此在公布初始便引发了共和党人的强烈不满，几经波折后，2021年11月通过了较美国就业计划缩水近一半的1.2万亿美元的《基础设施投资和就业法案》（IIJA），2022年8月通过了从美国就业计划和美国家庭计划中剥离出来的总计约7 400亿美元的《削减通胀法案》（The Inflation Reduction Act of 2022）。后者是继奥巴马医改法案后最具突破性的医改举措，重点集中在医疗保险部分药品的集中采购和价格谈判方面。

拜登政府扭转了特朗普时期的自由主义倾向，通过调整税率和转移支付来实施收入再分配，加强了政府在基础建设和民生保障方面的投资。然而这些扩张政策的经济效果仍有待观察。2022年3月以来，美国消费者价格指数（CPI）同比涨幅均超过8%。美国劳工部2022年8月10日公布的数据显示，7月CPI同比上涨8.5%，通胀持续加剧，令美国民众的生活愈发艰难。

第二章
美国社会保障制度概述

美国实行的是典型的混合型社会保障制度，政府、市场、社会等多元主体共同参与。同其他国家相比尤为明显的一点是，市场与社会在其中均发挥着举足轻重的作用，形成美国社会保障多元主体"三足鼎立"的格局。政府是推进美国社会保障事业至关重要的主体，是政策的制定者和社会保障事业发展的主要推动者。但受自由主义"反对政府干预、强调市场调节"理念的影响，政府仅仅对缺乏劳动能力的弱势群体提供一定保护，承担了有限的保障责任，转而由市场与社会代替政府向大众提供相应的社会保障。这一制度符合美国崇尚个人主义与自由竞争的文化国情，但政府责任的缺位致使最弱势群体暴露在社会风险之下，进一步扩大了美国社会的贫富差距。同北欧福利国家基尼系数普遍处于 0.3 左右平等程度相比，美国基尼系数长期处在 0.4 的警戒线以上，社会冲突日益尖锐。[①]

第一节 混合型的社会保障体系

美国社会保障体系按照参与主体划分，大致可以分为公共社会

---

① 郑功成. 共同富裕与社会保障的逻辑关系及福利中国建设实践［J］. 社会保障评论，2022，6 (1)：3-22.

保障、商业保险和社会慈善三大系统。公共社会保障主要包括社会保险与社会救助，是美国社会保障体系的第一大支柱。充分竞争、十分发达的营利性商业保险，是美国社会保障体系的第二大支柱。在非营利组织、家庭、个人等社会领域主体中，以"双蓝协会"（蓝十字与蓝盾协会，BCBSA）、慈善机构为代表的非营利组织提供的各类保障成为美国社会保障体系的另一重要支柱，与政府主导和市场补充的保障制度共同构成了美国社会保障体系。

就具体项目而言，美国混合型的社会保障体系主要包括失业保障、老年福利、健康医疗、教育福利、住房福利，以及对妇女儿童、伤残人员、退役军人、少数族裔等特殊群体的保障和社会环境的改善等。这些项目的主体并不仅限于政府，市场以及社会领域力量也参与其中，彼此既相互交错又各司其职，构成了整个社会保障网络，成为影响美国经济、政治和社会生活的重要因素。[①]

一、政府主导的公共社会保障

虽然在美国社会保障发展历程中，政府的作用由强化走向弱化，联邦政府逐渐从直接责任人向决策者方向转变，但政府是多支柱社会保障体系中最重要的支柱角色并未发生变化。美国政府对社会保障的介入，一方面表现在社会保障立法上，另一方面表现在政府是社会保障事务的积极参与者，即政府必须承担"积极参与者最小社会福利的责任"，通过国家财政为社会保障提供一定数额的资金，弥补社会保障预算赤字。政府作为社会保障事务中的立法者和参与主体，对社会保障制度的发展起着举足轻重的作用。社会保障

---

① 郑功成. 社会保障学 [M]. 北京：商务印书馆，2020.

的资金来源将朝着私营化和分散化的方向发展，但政府财政仍然是社会福利支出中最大的资金来源，并对服务提供者的服务质量进行监控和评估。

政府作为参与主体主导的公共社会保障包括社会救助中的医疗救助、营养计划、老年收入补贴等项目，以及社会保险中的公共养老金、联邦医疗保险、失业保险、工伤保险等。

二、市场主导的商业保险

美国鼓励通过市场主导的商业保险来为有一定收入能力的群体提供保障，也一直将社会保障个人化和私有化作为改革的主要内容，其实质是缩小政府社会保障体系、扩大私人保障体系。已推行的私人性质的措施主要包括雇员和雇主双方出资的401（k）计划、完全由个人出资的个人储蓄养老保险（IRA）、鼓励个人将医疗保险项目从社会保险转入私人商业保险、逐步扩大商业健康保险的规模等。对于这些项目的实施，国家给予税收优惠政策。例如，私人性质的养老保障项目401（k）计划，是一种可以享受延期纳税优惠的企业养老金计划，如今这一计划已成为美国养老保障体系的一个重要组成部分。在医疗保障领域，美国只对老年人、残疾人、低收入者、儿童等特殊群体提供公共医疗保险，而其他人的健康保障则由市场解决，这是美国商业保险行业高度发展的前提。2016年，商业保险共支付35%的卫生费用，政府保险共支付44%的卫生费用。

三、慈善组织的有效补充

美国是全球慈善捐款额最多的国家。美国施惠基金会发布的《2021年美国慈善捐赠报告》显示，2021年，美国个人捐赠、遗产捐赠、基金会和企业向慈善机构捐赠了约4 848.5亿美元，较2020

年修订后的慈善捐赠总额 4 662.3 亿美元增长了 4%。此外，从长期数据来看，各国慈善捐赠总额占 GDP 的比重相对固定，美国为 2% 左右，新加坡为 0.6%~0.7%；慈善捐款占人均可支配收入的比重，美国为 1.8%~2.2%，英国为 0.7%，日本为 0.3%。无论是慈善捐赠总额占 GDP 的比重还是人均捐款金额占人均可支配收入的比重，美国均远远高于其他国家。美国联邦税法将慈善组织分为两类：公共慈善机构和私人基金会。其中私人基金会是美国最富有的慈善力量，截至 2015 年美国共有近 9 万家私人基金会，总资产在国民经济中占比为 2%~3%。

美国慈善事业的"产业链"十分完备：政府通过立法和税收政策积极鼓励社会参与慈善事业，鼓励个人与企业向慈善机构捐款；慈善机构又资助教育、卫生保健、社会服务、环保等各种公益事业；而企业等营利机构也通过设立自己的慈善机构或基金会等方式，把参与慈善事业回报社会作为一个成功企业的重要标志。政府、企业和慈善机构、社会服务组织相互协调，彼此独立又合作，形成良性循环。

第二节 社会保障管理体系

一、法制管理

美国的宪法并未对社会保障作出直接规定，只是某些州的宪法明确规定了社会保障的内容。例如，1938 年纽约州宪法第 17 章第 1 节规定："对穷人的资助、关怀和支持是公共问题，它们应获得州政府及其分支的解决。立法机构可随时确定其方式和手段。"表达了州政府对帮助穷人的社会责任，并为州政府进行社会保障方面的建设奠定了宪法基础。此外，蒙大拿州宪法第 12 章第 3 节规定："如果居民因年龄、体弱或不幸而需要社会资助，那么立法机构应提供必要的经济资助以及社会服务，以助其复原。"这一规定的重要意义在于，将公民获得社会保障和社会资助的权利视为公民的基本权利组成，这为美国宪法中的基本权利注入了新的内涵。

（一）社会保障法

美国是世界上最早实行系统的社会保障法律制度的国家，1935 年美国颁布的《社会保障法》是世界上第一部综合性的社会保障法律，也是美国第一部由联邦政府承担义务的、全国性的、以解决失业问题、儿童福利、贫困盲人救助和公共卫生等为主要内容的社会保障立法。1935 年《社会保障法》的实施，形成了由国家财政出资的济贫和由受益人缴费的互助自保相结合的社会保障体系。《社会保障法》共 11 章，规定了老年人保障、失业保障和未成年儿童的保障（见表 2-1）。

表 2-1　美国 1935 年《社会保障法》框架及主要内容

编号	标题	主要内容
前言	—	—
第 1 章	就老年援助给各州赠款	各州老年援助计划及其运作管理、对各州的补贴等
第 2 章	联邦老年福利金	老年储蓄账户、老年福利金支付、死亡补助、贫困补助等
第 3 章	对各州失业补助管理局赠款	对各州的补贴、各州法律规定等
第 4 章	对各州需照顾儿童救济赠款	各州对需照顾儿童的救济计划及其运作管理、对各州的补贴等
第 5 章	对各州母亲和儿童福利赠款	母子健康服务、残疾儿童服务、儿童福利服务、职业安置等
第 6 章	公共卫生工作	各州和地方公共卫生服务等

续表

编号	标题	主要内容
第7章	社会保障署	社会保障署的设立、职责、费用、报告等
第8章	雇佣税收	雇员所得税、工资扣税、雇主税收、税收与支付等
第9章	拥有8名雇员以上雇主的税收	征税、税收优惠、各州法律、失业信托基金等
第10章	对各州盲人救济的赠款	各州盲人救济计划及其运作管理、对各州的补贴等
第11章	一般规定	定义、规则、权利保留等
短章	—	—

资料来源：李超民．美国社会保障制度［M］．上海：上海人民出版社，2009：6．

1935年《社会保障法》奠定了美国社会保障制度的立法基础，半个多世纪以来，美国社会保障制度的演变基本上是1935年《社会保障法》的延续、发展、扩大和调整。1935年《社会保障法》通过后经过了多次修改。1950年的修正案扩大了社会保障的覆盖范围，并大幅度提高了当时退休人员的保险金水平。1954年的修正案增添了残疾人保险项目。1956年进一步修正，为年龄在50~64岁的残疾员工及其残疾成年子女提供保障。1961年的修正案把获取养老保险的年龄降低到62岁。1965年约翰逊总统签署的医疗保险法案规定，由美国社会保障署（SSA）负责新的社会保障项目，并将保障范围扩展到所有65岁以上的美国人。1972年的修正案，建立了补充性保障收入制度，引入了养老金调整机制；加大了工资中社会保障税的征收力度，将薪金税收从6.45%增加到7.65%，将工资的调整从生活津贴或生活费的调整中分离出来。1983年的修正案对公共养老保险和医疗保险项目进行了多处修改，扩大了社会保障的覆盖范围，同时也提高了社会保障税的税率，开始对社会保障收入所得征税。1996年的立法规定，不再给予酗酒致残的人社会保障，同时退休后社会保障的收益免税限额比过去增加了一倍。1997年的修正案规定，贫困家庭享受福利救济补助的时间不得超过5年。美国自1935年颁布《社会保障法》至今，先后修改了30多次，《社会保障法》也由11章增加到今天的21章，总的篇幅增加了十几倍。

（二）其他法律

除了《社会保障法》，美国联邦政府和州政府还制定了一系列法案，构成了一套较为完备的社会保障法律体系（见表2-2）。

表2-2　　　　　　美国社会保障项目相关法律法规

保障项目	部分法律法规
养老	《雇员退休收入保障法》《国内税收法》《养老金保护法》《安全退休储蓄法案》等
医疗	《税收公平和财政责任法案》《健康保险可携带与责任法案》《母婴保护法》《医疗保险现代化法案》《儿童健康保险再授权法案》《患者保护与平价医疗法案》《健康维护组织法》《综合预算协调法》《平衡预算法》等
失业	《就业保障行政融资法》（Reed Act）、《延长失业补助法修正案》、《联邦失业税法》、《综合预算协调法》、《美国复苏与再投资法案》等
工伤	《联邦雇主责任法》《黑肺病补偿法》《职业安全与健康法》《伤残津贴改革法》《平民职业康复法》《美国残疾人法》等
退役军人	《蒙哥马利退役军人权利法案》《9·11后退役军人权利法案》《退役军人就业机会法》《国家公墓法》等
生活救助	《个人责任和工作机会协调法》《食品券法》《农业和消费保护法》《粮食、节约和能源法》《农业促进法》等
住房	《住房法》《公平住房法》《住房和社区发展法》《品质住房与工作责任法》《住房与经济复苏法》等

二、组织管理

为了确保社会保障体系高效运作，美国在联邦政府层面设立了分权制衡的机制。美国国会为最高立法机构，拥有立法权，由参议院和众议院组成，两院议员由各州选民直接选举产生。它为社会保障设定权限、制定运作程序、提供资金、进行监督调研，同时给总统授权。总统行使行政决策权并对内阁部门成员进行任免，即指定社会保障行政管理的行政长官和主要负责人，并向国会提出财政预算报告。

美国社会保障事务履行管理职能的机构包括联邦政府机构、地方政府机构以及部分军队内部机构（各军种各级人力资源管理部门）。根据养老、医疗、工伤、失业等社会保障不同项目，美国社会保障署、劳工部、卫生与公众服务部、住房和城市发展部、教育部、国防部、退役军人事务部等多个部门分别具有一定的社会保障管理职能。社会保障事务的经办机构有政府机构，即美国社会保障署在各州设立大区办公室，各县设有地区办公室，依需要可再设立社区办公室或更小的分支机构；还有非政府机构，如各类商业保险公司及非营利组织。社会保障的监督机构包括代表联邦或州政府的监督机构和行业性的监督组织。

美国各州在社会保障的管理中也具有十分重要的作用。各州内部都设有各自的社会保障基金管理机构来管理本州设立的公共养老、疾病与生育、工伤、失业等保障项目。各州在管理上具有很强的独立性，例如，1935年美国通过立法授权各州建立失业保险制度，联邦政府只是制定失业保险的一些规定，各州的失业保险项目由各州自己建立和进行管理。

三、资金管理

（一）基金来源

美国社会保障主要包括社会保险、社会福利与社会救助三部分，社会保险由政府、雇主和雇员共同负担，社会福利与社会救助主要是政府负担。在美国社会保障政府、市场、个人三方责任明确的情况下,社会保障基金来源渠道得到拓展。20世纪80年代以来,美国提高了社会保险税的缴纳标准。工人和企业缴纳的养老保险税率从1977年的5.85%逐步提高到1990年的7.65%,而且缴税上限也由1977年的16 500美元调整到53 400美元。同时,开征社会保障收入所得税。美国从1984年开始对收入超过一定标准的年金领取者征收所得税,并将其并入保险基金。此外还有扩大缴费对象范围、增加福利项目收费等。美国社会保障税的调整也体现了效率与公平的关系。在自由竞争的原则下,发展社会经济、增加政府财政收入、通过社会保障进行收入再分配的调节以确保社会的相对公平。因而,这也是美国社会保障制度运行80余年没出现破产性财务危机的重要原因之一。

从筹资方面看,美国社会保障资金主要有三个来源。

第一,政府税收。政府采用征税的方式筹资或动用一般税收直接管理社会保障项目,如美国养老保险具有强制性,就业者都必须参加并缴纳社会保障税,养老保障基金主要通过征收社会保障税筹集。目前,雇主和雇员承担的社会保障税占收入的15.3%,由雇主和雇员各缴一半即7.65%。美国约有1.35亿人缴纳社会保障税,占美国人口总数的53%以上。失业保险税可以分为联邦税和地方税,联邦失业保险税率为工资总额的6%,计税基数为7 000美元,允许按时纳税的雇主享有5.4%的抵扣。州失业保险税率视各州具体情况而定。医疗保险税(2.9%)包含在社会保障税内,由雇主和雇员平均分摊。

第二,政府财政拨款。这种主要是政府举办的各项社会福利和社会救助项目的经费来源。但对于不同的项目，联邦、州以及地方政府负担的职责和比例不同。

第三，社会保障资金增值的收入。社会保障资金的结余通过存入银行、投资于国债等途径获得的利息及其他收入要全部并入社会保障基金。

（二）管理方式

美国在1935年建立社会保障制度的同时，也建立了社会保障信托基金管理委员会，挂靠财政部。其成员有财政部部长、劳工部部长、卫生与公众服务部部长、社会保障署署长，以及两名由总统任命、国会认可的公众代表，由财政部部长出任执行董事。该委员会的主要职责是负责社会保障资金收支状况评估，根据资金收支状况提出加强管理的建议。按照美国现行政策，联邦社会保障基金结余只能投资于美国政府发行的债券或由政府担保利息和本金的债券。财政部为此专门发行一种灵活性很强的特别债券，可随时提前兑现。从1960年开始，该债券的利息以美国所有未到期的、四年期以上的上市债券的平均利息计算。另外，为了保证资金的保值增值，自1965年起，美国政府要求各项社会保障税收一旦从国库转入信托基金，必须立即投资于短期特别债券，到第二年6月30日再一并购买中长期国债。而州和地方社会保障基金以及私有退休基金除投资于政府债券以外，还可以投资股票、公司债券、共同基金等，以实现保值增值。

第三节　社会保障制度的特点

一、混合型制度，多元主体均发挥重要作用

美国社会保障制度的特点首先是兴办和管理社会保障的主体多

元化，属于典型的混合型社会保障制度，政府、市场和社会均发挥重要作用。

从制度建立初期联邦政府不断强势地介入社会保障领域，到20世纪90年代将部分社会保障责任交由州和地方政府承担，表明了美国已经将地方政府视为国家推行社会保障制度的重要力量。而中央政府与地方政府的责任由法律来划分与规定更是一种值得推广的经验。与此同时，各种民间组织的力量受到政府的高度重视，在社会保障领域尤其是医疗保险、社会服务、社会救助等方面发挥了十分重要的作用，从而在提高公共社会保障的效率和满足国民多样化社会保障需求方面起到了良好的补充作用。在养老保险、医疗保险、失业保险等主要社会保障项目的发展建设过程中，联邦、州及地方政府的机构同市场上的营利性商业保险公司以及各种不同的非营利性社会组织和团体，如蓝十字和蓝盾协会，基督教、天主教、犹太教等教会福利保障机构，工会团体和社区服务保障机构等，均发挥了很大的作用，极大地满足了不同人群的保障需要，丰富了当代美国社会保障的形式和内容。

多元的参与主体也使得美国社会保障资金在筹集过程中体现出多渠道的特征。美国社会保障制度在体制和管理上一直坚持联邦政府主导，州及地方政府、各类慈善团体、企业、个人兼顾的原则，不论在制度的运行，还是在经费的获取过程中，这一原则都能得到很好的体现。正因如此，参与美国社会保障的团体和个人就越来越多，获取保障资金的渠道也越来越广泛，既可减少联邦政府财政负担，也有助于国家将更多的财政经费用于发展其他社会事业。联邦政府为社会保障拨付的经费是美国社会保障资金的主要来源，政府向企业征收的税收及企业、公司为员工提供的福利经费也是社会保障经费的重要筹措渠道，社会各类慈善团体、民间福利机构的慈善捐助，个人缴纳的部分保险费等都成为美国社会保障资金来源的重要组成部分。

值得注意的是，在美国社会保障制度的建设过程中，美国公共福利协会（APHSA）起到了重要作用。美国公共福利协会成员参加的社会服务政策委员会、收入保障政策委员会、健康政策委员会、老年政策委员会、儿童和青年政策委员会等大型社会福利智库委员会，为美国社会保障的长期发展提供有效建议，帮助联邦政府、州及地方政府解决、协调社会保障领域存在的问题，维护了美国国民应享受的保障权益。同时，它还帮助联邦政府解决如何对待穷人这一问题，并且促使政府改变了对待穷人问题的基本态度。在向贫困宣战时期，还为社会保障政策勾画了立法、行政和政治发展的蓝图，协助制定联邦紧急救济法、社会保险法、住房法、经济机会法等，为美国社会保障的建设和完善做出了贡献。

二、多层次体系，制度结构分散，缺乏统一性与普惠性

混合型的社会保障体系使得美国社会保障制度在项目类型、结构和形式等方面呈现出多层次的特征，多元主体参与带来分散的制度结构，同一性质的保障因受益群体的不同而确立不同的制度，缺乏统一性与普惠性。

从美国社会保障项目的类型来看，基本可分为就业促进与失业保障、老年福利保障、健康医疗保障、教育福利保障、住房保障、退役军人保障，以及其他公共援助、妇幼及残疾福利保障等。其中每一大类中又具体分为若干小项目，例如，健康医疗保障涉及公共

医疗保险、公共医疗补助、私人健康保险、工伤保险等；住房保障涉及公共住房、房租补贴、妇婴和儿童住房补贴、消除贫民窟和"新镇运动"等；其他公共援助、妇幼及残疾福利保障涉及抚养未成年儿童家庭补助，为老年人、盲残人提供的补充保障收入，对永久性完全残疾人提供的补助等；食品保障的具体项目有食品券计划、学校早餐计划、学校午餐计划、牛奶计划等。由于政府间的政策经常调整，故在各年发布的统计摘要出现项目的变动或者受益者交叉的情况是相当普遍的。此外，美国社会保障制度受益的对象和条件也在不断变化更新中，例如，针对贫困人群的救济援助，从美国建立社会保障制度起，联邦政府在不同阶段制定了不同的贫困线标准，是否符合领取救济金的资格，还要与当时美国各州经济发展的情况相结合来确定。美国社会保障制度下的各种保障项目种类繁多，管理实施过程中涉及的条件、人口、资金收支等方面，充分显示出制度分散的特性。

三、市场化、自由主义特征明显，更加注重效率

在美国市场经济的主导下，受自由主义和多元价值观念、二元联邦主义的政治体制以及地区经济发展不平衡的共同影响，美国社会保障制度具有强烈的市场化特征，其价值取向更加偏向于效率。例如，在不同地区、不同群体之间税收和社会保障待遇有相当大的差距，政府仅负责有限群体的保障，其余则由市场或社会负责，因此，经济发达的东北部地区和经济落后的南部地区相距甚远；此外，企业的经济实力、工会力量的强弱等都会对福利待遇产生影响。

美国虽然会对低收入者和贫困家庭进行福利补助，同时又在税

收政策、退休政策等方面实行对高收入者有利的倾斜。例如，社会保险税规定了应课税工资的最高额，凡超过了最高额的工资部分可以免税；那些高收入者的红利、利息、租金等非劳动收入都是免税的；高收入者捐赠的福利基金也是免税的，这些是一种利好高收入群体的不平等。

第三章
养老保障

美国养老保障体系由政府、企业以及个人分别主导的三支柱组成（见表3-1）。第一支柱是联邦政府强制执行的公共养老保险（Social Security Program），又称老年、遗属和残障保险（OASDI），主要包括养老及遗属保险（OASI）和残障保险（DI）两部分，该计划向全社会提供基本的退休生活保障，是美国绝大部分人群的基本养老收入来源。第二支柱是由政府或者企业发起的雇主养老保险：前者为公共部门雇主养老金计划（Public Sector Pension Plans），是指联邦、州和地方政府为其雇员提供的各种养老金计划；后者为私营部门雇主养老金计划（Private Sector Pension Plans），是指企业及一些非营利组织和机构为其雇员提供的养老金计划。根据给付方式和资金运作的不同，雇主养老金计划分为1974年推出的待遇确定型计划（DB计划）和1981年推出的缴费确定型计划（DC计划）。第三支柱是个人储蓄养老保险（IRA），是一种由联邦政府提供税收优惠而发起、个人自愿参与的补充养老金计划。

表 3-1　　　　　　　　2020 年美国养老保障三支柱规模

指标	第一支柱		第二支柱		第三支柱		
	OASDI		雇主养老保险		个人储蓄养老保险		
	OASI	DI	DB	DC	传统 IRA	罗斯 IRA	雇主发起 IRA
资产规模（万亿美元）	2.81	0.097	10.68	9.78	10.29	1.21	0.71
占总养老资产比例（%）	7.9	0.3	30.0	27.5	28.9	3.4	2.0

资料来源：美国社会保障署、美国投资公司协会（ICI）。

1974 年美国退休收入主要来源中，公共养老金占 42%，包括 DC 计划、个人储蓄养老金在内的自愿性养老金计划和退休后工作收入各占 22%，剩余 14% 由 DB 计划提供。预计到 2030 年，美国退休收入来源情况会发生显著变化，公共养老金将下降至 19%，DB 计划将仅占 5%，而自愿性养老金计划和退休后工作收入分别增至 40% 和 36%（见图 3-1）。① 因此，政府提供的公共养老金在美国老年人退休收入中的占比呈下降趋势，而雇主养老金计划和个人储蓄养老金计划占据了越来越大的份额。但应当认识到，由于美国存在巨大的贫富差距，2021 年收入最高的 1% 的家庭总资产达到了 36.2 万亿美元，超过了占比为 60% 的中产阶级持有的总资产（35.7 万亿美元），因此基于投资增长的补充养老金计划往往更利好高收入群体，基于互助共济原则的公共养老金仍将是美国养老金体系的基础，对于低收入群体而言更是如此。有关研究报告显示，2020 年美国家庭年收入 5 万美元以下人群中，个人储蓄养老金账户覆盖率仅为 17%；家庭年收入 20 万美元以上人群中，个人储蓄养老金覆盖率高达 70%。截至 2019 年年底，美国近 2.9 万人的个

---

① 施嘉芙. 美国养老金资产管理经验借鉴与启示 [M] // 董克用，姚余栋. 中国养老金融发展报告（2018）. 北京：社会科学文献出版社，2018：257.

人储蓄养老金账户余额超过 500 万美元。2018 年美国养老金总的替代率为 87.7%，其中 49.1% 来自第一支柱，38.6% 来自第二支柱。①

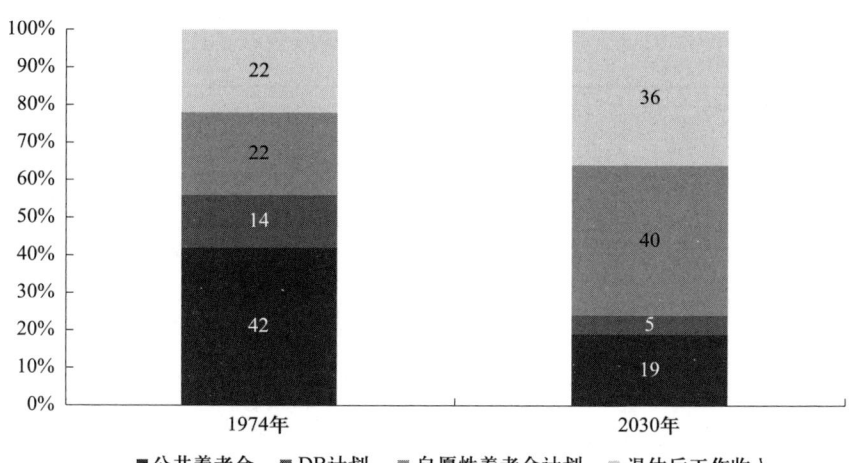

图 3-1　1974 年和 2030 年各类养老金在退休收入中的占比

资料来源：Employee Benefit Research Institute and Cerulli Associates.

第一节　公共养老保险

1935 年，在罗斯福新政的推动下，美国出台《社会保障法》建立了养老保险体系的第一支柱，即联邦强制的公共养老保险，旨在向合格劳动者及其家庭成员提供退休基本收入。1939 年增加了遗属保险内容，1959 年又增加了残障保险内容。因此，包括老年和遗属保险、残障保险在内的公共养老保险也被称为老年、遗属和残障保险（OASDI）。同时，随着《社会保障法》的不断修正，其覆盖范围不断扩大，将政府雇员、公共服务者、农场工人、自由职业者以

---

① OECD. Pensions at a glance 2017：OECD and G20 Indicators [R/OL]. Paris：OECD Publishing. https：//doi.org/10.1787/pension_glance-2017-en.

及军职人员等不断纳入其中。

2021年,针对雇主和雇员的社会保障税率各为6.2%,合计为12.4%,缴费基数上限142 800美元,缴纳的公共养老保险基金由美国政府和联邦储备委员会负责管理,支付给受益人。在2021财年,公共养老保险基金总收入(含利息)为10 883亿美元,其中包括净工资税9 806亿美元、福利税376亿美元外加701亿美元利息。同年,公共养老保险基金总支出逾11 446亿美元,其中,11 332亿美元为社会保障福利,支付给约6 500万名受益人,其中包括约5 000万退休人员及其家属、约600万遗属和约900万残障者及其家属。①

一、公共养老保险的覆盖范围

经过近90年的发展,除少数例外,公共养老保险几乎覆盖了所有的就业人员(见表3-2)。不被覆盖的就业人员包括:(1)1984年前雇用的部分联邦雇员;(2)在铁路行业服务时间超过10年的铁路工人;(3)一些州或地方政府规定不参加社会保障计划的雇员;(4)21岁以下为父母工作的年轻人;(5)部分国家侨民或移民。

表3-2   公共养老保险覆盖范围扩张过程

时间	内容
1935年	最初规定参保人仅限于未满65周岁的工商业雇员
1939年	取消参保人的年龄限制,并将参保对象扩展至海员、银行雇员、食品加工员、城镇家政工
1946年	覆盖部分铁路工人

---

① The 2022 annual report of the board of trustees of the federal old-age and survivors insurance and federal disability insurance trust funds. https://www.ssa.gov/oact/TR/2022/tr2022.pdf.

续表

时间	内容
1950年	参保对象扩展至农业工人、农村家政工、城镇个体户、在国外被美国雇主聘用的美国公民 此外，没有被州和地方政府退休计划覆盖的雇员由雇主自主选择参加，非营利组织的雇员可自主选择参加
1951年	铁路服务不足10年的铁路工人纳入保障范围
1954年	扩展至除律师和医生以外的自由职业者，包括农村个体户、牧师
1956年	覆盖范围又拓展至全体军人，以及除医生以外的个体户或自由职业者
1965年	覆盖住院实习医生及个体户医生，还有赚小费的人
1967年	进一步覆盖了所有牧师，在州和地方政府退休计划覆盖中的消防员由雇主、雇员自主选择参加
1983年	由美国雇主在国外雇用的美国公民；非营利组织的所有雇员；国会议员、总统、副总统、联邦法官及联邦政府行政任命人员，以及1983年12月31日后新入职联邦政府的行政、立法、司法雇员，此前入职的联邦雇员仍留在原联邦政府退休计划中
1990年	未被州和地方政府退休计划覆盖的州和地方政府雇员被全部纳入
1994年	所有警察及消防员被全部纳入
1998年7月1日至12月31日	原联邦政府退休计划覆盖下的雇员可自主选择转入

二、公共养老保险的筹资方式

公共养老保险的筹资方式主要包括社会保障税、社会保障基金收益以及针对过高养老金的超额部分进行的征税。2021年，年收入超过2.5万美元的单身退休人员以及超过3.2万美元的退休夫妇在领取公共养老金时需纳税。

（一）社会保障税

公共养老保险主要以联邦政府统一征收的社会保障税的形式筹集资金。该税种是美国政府税收收入中仅次于个人所得税的第二大税种，基本上可以实现基金收支平衡。直至1966年，美国公共养老保险基金首次接受联邦财政补贴（0.78亿美元），1968—1982年，联邦财政补贴公共养老保险基金一直控制在 4 亿～7 亿美元；1983—1989 年，联邦财政补贴规模大体维持在 17 亿～55 亿美元；1990—2009 年，公共养老保险基金几乎不需要联邦财政补贴。不过，后来由于受到金融危机的影响，2011—2012 年美国阶段性降税，雇员 OASDI 税率降至 4.2%，联邦财政补贴出现大幅反弹，2012 年联邦财政补贴创下最高纪录，高达 977 亿美元。2013 年起雇员税率重新恢复至 6.2%，最近三年联邦财政补贴已降至 0.2 亿美元之下。①

社会保障税由联邦税务局（IRS）统一征缴，直接从工资中扣除并全部纳入社会保障基金专户，然后委托给 OASI 基金和 DI 基金两个独立的信托基金委员会进行运作。社会保障税根据每年收入而定，设有上下限，超过上限的收入部分不缴纳社会保障税。社会保障税的税率和上限逐渐调高，但税率最近十几年一直稳定在 6.2%（见表 3-3）。对于有劳动关系的雇员，雇主和雇员需要分别按照雇员工资额的 6.2% 缴纳社会保障税，总税率共计 12.4%，个体经营人员则需要独自负担 12.4% 的全部税额。

表 3-3　美国社会保障税个人税率及其最大应税收入规定

年份	社会保障税最大应税收入（美元）	社会保障税税率（%）
1937	3 000	1.0
1950	3 000	1.5
1960	4 800	3.0
1970	7 800	4.2

---

① The 2022 annual report of the board of trustees of the federal old-age and survivors insurance and federal disability insurance trust funds. https：//www.ssa.gov/oact/TR/2022/tr2022.pdf.

续表

年份	社会保障税最大应税收入（美元）	社会保障税税率（%）
1980	29 700	5.08
1990	51 300	6.2
2000	76 200	6.2
2008	102 000	6.2
2016	118 500	6.2
2017	127 200	6.2
2018	128 400	6.2
2019	132 900	6.2
2020	137 700	6.2
2021	142 800	6.2
2022	147 000	6.2

资料来源：美国社会保障署。

社会保障税是工薪税，其基本要素包括：（1）纳税人为雇主和雇员；（2）征税对象为雇主向雇员支付的工资或薪金；（3）税率由《社会保障法》予以规定，并进行动态调整；（4）纳税期限以一个会计年度为征收单位，根据一个日历年度内所领取的工资算出其年度薪资额，按季预缴（在季度后一个月内预缴），但视税款的额度及征收入库计划，对一些大型的公司也采用以一个月、两周或者三至五天为预缴期限，具体的预缴期限由征收单位根据企业的规模而定。和其他税种一样，社会保障税也规定有一定的税收减免，其减免范围和减免金额每年根据通货膨胀和其他因素作相应的调整。

（二）公共养老保险基金投资收益

公共养老保险基金的投资收益是公共养老保险的另一个重要筹

资来源。根据《社会保障法》第 201（d）（e）（f）条款的规定，为保障资金的绝对安全，公共养老保险基金的投资十分保守，不能直接投资于股市，只能投资于本金和利息都有美国政府担保的特种债券，因此基金收益率基本取决于美国国债收益率。

在资产规模方面，OASDI 基金的规模成立以来呈现稳步增长态势，从 1957 年的 230.42 亿美元，增长至 2020 年年末的 2.91 万亿美元，年复合增长率为 7.98%。其中 OASI 基金规模为 2.81 万亿美元，占比为 96.7%，DI 基金规模为 965.7 亿美元，占比为 3.3%。从资产配置上看，OASDI 基金的资产配置以长期债券为主，2020 年年底 OASDI 投资长期债券 2.85 万亿美元，占比达 98.91%；投资短期债券 315.20 亿美元，占比仅为 1.09%（见表 3-4）。① 值得注意的是，随着美国老龄化程度加剧，以及 OASDI 基金投资收益率不断下降，美国国内对公共养老保险基金的财务持续性担忧越来越多，2020 年美国官方发布的精算报告预测该基金将在 2034 年耗尽（见图 3-2）。

表 3-4　1990—2020 年美国公共养老保险基金资产配置情况

年份	长期债券（万亿美元，%）		短期债券（万亿美元，%）	
	资产规模	占比	资产规模	占比
1990	0.15	87.46	0.02	12.54
2000	0.97	92.12	0.08	7.88
2010	2.53	97.08	0.08	2.92
2020	2.85	98.91	0.03	1.09

资料来源：美国社会保障署。

---

① The 2022 annual report of the board of trustees of the federal old-age and survivors insurance and federal disability insurance trust funds. https://www.ssa.gov/oact/TR/2022/tr2022.pdf.

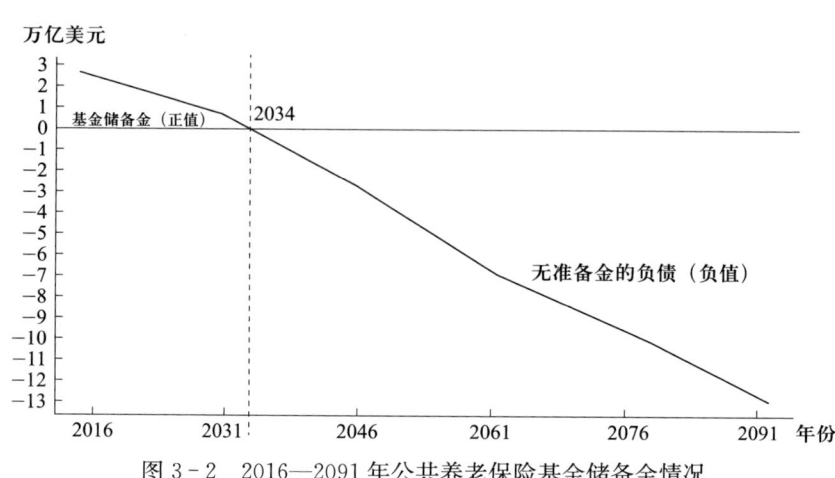

图3-2 2016—2091年公共养老保险基金储备金情况

资料来源：美国社会保障署。

三、公共养老保险的管理运行

（一）社会保障卡

在美国，税务部门对纳税人实行社会保障卡管理制度。根据《社会保障法》的规定，劳动者在工作并缴纳社会保障税时，都会获得与社会保障密切相关的一张社会保障卡，并对应着一个合法的9位数的社会保障号（SSN）。美国联邦税务局规定，任何年满18周岁、有收入的美国公民都必须拥有一个社会保障号，社会保障号伴随个人一生。个人就业时，雇主必须记录个人的社会保障号。每次发工资时，雇主直接把社会保障税从工资单中扣除，缴纳到联邦税务局，同时把个人收入情况报告给社会保障署。个体经营者的收入情况，由联邦税务局代替报给社会保障署。因此，根据社会保障号，美国社会保障署掌握了一份贯穿劳动者职业生涯的收入记录。公共养老保险受益人每月的养老金数额就是依据其收入记录以及开始领取养老金的年龄来确定的。

社会保障卡管理制度一方面确保纳税的持续性和避免重复征税，另一方面也成为参保人领取养老金的凭证。在美国政府的大力推动下，社会保障卡成为类似我国身份证的一种标识，大量美国实体将社会保障号作为个人身份证明，如1962年，联邦税务局开始采用社会保障号作为纳税人正式的身份证号，要求每个纳税人将其作为纳税申报的依据。1970年，《银行保密法》（Bank Secrecy Act）也作出规定，要求所有银行、储蓄与贷款协会、信用社及证券经纪商或自营商都必须获得其所有顾客的社会保障号。因此，拥有社会保障卡便等同于一种公民身份认同，这足以彰显美国对社会保障制度的重视程度。

（二）社会保障积分

每个社会保障号对应记载着一个社会保障积分。当劳动者参加工作并及时缴纳社会保障税时就会得到由社会保障署给予的相应积分，积分的获得与收入水平挂钩。随着平均收入水平不断提高，每年获得1个积分所需要达到的收入金额也略有增加，但每年最多只能积累4个积分，如2008年，收入超过1 050美元积1分，而在2021年则需要超过1 470美元才能积1分，超过5 880美元积4分但同时达到当年最大积分额。积分决定一个人是否有资格获得公共养老金等，只有满足积分要求才能享受相应保障。以公共养老金为例，如果劳动者在1929年及以后出生，他需要40个积分（即至少需要工作10年）才可以达到领取公共养老金的资格标准（见表3-5）。积分不必是连续的，即使劳动者中途失业，也不影响其已有积分，该积分将在他的社会保障记录上保留。当他以后重返工作岗位之时，就能在之前的基础上增加积分，这样就能最终达到资格要求。

但是,需要说明的是,积分只决定一个人是否有受益的资格,不决定一个人获得受益的金额。

表 3-5　　　　　　　　领取公共养老金所需积分

出生年份	所需积分(分)
1924 年	35
1925 年	37
1926 年	36
1927 年	38
1928 年	39
1929 年以后	40

资料来源:美国社会保障署。

四、公共养老保险的待遇给付

(一)退休年龄

参保人所领取的公共养老金水平的高低与其退休年龄紧密相关。美国规定了三个退休年龄界线:提前退休年龄、完全退休年龄以及延迟退休年龄。完全退休年龄也被称为正常退休年龄,其标准是动态的(见表 3-6),只有达到完全退休年龄的人才能获得全额养老金(Primary Insurance Amount,PIA)给付;提前退休年龄不得低于 62 岁,且提前退休者只能获得低于正常退休年龄的退休给付;相反,为了鼓励延迟退休,凡是延迟退休者,均能获得大于完全退休年龄的养老金给付,但最大退休年龄不能超过 70 岁。这就是美国根据个人领取养老金年龄的不同决策而设计的"早减晚增"调节机制。目前 OASDI 的受益人中,超过 4/5 的人年龄在 62 岁及以上,约 11% 为 18~61 岁的残障者及其家属(见图 3-3)。

表 3-6　　　　　　　　公共养老保险完全退休年龄表

出生年份	正常退休年龄	出生年份	正常退休年龄
1937 年及以前	65 岁	1955 年	66 岁 2 个月
1938 年	65 岁 2 个月	1956 年	66 岁 4 个月
1939 年	65 岁 4 个月	1957 年	66 岁 6 个月
1940 年	65 岁 6 个月	1958 年	66 岁 8 个月
1941 年	65 岁 8 个月	1959 年	66 岁 10 个月
1942 年	65 岁 10 个月	1960 年及以后	67 岁
1943—1954 年	66 岁	—	—

资料来源：美国社会保障署。

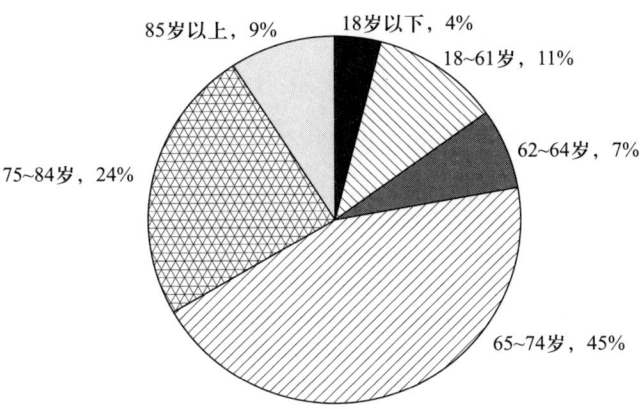

图 3-3　2020 年 OASDI 受益人年龄占比

资料来源：美国社会保障署。

1. 提前退休年龄

参保人最早可以在 62 岁享受退休福利，但是提前退休会永久性减少其养老金水平，其扣减比例取决于提前退休年龄和完全退休年龄的相差月数。当相差月数不超过 36 个月时，每提前一个月养老金减发 0.56%；当相差月数超过 36 个月时，养老金总扣减百分比为 36×5/9＋（相差月数－36）×5/12。例如，完全退休年龄为 67 岁的参保人选择在 62 岁申请退休时，每月养老金水平约是完全退休年龄养老金水平的 70%，如果是 65 岁申请约获得全额养老金的 86.6%。

2. 完全退休年龄

对在 1938 年以前出生的人来说，完全退休年龄为 65 岁。但是随着人均寿命的延长和老龄化进程的加剧，美国《社会保障法》也相应延长了完全退休年龄，逐步提高至 67 岁。因此，1938 年后不同出生年份的人完全退休年龄也各不相同。

3. 延迟退休年龄

参保人可以选择在达到完全退休年龄之后继续工作，这样可以增加其养老金：一方面，参保人每多工作一年，其社会保险记录上就会多一年的收入记录，而在职时的较高收入便意味着退休之后较高的福利；另一方面，假设参保人完全退休年龄为 67 岁，从参保人达到完全退休年龄开始，直到开始领取养老金或年满 70 岁为止，每延后一年养老金增加 8%。例如，70 岁退休可拿全额养老金的 124%，年满 70 岁以后才退休者，养老金不再继续增加，仍是全额养老金的 124%。退休人员被鼓励继续从事力所能及的工作。退休后从事有收入工作的，如年总收入低于一定标准，仍可领取全部养老金；收入超过一定标准时，按超过部分金额的 50% 减发养老金；70 岁以上仍工作者，不管收入多少，均不减发养老金。

（二）给付项目

1. 享受福利人员的范围

美国《社会保障法》规定，领取养老金的受益人的部分家庭成员也可以享受一定待遇，但要满足一定条件。具体包括：（1）年龄在 62 岁及以上的配偶；（2）年龄低于 62 岁，但是却育有小于 16 岁或残障的子女的配偶；(3) 年龄在 62 岁及以上的离异配偶；(4) 虽年满 18 岁或 19 岁，但却还未高中毕业且为全日制学生的子女；(5) 残障子女，包括年龄在 18 岁及以上的残障子女。其中，子女福利仅仅只适用于未婚子女。但是，在特定情况下，当某个残障子女与另一个也符合残障子女福利资格的人结婚时，则该福利仍旧适用。

2. 具体给付项目

(1) 配偶福利。无工作或低收入的配偶可以享受另一方相当于全额养老金 50% 的待遇。如果参保人既有资格享受自己的养老金，又有资格享受配偶的，最多可获得二者之中金额较高的那一种，而非二者的累加。如果参保人配偶想提前退休领取养老金，则其养老金会由于提前退休而永久性扣减。但当参保人达到完全退休年龄时或以后申请退休的，其配偶可以通过获得参保人配偶福利来领取更高水平的养老金。但是，如果参保人配偶正养育未满 16 岁的子女或者正领取社会保险的残障福利，则其可以领取全额福利而不考虑退休年龄。

(2) 离异配偶福利。一个婚姻关系持续时间至少 10 年的已离异配偶也有资格凭借参保人的收入记录享受福利。但是该离异配偶必须为 62 岁及以上并且未再婚。同时，离异配偶所获得的福利金额对参保人及现任配偶的福利不产生任何影响。另外，如果参保人与配偶离异至少两年并且都已经 62 岁及以上，则该离异配偶甚至可以在参保人还未退休时就享受福利。

(3) 已故参保人配偶的福利。已故参保人的配偶在达到完全退休年龄后便可以享受遗属福利，也可以最早提前至 60 岁（如果为残障者就从 50 岁）起享受有一定扣减的遗属福利，直到退休后在遗属福利和自身养老金中选择金额更高者。例如，一位丧偶女性可以在 60 岁时领取有扣减的遗属福利，然后在她达到完全退休年龄后再选择是否转为自身养老金。

（4）最高家庭福利。如果参保人的子女有资格享受社会保险福利，则每个子女都可以领取一份最高相当于参保人全额福利一半的福利。但是《社会保障法》对每个家庭所能享受到的最高福利金额作了限制——一般最高为参保人福利金额的 150%～180%。如果配偶福利和子女福利总额超过了这个限额，那么他们的福利将会被扣减掉，但是参保人的福利不受此影响。

（三）给付水平

每个参保人在获取了足够的积分并且达到了法律所规定的退休年龄后，就可以享受由社会保障署所提供的养老金（见表 3-7）。养老金的计算有一套复杂的公式，它和参保人历年工资水平、退休年龄以及宏观通货膨胀都有一定关系，大致分为以下四步。

1. 计算平均指数化月工资（Average Indexed Monthly Earnings，AIME）

选取参保人工资水平最高的 35 年的收入（限定只包括 60 岁以前的工资收入）为基准。历年工资并非简单加总，而是通过指数化调整来考虑通货膨胀和生活成本的变化。如果 30 年前的年收入是 10 000 美元，当时的工资水平是现在的 1/5，则现在按 50 000 美元计，即为指数化。将指数化后的历年工资加总后除以 420，得到平均指数化月工资。

2. 计算基本保险金额（Primary Insurance Amount，PIA）

基本保险金额是在年满完全退休年龄时支付给退休人员的养老金。通过将平均指数化月工资的90%、32%和15%划分为三档，实行超额累退比例来计算基本保险金额。

3. 根据退休年龄调整

以完全退休年龄为界，每提前退休一个月，养老金将减发一定比例；每推迟退休一个月，养老金将增发一定比例；满70岁以后退休，养老金将不再增加。

4. 考虑通货膨胀指数

为保证参保人免受通货膨胀侵害，养老金每年依据消费者物价指数上调一次。

表3-7　　2021年不同年龄组的平均每月养老金水平

年龄（岁）	平均每月养老金（美元）	年龄（岁）	平均每月养老金（美元）
66	1 745.14	79	1 824.08
67	1 719.23	80	1 805.93
68	1 739.24	81	1 763.16
69	1 736.43	82	1 740.47
70	1 728.79	83	1 703.41
71	1 751.26	84	1 657.44
72	1 786.89	85	1 636.90
73	1 792.45	86	1 369.43
74	1 825.03	87	1 350.42
75	1 793.63	88	1 354.06
76	1 801.90	89	1 345.23
77	1 818.23	90岁及以上	1 344.76
78	1 829.57	—	—

资料来源：美国社会保障署。

第二节 雇主养老保险

美国雇主养老保险起步远早于公共养老保险，最早可以追溯到 1875 年的美国运通公司养老金计划，较 1935 年公共养老保险整整早了 60 年。早期美国企业雇主选择的大多是 DB 计划，只有一些非营利性机构因为税收优惠等原因选择了 DC 计划，如 403（b）条款下的优惠政策。但随着法律日臻规范和市场的不断完善，雇主养老保险从个别企业福利走向普遍社会福利，DC 计划得到了迅猛发展并成为雇主养老保险的主要形式。截至 2020 年年底，美国第二支柱养老金计划中，DB 计划总资产 10.5 万亿美元，其中州和地方政府 DB 计划总资产为 5.1 万亿美元，占比 48.6%，是 DB 计划的主要组成部分；DC 计划总资产为 9.6 万亿美元，其中 401（k）计划总资产为 6.7 万亿美元、占比为 69.8%。

一、雇主养老保险的发展历程

19 世纪后期，美国大规模工业化和城市化的迅速发展对家庭养老模式产生直接的冲击，一些在工业化过程中诞生的大公司开始为其雇员提供养老保险。20 世纪 20 年代以后，大型公司制企业的出现使雇主养老保险的增长出现高潮。到 1925 年，美国主要的铁路公司、煤气电气公司、银行、煤矿公司及石油公司都建立了正式的雇主养老保险。但 1929—1933 年的大萧条严重影响了公司养老保险的融资及依靠个人储蓄养老的传统信心，也催生了政府主导的公共养老保险。第二次世界大战后，随着雇主养老保险数量和资产规模的扩张，因市场管理混乱造成的参保人的利益保障问题愈发突出，由此导致了 1974 年《雇员退休收入保障法》（ERISA）的颁布。这一法案对于美国多支柱的养老保障体系的完善具有里程碑意义，首次明确了对雇主、雇员、政府、托管人等相关主体的系统性监管要求，并与美国《国内税收法》相配合，共同确保了第二支柱养老金计划市场运行环境的稳定。

按照是否符合 ERISA 要求，雇主养老保险可以分为合格计划及非合格计划。合格计划可以获得一些税收优惠政策，以及得到政府对于养老金计划风险的法定保护。非合格计划通常提供给企业的高级管理人员和其他关键员工，用来满足这些雇员的特殊养老需求，企业雇主通常不能因为对非合格计划进行供款而获得税收抵扣。合格计划主要有 401（k）计划、利润分享计划、403（b）计划等，非合格计划主要有薪酬递延计划、高管奖金计划、部分寿险计划等。

20 世纪 70 年代以后，随着与养老保险相关的税收、企业会计规则等法律法规的不断完善，雇主养老保险的资产规模进一步扩大。金融市场的发展和创新，为养老保险的投资和风险管理提供了更多工具；同时，作为金融市场的重要机构投资者，养老保险的发展又进一步推动了金融市场规模的扩大、产品和交易制度的创新。截至 2020 年年末，美国雇主养老保险的总资产规模为 20.45 万亿美元，占全部养老保险的 57.5%，是目前美国养老保险体系中规模最大的部分。

二、雇主养老保险的种类

美国的雇主养老保险种类繁多，总体上可以划分为两大类：待遇确定型计划（DB 计划）和缴费确定型计划（DC 计划）两种模式（见表 3-8）。

表 3-8　雇主养老保险种类

	待遇确定型计划（DB 计划）	缴费确定型计划（DC 计划）
主要项目	联邦 DB 计划、州和地方政府 DB 计划和私营部门 DB 计划	401（k）计划、403（b）计划、457 计划、TSP 计划、基欧（Keoghs）计划和其他没有 401（k）计划特征的 DC 计划
资金来源	设立统一账户，雇主缴费并承担主要风险	设立个人账户，雇主和雇员按规定比例共同缴费，雇员自担风险
给付方式	雇员在退休后能领取固定水平的养老金	不保证雇员退休后养老金领取水平
资金运作	雇主选择专业的管理机构（银行、券商、基金公司等）对统一账户中的资金进行投资，投资方向、投资机构和投资标的由管理机构决定，雇员不参与投资过程	雇主将个人账户中资金交给投资机构，由投资机构提供不同的投资产品组合供雇员选择，雇员自行决定个人账户的投资产品组合
领取方式	退休时以养老保险的形式支付	退休时既可一次性提取或者转入保险公司打理，也可以以年金形式定期提取

资料来源：美国投资公司协会。

（一）DB 计划

DB 计划是一种传统的雇主养老保险，雇主为雇员设立统一账户，当雇员的工资水平、工作年限、工资增长率等满足一定条件后，由雇主为雇员缴费，并承担主要的资金风险。在 20 世纪 70 年代以前，DB 计划的资金运作方式普遍为现收现付制，即雇主根据当期支付需要筹资。1974 年的 ERISA 规定，DB 计划由现收现付制改为基金制，基金规模（包括本金及增值部分）与包括在职人员和退休人员在内的所有人积累的全部养老金权益相当。

根据雇主不同，DB 计划包括私营部门 DB 计划、联邦 DB 计划、州和地方政府 DB 计划。私营部门 DB 计划是企业雇主根据雇员的工作年限和退休前工资水平，按照预定的计算公式确定并支付个人养老金。但当雇员离开企业时，DB 账户的养老基金将被雇主收回或者被其他雇员分享。联邦、州和地方政府的 DB 计划筹资模式同样是完全基金积累制，但与企业 DB 计划只由企业雇主出资不同，政府 DB 计划是由政府与雇员共同缴费。政府将依据雇员工作年限、退休前工资平均值等指标按照预定的计算公式确定并支付个人养老金，美国国会要求政府 DB 计划实行养老金预拨款制度。当雇员离开政府部门时，DB 账户不能转移，但会保留，在其退休后可以得到与之在政府的工作年限和平均收入相匹配的养老金，但该养老金在他离开政府部门与退休这段时间内不做通胀调整。

由于 DB 计划保证雇员每月得到固定的养老金，要求雇主以月缴或年缴的方式向信托基金供款。如果基金的投资收益率比较高，就可以减少雇主缴费成本，反之则需要雇主及时弥补赤字。为避免信托基金的亏空，美国政府作出了两项规定，一是信托基金与企业资产分离。DB 计划基金不准投资于本企业，或者规定投资本企业的最高比例。此外，基金的保管人与投资人分离，限制基金选择风险等级过高的投资产品，并对基金的经营行为和业绩进行检查监督。二是建立担保机制。1974 年，美国政府建立了养老金福利担保公司（Pension Benefit Guaranty Corporation，PBGC），防止个别基金投资失败使雇员利益严重受损。DB 计划都要向养老金福利担保公司缴纳再保险费。当养老基金发生财务困难或企业破产时，由养老金福利担保公司向退休人员支付确定的养老金。

由于雇员离职转换统一账户的流程十分烦琐且雇主缴纳的那部分费用不可携带，即携带性差及转换成本高，使得 DB 计划在养老保险体系发展过程中逐渐走向衰退。从 1974 年至 2020 年，尽管 DB 计划的总资产规模由 0.26 万亿美元逐年增长至 10.68 万亿美元，但 DB 计划占雇主养老保险计划数量的比重，则由 79.8% 逐年下降至 52.2%。

（二）DC 计划

DC 计划是由雇主和雇员共同出资设立的雇主养老保险，筹资模式为完全基金积累制，其缴费率固定但退休待遇不确定。通常个人缴费率为工资收入的 5%，最多不超过 25%；雇主缴费率一般为雇员工资收入的 10%，并设置最高限额。雇员拥有 DC 计划投资选择权并承担相应的市场风险，当雇员工作变动时，可以转移 DC 计划账户中的养老基金。由于 DC 计划具有可携带性且雇员自担风险的特征，降低了雇主压力，DC 计划的规模和占比逐年增长。从 1974 年至 2020 年，DC 计划的总资产规模由 0.07 万亿美元逐年增长至 9.78 万亿美元，占雇主养老保险计划的比重由 20.2% 提升至 47.8%，逐渐成为美国养老保障第二支柱中的重要组成部分。

根据服务群体的不同，DC 计划主要包括服务于私营部门雇员的合格雇员计划，如 401（k）计划；服务于教育及部分非营利组织雇员的避税年金计划，如 403（b）计划；服务于政府部门雇员的州和地方政府合格延迟薪酬计划，如 457 计划；还有联邦政府雇员节俭储蓄计划，如 TSP 计划等。

1. 401（k）计划

1978 年，美国《国内税收法》（IRC）新增的第 401（k）条款规定，政府机构、企业及非营利组织等不同类型雇主，为雇员建立积累制养老金账户可以享受税收优惠。401（k）计划由雇员超过 5 人的营利组织发起，该计划的成立主要是为了增加企业雇员的长期养老金储蓄。雇主为雇员设立专门的 401（k）账户后，双方共同缴纳一定数量的资金存入账户。雇主为雇员缴费的比例由劳资双方协议确定，一般为雇员工资的3%～7%。账户归雇员所有，离职时由雇员自行转走，转入其选定的任何提供401（k）计划的基金公司。这个基金通常有各种不同类型的投资组合供雇员选择，有定期存款、股票基金、债券基金、指数基金以及平衡基金等，投资标的从最保守的货币市场到最激进的新兴市场。雇员自主决定投资决策，并承担投资风险。一般在年轻时，雇员会选择比较激进的投资组合，博取较高的投资回报，但随着年龄增长，投资方式渐趋保守。雇员退休后从账户领取的养老金取决于缴费多少和投资收益状况。

401（k）计划相较其他计划的主要优势在于401（k）采用享受税收递延优惠政策，即雇员参与雇主养老保险计划时，在缴费阶段和产生投资收益阶段免税，在领取养老金阶段征税。雇员可以赚取纳税部分的复利，同时由于退休时收入较低，累进税率下退休后纳税能享受更多的税收优惠，降低了雇员的税收负担。这吸引了大量的雇员参与雇主养老保险计划，也使得401（k）计划成为当前美国企业年金的主要方式。

2. 403（b）计划

403（b）计划是依据美国《国内税收法》第403（b）条款建立的避税年金计划，是税收优惠雇主养老金计划的一种。它主要是针对教育部门和非营利部门的雇员，专为特定公立学校的雇员、特定免税组织的雇员及特定牧师设计。

3. 457计划

457计划是根据美国《国内税收法》第457条款建立的州及地方政府合理延迟薪酬计划，也是一种税收优惠的雇主养老金计划。

主要适合两类雇员：一类是州政府和地方政府雇员，另一类是免税的非教育机构雇员。这两类雇员的457计划基本相同，只存在少许的差别。例如，前一类雇员享有50岁以上的追加缴费，而后者则没有这一权利。

4. TSP计划

TSP计划即节俭储蓄计划，是专门为联邦政府雇员创设的一种退休储蓄和投资计划。这一计划是国会在1986年的《联邦雇员退休制度法案》中建立的，并由联邦退休储蓄投资委员会负责管理缴费与投资。该计划筹资模式为完全基金积累制，一般由政府和雇员共同出资，政府最低以雇员基础工资的1%缴费，最高不超过5%，雇员最高缴费不超过15 500美元，50岁以上的雇员可以增加到不超过20 500美元。同时个人负责TSP账户养老基金投资并承担市场风险，退休后领取的养老金依据TSP账户基金积累额。当政府雇员变动工作时，TSP账户养老基金可以随之转移。

在上述DC计划中，401（k）计划的比重不断增长，而其他计划的比重逐年下降。截至2020年年末，401（k）计划资产规模达到了6.84万亿美元，在DC计划总规模中的占比高达70%。资产配置上，401（k）计划的资产主要交由共同基金管理。截至2020年年末，共同基金管理着401（k）计划中的4.42万亿美元的资产，占401（k）计划资产规模的比重达64.6%。其中，股票型基金、混合型基金、债券基金、货币基金的规模分别为2.59万亿美元、1.23万亿美元、0.48万亿美元、0.12万亿美元，在共同基金中的占比分别为58%、28%、11%、3%（见表3-9）。截至2020年年末，403（b）计划、457计划、TSP计划、其他私营部门DC计划的总资产规模分别为 1.20 万亿美元、0.38 万亿美元、0.74 万亿美元、0.62 万亿美元，合计比重由 20 世纪 90 年代的 50% 下滑至 30%。①

表 3-9　　　　1994—2020 年美国雇主养老保险资产配置情况

DC 计划	国内股票型基金（万亿美元，%）		国际股票型基金（万亿美元，%）		混合型基金（万亿美元，%）		债券基金（万亿美元，%）		货币基金（万亿美元，%）		合计（万亿美元，%）	
	规模	占比	规模	占比	规模	占比	规模	占比	规模	占比	规模	占比
1994 年	0.21	66	0.02	7	0.02	7	0.03	8	0.04	12	0.32	23
2000 年	0.88	69	0.12	9	0.11	8	0.08	6	0.10	7	1.28	43
2010 年	1.13	45	0.37	15	0.52	21	0.34	14	0.15	6	2.50	52
2020 年	2.58	46	0.76	13	1.49	26	0.65	11	0.18	3	5.67	58
其中：401(k)计划	国内股票型基金（万亿美元，%）		国际股票型基金（万亿美元，%）		混合型基金（万亿美元，%）		债券基金（万亿美元，%）		货币基金（万亿美元，%）		合计（万亿美元，%）	
	规模	占比	规模	占比	规模	占比	规模	占比	规模	占比	规模	占比
1996 年	0.21	62	0.02	7	0.04	11	0.03	9	0.04	12	0.35	33
2000 年	0.56	67	0.08	10	0.08	10	0.05	6	0.06	8	0.83	48
2010 年	0.79	43	0.29	16	0.43	23	0.23	12	0.10	5	1.84	59
2020 年	1.96	44	0.63	14	1.23	28	0.48	11	0.12	3	4.42	65

资料来源：美国投资公司协会。

注：因四舍五入，本书中的图表可能存在加总不绝对相等的情况。

三、雇主养老保险的发展趋势

近十余年来，雇主养老保险发展的一个明显趋势是从传统的 DB 计划向 DC 计划和混合计划转变。截至 2017 年年底，雇主发起的自愿性养老保险在美国退休资产缴费细分如下：7.7 万亿美元来自 DC 计划，4.3 万亿美元来自州和地方政府 DB 计划，3.1 万亿美元来自私人部门 DB 计划，1.7 万亿美元来自联邦政府计划。总体

---

① 苗陆洋. 美国养老保险体系研究［EB/OL］. 2022-04-05. http://www.ssf.gov.cn/portal/tzyj/webinfo/2022/02/1647138954914321.htm.

来看，美国 DB 计划自 1986 年以来大多在逐年下降，DC 计划则呈现上升的趋势（见图 3-4）。此外，兼有 DB 和 DC 特征的混合计划在过去的 20 年也有较快发展。

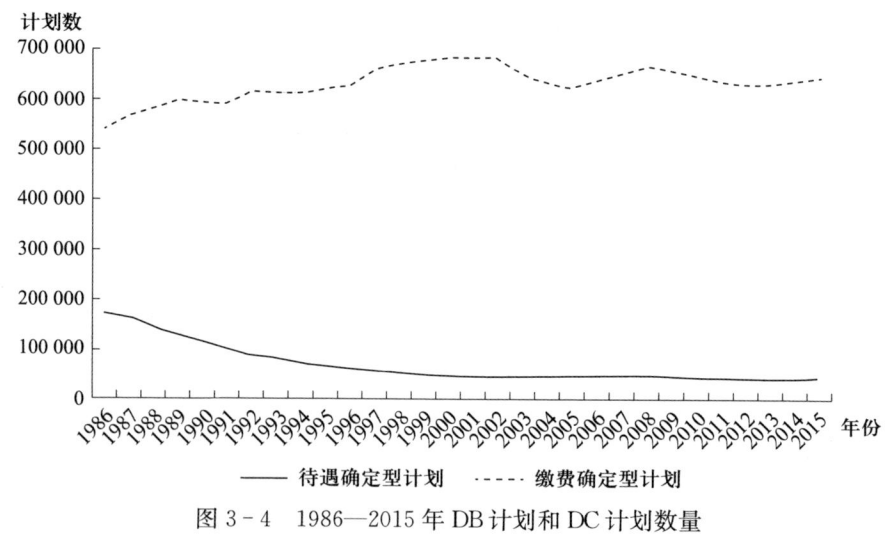

图 3-4 1986—2015 年 DB 计划和 DC 计划数量

资料来源：United States Department of Labor, Employee Benefits Security Administration. Private pension plan bulletin historical tables and graphs, 1975—2015.

导致雇主养老保险从 DB 计划向 DC 计划转变的原因主要包括：经济增长的波动性加大，DB 计划的不确定性增大；劳动力流动性的增强，更加注重 DC 计划的可携带性；政府法规、税收政策的调整，特别是对 401（k）计划的缴费，允许从雇主和雇员税前收入中扣除等。雇主养老保险的这一变化趋势，对美国养老保障体系产生了深刻的影响，包括雇主养老保险覆盖率的下降、养老金收入差距的扩大以及参保人金融风险的增加。由于 DC 计划的参与者享有个人账户的投资决策权，不同收入阶层的参与率有较大差距，受教育程度和收入均比较低的年轻雇员参与率通常较低。此外，DC 计划的资金积累性质使账户的拥有者能从金融市场的发展中受益，并且资金规模越大，受益越多。同时，雇员承担全部投资风险，金融市场的波动将影响个人账户资金的投资收益，甚至导致个人账户积累不足，在一定程度上加剧了收入的分化。

第三节 个人储蓄养老保险

在养老保障体系第三支柱的个人储蓄和投资计划中，最具代表性的是个人储蓄养老保险（IRA），这是一种个人自愿参加的养老金计划。对于非雇员身份的个人，政府通过给予税收优惠的方式以鼓励个人为养老储蓄资金建立个人储蓄养老金账户。同时允许工作变动、退休的人员将雇主养老保险，如 401（k）计划，转移到 IRA 中继续实现资产的保值增值，对雇主养老保险起到补充作用。IRA 账户由参与者自愿设立，70.5 岁以下、年薪不超过一定数额者，无论其是否参加了其他养老金计划，均可以到有资格设立 IRA 基金的银行、基金公司等金融机构开设 IRA 账户并享受税收优惠。户主可根据自己的收入确定年度缴费金额，并在每年纳税申报截止之前存入账户。IRA 有最高缴费限额，年薪超过一定数额者不能享受 IRA 计划税优政策。

IRA 计划并非投资行为，而是储蓄行为。参与者可以使用账户内资金从事股票、债券等投资活动，但这些本金和收益被严格限定并储蓄在 IRA 账户内，不得转移至别的账户，以强制这部分资金在退休后才能使用。与普通投资账户相比，IRA 享有免税等多种税收优惠。一是延迟纳税，在年度免税额度（即最高缴费限额）内不缴纳个人所得税，退休后支取时再纳税。二是免征账户内的存款利息、股息和投资收益所得税。参与者可以选择存储税前或税后收入，如果存的是税前收入，在领取的时候要根据账户总额缴纳个人所得税；如果存的是税后收入，在领取时要根据多年来的附加增值款缴纳个人所得税。

经过数十年发展，IRA 已经成为美国养老保险市场上增长最快的资金来源，其诞生和发展顺应了美国劳动力市场变化和经济结构转型的大趋势，扩大了美国养老个人储蓄计划的覆盖面，降低了政府养老负担，有力地推动了美国资本市场发展。2020 年，IRA 的总体资产规模由 1974 年的 0.001 万亿美元增长至 12.21 万亿美元，在美国养老保险总资产中的占比达 34.3%。

一、个人储蓄养老保险的种类

个人储蓄养老保险（IRA）主要包含传统 IRA（Traditional IRA）、罗斯 IRA（Roth IRA）和雇主发起型 IRA（Employer-sponsored IRA），其中，雇主发起型 IRA 包括 SEP IRA、SARSEP IRA（已废止）、SIMPLE IRA 三种。

（一）传统 IRA

传统 IRA 是一种有税收优惠安排的退休计划，依据雇员自身情况允许存入此退休计划的资金全部或部分地扣除当期应税收入，缴费金额和投资所得可以延期缴税到雇员退休提取资金时再缴纳，而那时雇员的税率等级可能较低，从而享有税收延付及低水平纳税的双重优惠。1974 年，美国《雇员退休收入保障法》中首次提出了 IRA 概念，一方面鼓励没有被雇主养老保险覆盖的雇员通过私人金融机构建立税收递延的个人储蓄养老金账户，另一方面则准许退休人员和变换工作的雇员把其以前积累的雇主养老保险资产转存至该账户，以便于继续积累退休储蓄资产。

传统 IRA 可以由个人单独设立，也可以由企业代为设立，但不能由企业自己管理，只有符合资格的第三方金融机构（银行、投资公司等）才可以为个人管理账户，一经设立，不得再随意终止或变更用途，否则就将失去税收优惠，还需补缴以前的税款。但是个人在退休后可以随意从 IRA 取款，数量和次数都不受限制。传统 IRA 的范围相当广泛，只要满足当年内有应税收入且年龄未超过 70.5 岁即可，不考虑是否为自我雇佣者、有无工作或其他退休收入等。传统 IRA 最低提取年龄为 59.5 岁，除特殊情况外，提前支取需缴纳 10% 罚金。为防止避税，73 岁后必须从 IRA 提取一定金额，即法定最低分配（RMD）。

由于不同人群的养老需求不同，美国 IRA 缴费根据申请者身份、调整后的总收入进行分类，实行差异化限额管理，并根据经济发展水平进行动态调整。传统 IRA 的缴费限额从 2002 年每人每年 3 000 美元提高到 2023 年的 6 500 美元；如果年满 50 岁，则将限额提高至 7 500 美元。同时传统 IRA 规定，若参保人员超额缴费，对超额部分收取 6% 的惩罚消费税，以降低高收入者将 IRA 作为逃税通道的可能性。

（二）罗斯 IRA

1997 年美国《纳税人减免法》（The Taxpayer Relief Act）提出设立一项新的 IRA，也就是通常所称的罗斯 IRA。这种 IRA 是以来自美国特拉华州的共和党参议员威廉姆·罗斯的名字命名的。罗斯 IRA 适用于传统 IRA 的规则，可以是账户或年金形式，与传统 IRA 有很多相同之处。但它与传统 IRA 一个很重要的区别是，向罗斯 IRA 缴纳的是税后收入，只是在投资收益取现时免税。

雇员可以在一年内设立多个 IRA，但是这些 IRA 的总缴纳金额不可以超过当年规定的 IRA 缴费总额。因此，雇员可以在一年内同时设立传统 IRA 和罗斯 IRA。如果雇员符合某些条件，则可以将缴费全部投入罗斯 IRA，或者全部投入传统 IRA，或是按照雇员所愿意的方式分比例投入这两种账户。

与传统 IRA 不同的是，存入罗斯 IRA 的本金在账户开设 5 年后随时可取出，但收益要在 59.5 岁后才能自由支取。罗斯 IRA 没有年龄限制，唯一要求是年收入水平要低于以下标准：（1）夫妻联合申报纳税或符合条件的寡妇（鳏夫）调整后收入少于 22.8 万美元；（2）夫妻双方分别纳税调整后收入少于 1 万美元；（3）单身或已婚分别纳税且和配偶分开居住，调整后收入少于 15.3 万美元。

罗斯 IRA 年度缴费标准与传统 IRA 相同，且缴费必须在缴纳所得税的时限之前。不同的是，即使雇员到了 70.5 岁仍无法定最低分配要求，每年仍然可以向罗斯 IRA 存入当年最大缴费限额。罗斯 IRA 缴费标准分两种情况：一是只向罗斯 IRA 缴费；二是同时向传统 IRA 和罗斯 IRA 缴费，第二种情况两账户缴费相加不可超过缴费限额。如果雇员年度缴费额超过规定的最大缴费额，那么超额缴费要处以 6% 的罚款。本年度罗斯 IRA 的缴费如果超过了缴费限额，但下年度的缴费没有超过最大缴费额，那可以将本年度的超额缴费部分移到下年度。罗斯 IRA 分档作出缴费限额规定（见表 3-10），体现了政策对中低收入者的倾斜。

表 3-10　　　　2023 年罗斯 IRA 缴费限额　　　　单位：美元

申请人	调整后总收入	缴费额度
已婚联合报税或寡妇或鳏夫	<218 000	可达每年上限
	218 000～228 000	低于上限
	≥228 000	0

续表

申请人	调整后总收入	缴费额度
已婚单独报税且与配偶共同生活	<10 000	低于上限
	≥10 000	0
单身或已婚单独报税且未与配偶生活	<138 000	可达每年上限
	138 000～153 000	低于上限
	≥153 000	0

资料来源：美国联邦税务局。

（三）雇主发起型 IRA

由于小企业盈利较低且雇主养老保险管理成本较高，为鼓励小企业为雇员提供养老保障，1978年美国国会通过《国内税收法》，提出一种简化的 IRA，适用于任何规模的企业，但更有利于小企业。1996年《小企业工作保护法案》创建的储蓄激励匹配计划是专门针对不足100个雇员的小企业而设立的 IRA。对于雇主发起的 IRA，雇主必须进行匹配缴费且缴费立即属于雇员所有，可以通过免税递延薪资缴纳，其间收益不缴税，领取时才缴税，不附带任何条件和时间要求。此举简化了监管程序，降低了储蓄养老金账户的管理成本。

雇主发起型 IRA 包括三类，一是简化雇员养老金（SEP），仅由雇主缴费，缴费上限取决于雇员薪酬的25%和5.5万美元孰低；二是减薪简化雇员养老金（SAR），此类个人账户为 SEP IRA 的一种，雇员可以选择让雇主将费用缴入个人养老账户或是设立在雇主 SARSEP 名下的年金账户，但在1996年之后不再新设；三是储蓄激励匹配计划（SIMPLE），与 SEP IRA 仅由雇主缴费不同的是，SIMPLE IRA 还允许雇员自己缴费，其中雇主可按雇员薪酬的2%强制缴费或按雇员薪酬3%匹配缴费；而雇员缴费上限则是1.55万美元（50岁以上为1.9万美元）。

从规模上看，传统 IRA 占比最高，罗斯 IRA 增长最快。1997—2020 年，传统 IRA、罗斯 IRA、雇主发起型 IRA 的资产规模分别由 1.64 万亿美元、0 美元、0.09 万亿美元增长至 10.29 万亿美元、1.21 万亿美元、0.71 万亿美元。

二、个人储蓄养老保险的投资与监管

（一）个人储蓄养老保险投资

19 世纪 80 年代早期，IRA 资产主要是投资于银行和存款储蓄机构。1981 年，3 800 万美元的 IRA 资产有将近 3/4 的比例投资于银行和存款储蓄机构，只有 7% 的资产投资于共同基金，12% 的资产投资于经纪账户持有的股票，其余的 9% 投资于养老金。20 世纪 90 年代后，共同基金和其他资产（通过经纪账户持有的股票、债券、交易型开放式指数基金等）的比重持续提升。近年来 IRA 的投资结构有了非常大的变化，投资于银行和存款储蓄机构的资产份额持续下降，投资于共同基金及经纪账户持有的股票资产比例不断上升（见表 3-11）。目前共同基金已成为 IRA 最重要的投资方向，此外是银行及存款储蓄和寿险公司保险产品。共同基金在 IRA 资产中的占比由 1975 年的 1% 上涨至 2020 年的 45%。银行及存款储蓄的占比由 1975 年的 72% 大幅下滑至 2020 年的 6%，寿险公司的保险产品占比稳定在 5% 左右。在投向共同基金的 IRA 资产中，按账户类型分，传统 IRA 共同基金的规模占比最高，2020 年占比高达 83%；其次是罗斯 IRA，2020 年共同基金的占比为 10%。按基金类型分，2020 年股票型基金规模为 3.06 万亿美元，占比为 56%；混合型基金占比有所上升，由 1990 年的 7% 上涨至 2020 年的 19%，投资规模为 1.06 万亿美元；债券基金和货币基金，分别由 1990 年的 23%、29% 下滑至 2020 年的 17%、7%，2020 年的投资规模分别为 0.94 万亿美元、0.39 万亿美元。权益类基金占比最高，1990—2020 年，股票型基金、混合型基金占比均有提升，货币基金的占比明显下降（见表 3-12）。

IRA 投资资产组成的变化反映了金融市场的不断发展。一方面，IRA 资产组成与指定参加的 DC 计划［如 401（k）计划］并行发展，并直接通过滚存转账促进 IRA 资产组成的变化。数据显示，在 2014 年美国家庭将 4 240 亿美元从雇主养老保险转至传统 IRA。

IRA 投资资产组成变化还有一个原因是，美国股票权益有不断上升的趋势。一方面，现阶段家庭要求投资于股票是因为很多家庭对风险的承受能力增强，看到了股票投资回报的潜力。在 2017 年，31% 持有 IRA 的家庭愿意承担巨大的风险或高于平均水平的风险以获取相应程度的收益。另一方面，金融市场的繁荣增加了产品的多样化，降低了进入股票市场的成本。很多家庭 IRA 资产投资已越来越多样化，大概有 3/4 的 IRA 家庭不止投资一个品种，几乎有 1/3 的家庭持有超过 4 种不同类型的投资产品。

表 3-11　1975—2020 年美国 IRA 资产配置情况

IRA 资产配置	共同基金（万亿美元，%）		银行及储蓄存款（万亿美元，%）		寿险公司资产（万亿美元，%）		其他资产（万亿美元，%）		总资产（万亿美元，%）
	规模	占比	规模	占比	规模	占比	规模	占比	
1975	—	1	0.002	72	0.001	24	—	2	0.003
1980	0.001	3	0.02	82	0.002	10	0.001	5	0.03
1990	0.14	22	0.27	42	0.04	6	0.19	29	0.64
2000	1.26	48	0.25	10	0.20	8	0.92	35	2.63
2010	2.42	48	0.46	9	0.31	6	1.84	37	5.03
2020	5.46	45	0.69	6	0.52	4	5.55	45	12.21

资料来源：美国投资公司协会。

表 3-12　　　　　　1990—2020 年美国 IRA 共同基金投资情况

IRA 共同基金投资类型	国内股票型基金（万亿美元，%）		国际股票型基金（万亿美元，%）		混合型基金（万亿美元，%）		债券基金（万亿美元，%）		货币基金（万亿美元，%）		合计（万亿美元，%）	
	规模	占比	规模	占比	规模	占比	规模	占比	规模	占比	规模	占比
1990	0.05	38	0.01	4	0.01	7	0.03	23	0.04	29	0.14	22
2000	0.78	62	0.14	11	0.10	8	0.11	9	0.14	11	1.26	48
2010	0.95	39	0.37	15	0.44	18	0.46	19	0.20	8	2.42	48
2020	2.30	42	0.76	14	1.06	19	0.94	17	0.39	7	5.46	45

资料来源：美国投资公司协会。

（二）个人储蓄养老保险监管

为鼓励个人储蓄养老保险发展，与雇主养老保险规定相似，美国联邦税务局负责监管设立 IRA 须满足的条件，以使 IRA 有资格享有纳税优惠待遇。此外，虽然 IRA 是第三支柱纳税优惠资产的最大来源，但政府监管机构对个人储蓄养老保险可选投资项目的运营事宜及如何分销这些产品具有管辖权。例如，证券主要由证券交易委员会和州证券部门监管，州保险部门对保险产品的结构和销售有管辖权，同时，银行受美国通货监理署以及州银行监管机构的监管。

实施《联邦证券法》的主要监管机构是证券交易委员会（SEC）。SEC 为独立的联邦政府机构，于 1934 年由国会创立，是证券市场首家联邦监管机构。SEC 的主要职能在于监管证券市场中的组织和个人，包括证券交易所、券商、经销商、投资顾问和各种投资基金。不过，SEC 将其部分权力委托给自律监管组织（SROs），即各类证券业协会，由其制定并执行交易和经纪业务标准。

美国金融业监管局（FINRA）是一家监管券商、分支机构和注册代理人的自律组织，是全美最大的证券公司独立监管机构。FINRA 负责监管股票、公司债券、证券期货和期权交易，管理证券从业人员的从业资格考试，并制定证券公司及其经济人的行业规定。作为其监管职责的一部分，FINRA可定期对其所监管的机构实施监管检查，对违反规则的个人或公司有权进行罚款或取缔。

在美国，如果某保险产品被视为有价证券，其销售也受证券交易委员会和州证券部门的监管，否则，保险产品主要由各州及其保险部门监管。各州都有自己的一套法律、法规和规章来管理在本州有登记地址的保险公司的组织和许可事宜，并监督那些寻求在该州获得销售许可或资格的人士。此外，州保险部门监督保险公司的运营。一般来说，保险合同（如年金合同）及其修订，必须向合同销售地所在州备案并经该州批准。保险代理人和经纪人的销售事宜由各州监管，这些个人必须获得许可，以在他们经营地所在州销售各种保险产品。

银行和银行产品受美国通货监理署和州银行监管机构的监督。向客户提供理财建议的银行雇员视其推荐的产品而可能受联邦和州级保险机构和/或证券机构监管。美国联邦存款保险公司对银行和储蓄机构的资金提供存款保险保障，该保障涵盖投资的本金和利益。①

---

① 施嘉芙.美国养老金资产管理经验借鉴与启示［M］//董克用，姚余栋.中国养老金融发展报告（2018）.北京：社会科学文献出版社，2018：257.

第四章
医疗保障

美国并没有全国统一的医疗保障制度,其医疗保障体系是典型的混合型医疗保障制度,政府、市场、社会等各方负责的医疗保险计划同时存在且均发挥着重要作用。美国医疗保障制度主要包括三类:第一类是由政府承办的医疗保障,以资助年老、残疾的美国公民的联邦医疗保险制度和资助贫困家庭的医疗救助制度为主,覆盖人群较有限;第二类是营利性商业健康保险,包括雇主团体医疗保险和个人医疗保险;第三类是以蓝十字、蓝盾等组织为代表的非营利性健康保险(见表4-1)。后两种主要同就业相关,均是美国医疗保障制度的重要组成部分,约80%以上的国家公务员和74%的私营企业雇员通过购买私营医疗保险为自己及家人转移疾病风险。根据美国医疗保险和医疗救助服务中心(CMS)公布的数据,2021年美国的医疗支出与2020年相比增长了2.7%,达到4.3万亿美元,占美国当年GDP的18.3%。按筹资方式分类,医疗支出中,约1.2万亿美元(28%)来自各类商业健康保险、约0.9万亿美元(21%)来自联邦医疗保险(Medicare)、约0.734万亿美元(17%)来自医疗救助(Medicaid)、约0.366万亿美元(10%)属于个人自费(见

图4-1)。美国的私营医疗保险名义上占医疗支出第一大份额,数额也与政府医疗保障(联邦医疗保险和医疗救助之和)相差不多,在美国医疗保障体系中发挥着举足轻重的关键作用。

表4-1 美国混合型医疗保障制度组成

类别		项目名称	资金筹集
公共部门	主要项目	联邦医疗保险(Medicare)	政府医疗保险工资税筹集
		医疗救助(Medicaid)	联邦政府和州政府共同出资
		儿童健康保险计划(SCHIP)	联邦政府和州政府共同出资
	特殊人群项目	退役军人医疗保障(VAH)	联邦政府财政
		现役军人医疗保障(TRICARE)	联邦政府财政
		印第安人医疗服务(IHS)	联邦政府财政
私人部门	营利性商业健康保险	团体医疗保险	雇主和雇员按一定比例共同缴纳
		个人医疗保险	自费
	非营利性健康保险	部分蓝十字和蓝盾计划	资金来源于会员缴纳保险费及雇主雇员共同缴纳的保险费
		凯撒医疗保险计划(KFHP)	

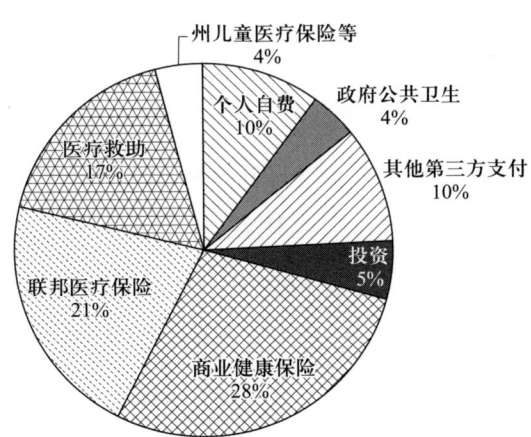

图4-1 2021年美国医疗卫生支出筹资来源占比

资料来源:美国医疗保险和医疗救助服务中心。

注:(1)其他第三方支付包括工作场所卫生保健、印第安人卫生服务、工人补偿、一般援助、妇幼保健、职业康复、学校卫生、药物滥用和精神卫生服务管理局及其他联邦、州和地方的项目;(2)个人自费包括共同支付、免赔额以及任何不在各类医疗保险范围内的金额。

在医疗保障领域，美国政府不仅起步较晚，而且是唯一没有建立全民医疗保险的发达国家。1935年，由于美国医学会（AMA）等利益集团的强烈反对，罗斯福不得不将医疗保险从《社会保障法》中删去。相比之下，德国早在1883年就已经颁布了《疾病保险法》，英国1911年便出台了《国民保险法》。而美国直到1965年才将联邦医疗保险（Medicare）和医疗救助（Medicaid）作为社会保障的组成部分纳入法律框架，仅防范部分弱势群体的疾病风险。自1987年以来，美国65岁以下人口中无保险人群比例普遍增长，只在1999年、2000年出现过下降，这一时期比例的下降很大程度缘于基于就业的商业健康保险人数的增长，大多数的非老年人口都为雇主健康保险所覆盖。1999年美国儿童健康保险计划（SCHIP）实施，当年即有200万儿童获得保障。但从总体来看，美国无保险人数从1987年占总人口的13%增长到1999年的15.5%，大约有4 200万人。这是美国医疗保障制度面临的巨大风险，也是几十年来政府医疗改革所需纾困之处。在奥巴马医改法案实施后，美国医疗保障覆盖率有所提升，但未参保人数始终超过2 000万人（见表4-2）。

由于缺乏覆盖全民的公共医疗保障，美国昂贵的医疗费用也是困扰民众的一大难题。2017年，相较于美国医疗支出占国内生产总值的17.9%，经济合作与发展组织中11个较发达国家的医疗支出占GDP平均仅为10.7%，而且两者间的差距有越来越大的趋势；而从人均医疗支出的角度来看，相较于美国的10 224美元，OECD 11国的平均值仅为5 280美元，是美国人均医疗支出的一半左右。[①]随着新冠肺炎疫情的暴发，号称拥有世界上最丰富的医疗资源和最

---

① 李小沉，朱筠. 美国老年医疗保险现状和对中国的启示［M］//刘远立. 中国老年健康研究报告（2018）. 北京：社会科学文献出版社，2019：37.

强的医疗护理能力的美国却无法为国民提供基本的疾病生存保护，美国新冠肺炎死亡病例人数居各国之首，更是凸显了美国医疗保障存在的不公平问题。

表4-2　2006—2017年美国医疗保障覆盖情况

年份	公共医疗保障（万人，%）		私营医疗保险（万人，%）		未参加医疗保险（万人，%）	
	规模	占比	规模	占比	规模	占比
2006	5 560.6	18.6	20 601	68.8	3 765	12.6
2007	5 927.2	19.7	20 189	67.0	4 015.1	13.3
2008	6 182.4	20.3	20 172	66.3	4 082.8	13.4
2009	6 376.9	20.8	20 140	65.7	4 149.7	13.5
2010	6 755.7	21.9	20 058	65.0	4 043.7	13.1
2011	6 911.3	22.2	20 306	65.3	3 895.7	12.5
2012	7 173.3	22.9	20 191	64.4	3 984.7	12.7
2013	7 357.6	23.4	20 161	63.9	4 053.7	12.8
2014	7 873.9	24.7	20 838	65.4	3 132.4	9.8
2015	8 082.8	25.1	21 445	66.7	2 614.9	8.1
2016	8 165.3	25.3	21 688	67.1	2 460.9	7.6
2017	8 275.5	25.5	22 053	67.9	2 149.8	6.6

资料来源：U. S. Department of Health & Human Services, Agency for Healthcare Research and Quality. Number of people in thousands by insurance coverage, all ages, United States, 1996—2017. Available at https：//meps.ahrq.gov/mepstrends/he_ins/.

第一节　公共医疗保障

美国公共医疗保障由美国卫生与公众服务部（U. S. Department of Health and Human Services，HHS）下属的医疗保险和医疗救助服务中心（CMS）负责管理，主要保障65岁以上的老年人、残疾人、低收入人群及中低收入家庭的儿童、现役和退役军人、各级政府的公务员，具体包括联邦医疗保险（Medicare）、医疗救助

（Medicaid）、儿童健康保险计划（SCHIP）、联邦雇员医疗保障计划（FEHBP）、现役和退役军人医疗保障（TRICARE、VAH）、印第安人医疗服务（IHS）等。

一、联邦医疗保险

（一）覆盖范围

联邦医疗保险依据 1965 年的《社会保障法修正案》建立，旨在为没有经济能力参加商业健康保险的社会低收入者、老年人和残疾人等人群提供可负担的医疗保险，因此也被称为老年和残障医疗保险。联邦医疗保险覆盖对象：一是曾工作并缴纳医疗保险税 10 年以上的 65 岁及以上的老人；二是永久性残疾并且领取社会保障残障津贴至少超过 24 个月的残疾人；三是患有晚期肾病（需要透析或肾移植的永久性肾功能衰竭）的病人，1974 年进一步扩大到所有慢性肾病患者；四是某些不符合以上条件但愿意支付保险费参加此保险计划的人群。

（二）保障内容

联邦医疗保险包括四部分，分别为住院保险（A 部分）、补充性医疗保险（B 部分）、医保优势计划（C 部分）以及 2006 年 1 月实施的处方药计划（D 部分）。参保人可以选择参加由 CMS 运营的 A 部分，并支付一定保险费参加 B 部分和 D 部分等补充医疗保险，也可以直接选择由商业保险公司运营的 C 部分，即医保优势计划（MA 计划）。MA 计划同样包含 A 部分和 B 部分，并且一般也会包括 D 部分的相应费用。

1. 住院保险（A 部分）

住院保险具有强制性，为病人住院费用、专业护理费用、家庭保健服务费用以及晚期病人收容所护理费用等项目提供保障。2022年，每次住院超过1 556美元的免赔额后，前1天至60天住院不需要支付任何费用，第61天至第90天住院需要每天支付389美元，从第91天开始为"终身储备日"（每人一生最多60天），需要每天支付778美元，在60天的终身储备日结束之后则需要个人支付所有住院费用。[①]

2. 补充性医疗保险（B部分）

补充性医疗保险是自愿选择投保，只要有资格免费获得A部分，就可以通过每月支付保险费的形式加入B部分。即便没有资格获得A部分，只要年满65周岁且是美国公民或者合法入境且在美国居住至少5年也可以加入B部分。2021年，补充性医疗保险75%的资金来自美国联邦政府的一般性财政收入，25%左右来自每位参保人每月缴纳的148.5美元保险费，约95%的符合条件者都选择参加了B部分。

补充性医疗保险保障的项目主要是住院保险没有覆盖到的项目，以门诊项目为基础，主要包括门诊的医生和护理服务、物理疗法、疫苗接种、输血、肾透析、救护车、器官移植、化疗、心理健康咨询等费用，以及特定人群的部分耐用医疗设备等。这类医疗费报销的规定经常变化，全国性的报销规定由CMS制定。2022年B部分免赔额为每年233美元，超过免赔额部分由医疗保险报销80%，个人负担20%，无封顶线。

3. 医保优势计划（C部分）

1982年，美国通过《税收公平和财政责任法案》（Tax Equity

---

① https://www.medicare.gov/basics/get-started-with-medicare/medicare-basics/what-does-medicare-cost.

and Fiscal Responsibility Act，TEFRA），在 Medicare 中引入了 MA 计划，旨在鼓励商业保险运作的市场化计划，提高效率以降低医疗保险支出，同时参保人有机会在两个计划中进行选择。MA 计划为 Medicare 的参保人提供了由私营商业保险机构负责健康保险计划的选择方案，因此除必须覆盖的 Medicare 承保的所有医疗服务外，MA 计划往往还提供 A 部分和 B 部分不包括的额外项目（见表 4-3）。2021 年，68% 的 MA 计划提供了牙科保健、听力保健、视力保健、健身俱乐部会员资格等福利；89% 的 MA 计划提供处方药计划（D 部分），并且 90% 参保人都参加了包含此处方药承保范围的计划。此外，MA 计划有自付上限，一旦达到限额，在该年度内，不需要再为承保的服务支付任何费用。2021 年，合作网络内服务的自付费用不得超过 7 550 美元（D 部分有 6 550 美元的单独自付费用门槛）。

表 4-3　住院保险、补充性医疗保险和医保优势计划对比

项目	住院保险、补充性医疗保险	医保优势计划
就医限制	可以在任何接受联邦医疗保险的医生处就医，不需要转诊就可以在专科医生处就医	一般来说，需要在所加入保险计划的医生网络内选择就医，需要转诊才可以在专科医生处就医
保障范围	包含 A 和 B 两部分，通常不包含 D 部分，需要额外参加	包括 A 和 B 两部分，通常包括 D 部分，还可能提供一些额外的保障，如视力、听力及牙科等服务
保险费用	A 部分通常是免费获得，仅需要每月为医疗保险（B 部分）和处方药保险（D 部分）单独支付保险费	每月保险费用的多少也因保险计划而异，但缴纳私人保险费用的同时要缴纳 B 部分保险费，可能比住院保险、补充性医疗保险更便宜
报销水平	医疗保险（B 部分）相关费用在免赔额之上有 20% 需要自费，每年的自付额度没有限制，可以购买补充险，用以支付自费部分	自费比例因保险计划而异，有些计划的自费比例可能很低甚至为零，保险计划对 A 和 B 部分的自费支出有封顶，但不可以再购买补充险

资料来源：美国医疗保险和医疗救助服务中心。

根据凯撒家庭基金会（Henry J. Kaiser Family Foundation，KFF）的研究，自 2006 年以来，MA 计划的作用稳步增长。近年来，加入 MA 计划的人数和比例在不断增加（见图 4-2）。截至 2021 年，MA 计划参保人达到 2 600 万人，占 Medicare 参保人数的 46%。在 MA 计划中，67% 的参保人适用于个人参保计划，19% 参加了雇主和工会提供的团体计划。美国国会预算办公室（Congressional Budget Office，CBO）预计，到 2030 年，参加 MA 计划的比例将上升至 51% 左右。2021 年，美国共有 3 550 项商业保险机构提供的 MA 计划供参保人选择，平均每个参保人在所在地有 8 个公司提供的 33 项 MA 计划可以选择。参与的商业保险机构主要有联合健康（United Healthcare）、恒诺（Humana）和双蓝（Blue Cross Blue Shield）及其附属公司。另外，MA 计划的占比在不同的州、县也有很大差异：在美国本土，虽然 2017 年 MA 计划参保人在 6 个州的占比超过了 40%（最高的是明尼苏达州，占比为 56%），但是在另外的三个州则低于 10%（最低的是怀俄明州，占比为 3%）。[①]

4. 处方药计划（D 部分）

1993—2000 年，美国的处方药总花费平均每年增加 13%，为解决日益上涨的处方药开支问题，2003 年《医疗保险现代化法案》（Medicare Modernization Act，MMA）制定了处方药计划，并自 2006 年 1 月 1 日起执行。处方药计划是美国政府为参加 Medicare 前两部分的参保人进行处方药补贴的措施，主要包括 A 和 B 部分不包

---

① 李小沉，朱筠. 美国老年医疗保险现状和对中国的启示 [M] // 刘远立. 中国老年健康研究报告（2018）. 北京：社会科学文献出版社，2019：37.

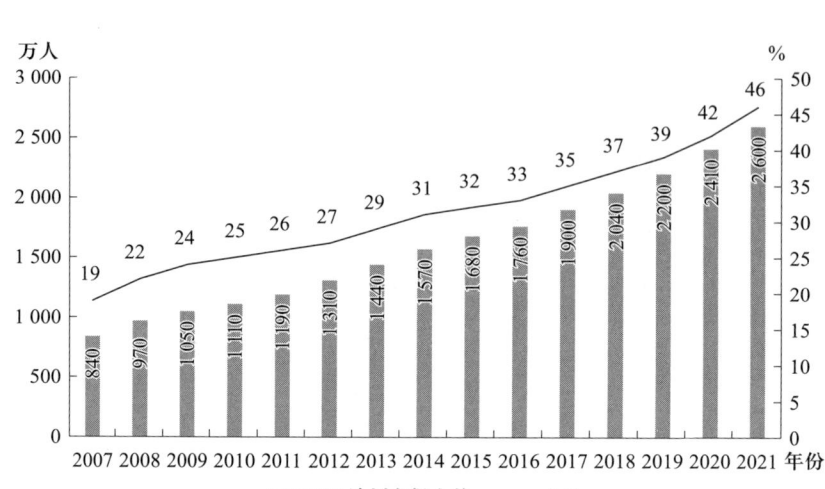

图 4-2 MA 计划参保人数及在 Medicare 参保人群中的占比

资料来源：KFF analysis of CMS Medicare advantage enrollment files, 2010—2022; Medicare Chronic Conditions (CCW) data warehouse from 5 percent of beneficiaries, 2010—2017; CCW data from 20 percent of beneficiaries, 2018—2020; Medicare enrollment dashboard, 2021—2022.

含的处方药报销，完全由参保人自行决定是否加入。处方药计划由私营医疗保险机构实际执行和运营管理，种类较多且参保缴费标准差异较大，但 2021 年医疗保险和医疗救助服务中心规定所有的处方药计划自付额不得超过 445 美元。根据 2022 年 8 月通过的《通胀削减法案》，自 2024 年起 D 部分参保人的灾难性疾病 5% 的自付部分免除，自 2025 年起 D 部分的自付额设置 2 000 美元封顶线，并限制 D 部分在 2024—2030 年保险费的涨幅。

（三）资金收支

联邦医疗保险基金分别由财政部下属的两个信托基金具体运营，其中一个是负责支付 A 部分费用的医院保险（Hospital Insurance，HI）信托基金，另一个是负责支付 B 部分和 D 部分费用的补充医疗保险（SMI）信托基金。2021 年，Medicare 为约 6 380 万美国人提供了保障,其中 65 岁及以上的老年人约有 5 550 万人,其余 830 万人为残疾人,当年总收入为 8 876 亿美元,总支出为 8 393 亿美元,当期结余 483 亿美元,累计结余 3 257 亿美元(见图 4-3)。①

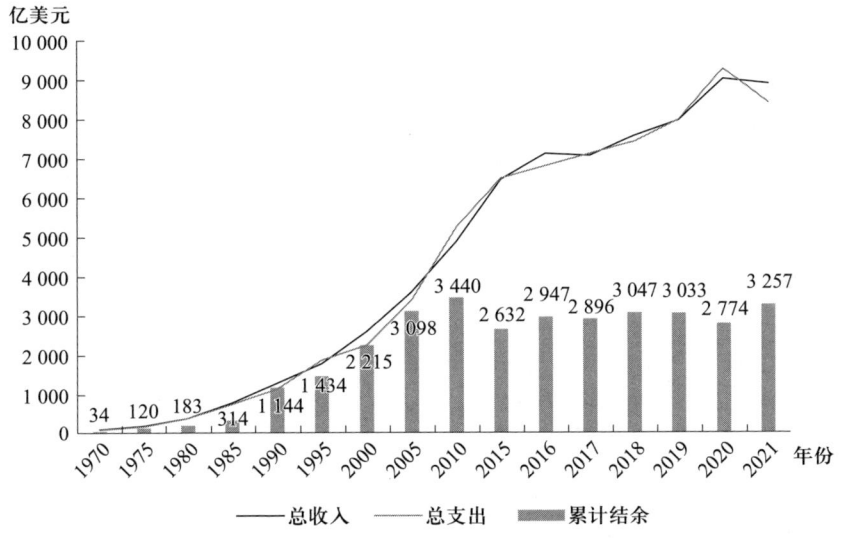

图 4-3　1970—2021 年联邦医疗保险基金收支情况

资料来源:The 2022 annual report of the boards of trustees of the federal hospital insurance and federal supplementary medical insurance trust funds.

A 部分主要资金来源是工薪税,目前法律规定其税率是劳动者工资总额的 2.9%,雇主和雇员各缴纳 1.45%,个体经营者需要缴纳全部的 2.9%(见表 4-4)。此外,2013 年以后,年收入超过 20 万美元的个人和年收入超过 25 万美元的夫妻需要额外缴纳 0.9%的税。Medicare 工薪税收入存入医疗保险信托基金(HI),用于支付医疗保险金,专款专用。2021 年,医疗保险信托基金总收入为

---

① The 2022 annual report of the boards of trustees of the federal hospital insurance and federal supplementary medical insurance trust funds.

3 374 亿美元，总支出为 3 289 亿美元（含 53 亿美元管理费用），当期结余 85 亿美元，累计结余 1 427 亿美元（见表 4-5）。

表 4-4　1966—2022 年联邦医疗保险税率及最大应税收入

年份	最大应税收入（美元）	税率（%）	
		雇主、雇员	个体经营者
1966	6 600	0.35	0.35
1967	6 600	0.50	0.50
1968—1971	7 800	0.60	0.60
1972	9 000	0.60	0.60
1973	10 800	1.00	1.00
1974	13 200	0.90	0.90
1975	14 100	0.90	0.90
1976	15 300	0.90	0.90
1977	16 500	0.90	0.90
1978	17 700	1.00	1.00
1979	22 900	1.05	1.05
1980	25 900	1.05	1.05
1981	29 700	1.30	1.30
1982	32 400	1.30	1.30
1983	35 700	1.30	1.30
1984	37 800	1.30	2.60
1985	39 600	1.35	2.70
1986	42 000	1.45	2.90
1987	43 800	1.45	2.90
1988	45 000	1.45	2.90
1989	48 000	1.45	2.90
1990	51 300	1.45	2.90
1991	125 000	1.45	2.90
1992	130 200	1.45	2.90
1993	135 000	1.45	2.90
1994—2012	无上限	1.45	2.90
2013—2022	无上限	1.45	2.90

资料来源：美国医疗保险和医疗救助服务中心。

表 4-5　　　1970—2021 年医疗保险信托基金收支情况　　　单位：亿美元

年份	基金收入	基金支出	当期结余	累计结余
1970	60	53	7	32
1975	130	116	14	105
1980	261	256	5	137
1985	514	484	48	205
1990	804	670	134	989
1995	1 150	1 176	-26	1 303
2000	1 672	1 311	361	1 775
2005	1 994	1 829	164	2 858
2010	2 156	2 479	-323	2 719
2015	2 754	2 789	-35	1 938
2016	2 908	2 854	54	1 991
2017	2 994	2 965	28	2 020
2018	3 066	3 082	-16	2 004
2019	3 225	3 283	-58	1 946
2020	3 417	4 022	-604	1 341
2021	3 374	3 289	85	1 427

资料来源：The 2022 annual report of the boards of trustees of the federal hospital insurance and federal supplementary medical insurance trust funds.

B 和 D 部分由参保人自愿参加，费率每年会有变动。2022 年 B 部分每月基础保险费为 170.1 美元，而收入超过 91 000 美元的个人和 182 000 美元的夫妻还要每月缴纳 68～408.2 美元的额外保险费；D 部分每月基础保险费为 33.37 美元，同 B 部分相同，高收入人群还需要每月缴纳 12.4～77.9 美元的额外保险费。缴费存于补充医疗保险信托基金（SMI）中的两个单独账户，专款专用。通常 B 和 D 部分政府会予以补助，约为保险费的 70% 以上（2021 年为 79%），个人仅需要缴纳保险费的 20%～30%。根据 2022 年 8 月通过的《通胀削减法案》,自 2023 年起,药价涨幅与通胀幅度之间的差额将由药企上缴给补充医疗保险信托基金。2021 年,补充医疗保险信托基金总收入约为 5 502 亿美元,总支出为 5 104 亿美元(含 55 亿美元管理费用),当期结余约 397 亿美元,累计结余 1 830 亿美元(见表 4-6、表 4-7)。①

表 4-6　1970—2021 年补充医疗保险信托基金 B 部分收支情况　　单位:亿美元

年份	基金收入	基金支出	当期结余	累计结余
1970	22	22	0	2
1975	47	47	−1	14
1980	109	112	−4	45
1985	251	239	12	109
1990	459	440	19	155
1995	603	666	−63	131
2000	899	907	−8	440
2005	1 570	1 524	46	240
2010	2 088	2 129	−41	714
2015	2 790	2 790	1	682
2016	3 132	2 934	198	880
2017	3 056	3 137	−81	799
2018	3 537	3 372	165	963
2019	3 736	3 703	33	996
2020	4 523	4 186	337	1 333
2021	4 355	4 055	301	1 633

资料来源:The 2022 annual report of the boards of trustees of the federal hospital insurance and federal supplementary medical insurance trust funds.

① 因四舍五入原因,部分汇总数据不绝对等于分项数据。

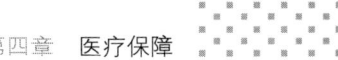

表 4-7　2004—2021 年补充医疗保险信托基金 D 部分收支情况　　单位：亿美元

年份	基金收入	基金支出	当期结余	累计结余
2004	4	4	—	—
2005	11	11	—	—
2006	482	474	8	8
2007	497	497	0	8
2008	494	493	1	9
2009	610	608	1	11
2010	617	621	−4	7
2011	674	671	3	10
2012	669	669	0	10
2013	697	697	0	10
2014	782	781	1	11
2015	900	898	3	13
2016	1 062	999	63	76
2017	1 002	1 000	2	78
2018	954	952	2	80
2019	987	975	12	92
2020	1 058	1 050	8	100
2021	1 146	1 049	97	197

资料来源：The 2022 annual report of the boards of trustees of the federal hospital insurance and federal supplementary medical insurance trust funds.

受新冠肺炎疫情影响，Medicare 在短期内支出有所上升，但长期来看，依据国会预算办公室的估算，Medicare 的净支出将在 2028 年达到 15 252 亿美元，届时医疗保险信托基金将全部耗尽（见图 4-4）。此外，Medicare 净支出在国内生产总值中的比例也会从 2022 年的 3.9％提升到 2028 年的 4.8％。因为奥巴马医改法案降低了对医疗服务提供商和保险计划的支付额度，以及"婴儿潮一代"使得较年轻的参保人比例增加，2010—2017 年 Medicare 净支出的复合年增长率只有 4.1%，略高于同期美国国内生产总值的增速 2.2%。而在 2018—2028 年，考虑到人均寿命的不断增长，"婴儿潮一代"退休人员迅速增加，医疗保险价格的上涨，医疗服务使用频率和强度的提高，Medicare 的人均支出预计将以每年 8.0% 的速度增长，远高于美国国内生产总值预期的增速。

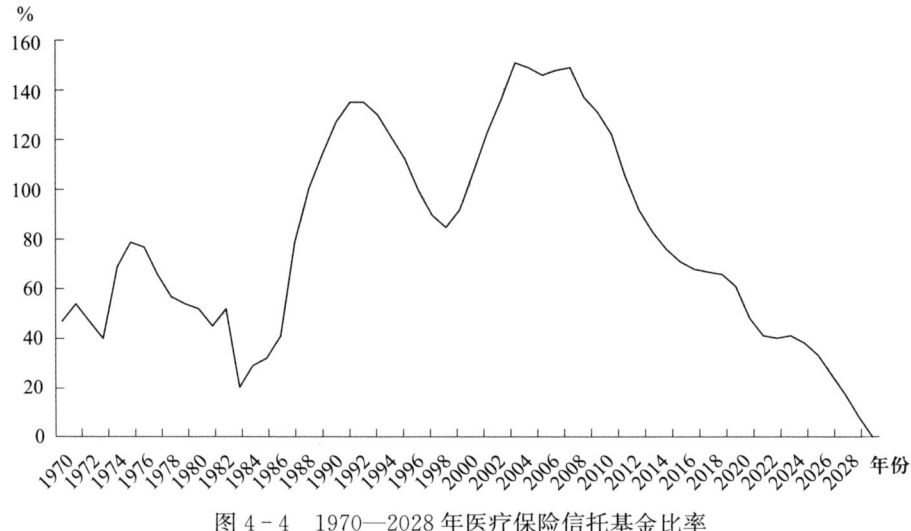

图 4-4 1970—2028 年医疗保险信托基金比率

资料来源：The 2022 annual report of the boards of trustees of the federal hospital insurance and federal supplementary medical insurance trust funds.

注：信托基金比率是指年初信托基金累计结余占当年基金开支的百分比，用于衡量信托基金的短期充足性。

（四）参保流程

对于参加公共养老保险（OASDI）的人群，年满 65 岁即可自动加入 Medicare 的 A 部分和 B 部分，65 岁以下享受 OASDI 满两年的残疾人也会自动加入，其他人则需要自行登记申请。首先，申请人年满 65 岁前后 3 个月（共 7 个月）时是初始投保期（Initial Enrollment Period，IEP），带上出生证明或其他年龄证明材料，去当地的社会保障办公室办理或通过电话和网络办理 A、B 和 D 部分，或将申请的 A 和 B 部分转为 C 部分。如果因事错过了初始投保期，还可以在一般投保期（General Enrollment Period，GEP）登记申请 A 和 B 部分，生效期为当年 7 月 1 日。此外，每年 10 月 15 日至 12 月 7 日是 C 和 D 部分的开放投保期（Open Enrollment Period，OEP）或年度投保期（Annual Election Period，AEP），在此期间内可以对 C 和 D 部分进行调整，次年 1 月 1 日生效。除部分特殊情况外，超出上述时间申请 Medicare 将会因超期缴纳延期投保罚款（late-enrollment penalty）。如拥有雇主提供的团体医疗保险则可在特别投保期（Special Enrollment Period，SEP）申请 Medicare 而不会有罚款，通常为团体医疗保险生效期内以及终止后的 8 个月内。

二、医疗救助制度

医疗救助（Medicaid）是 1965 年设立的针对低收入群体的医疗健康保障项目，服务对象是低收入的老年人、孕妇、儿童及残疾人等人群。该项目由美国联邦政府和各州政府共同资助，联邦政府提供超过 50％但低于 83％的项目经费，被称为联邦医疗救助百分比（FMAP），具体运作由美国卫生与公众服务部（HHS）监管的各州机构负责，医疗保险和医疗救助服务中心（CMS）对各州项目的执行进行监督，并为各州提供解释性指导、技术支持、配套资金及其他资源。在运营方式上，有些州将医疗救助交由私营医疗保险机构办理，有些则直接向提供服务的医院或医生支付补贴，但并不直接补贴参保人，有些州还规定该项目的参保人在享受医疗服务时还要支付一定的费用。

（一）覆盖范围

目前美国50个州全部参加了该项目，各州政府根据本州居民的收入水平来确定获得医疗救助的资格、标准及保险的覆盖范围。根据奥巴马医改法案规定，2014年后，各州应将计划扩展至全部65岁以下、收入不超过138%联邦贫困线（FPL）的低收入人群，儿童和孕妇的收入限制则更宽松。关于参保人的资格，各州间的规定差别很大，除属于低收入群体外，还必须满足一定的条件要求，例如，年龄、妊娠状况、残障、收入和财产限制，是不是美国公民、是不是合法移民等。大部分州要求65岁以上老年人个人的现金和存款等要低于2 000美元，夫妻要低于3 000美元，还需要申报国外财产，但对于申请人的自住房、一辆车和其他个人物品等通常不会计算在财产限制内。

相比联邦医疗保险，医疗救助覆盖面更广，截至2021年年底，覆盖了近7 944万低收入者，其中约有3 316万名儿童，有超过1 000万的人群属于联邦医疗保险和医疗救助的双重参保人。此外，还有约6 824万名不满足医疗救助条件的儿童参加了儿童健康保险计划。根据CMS数据，受新冠肺炎疫情和经济影响，2022年年初，医疗救助和儿童健康保险计划的参保人数相较于2020年年初大幅增加了19%，约1 540万人。从长期看来，随着美国人口老龄化下医疗及保健需求的增加，以及医疗技术进步与药品创新带来的医疗价格上涨，预计医疗救助将保持持续的高增长态势，给美国的财政预算带来较大的压力。2000—2018年，医疗救助支出由2 000多亿美元增长至5 973亿美元。其中，联邦政府支出增幅为198.65%，州支出增幅为344.07%（见图4-5）。

第四章 医疗保障

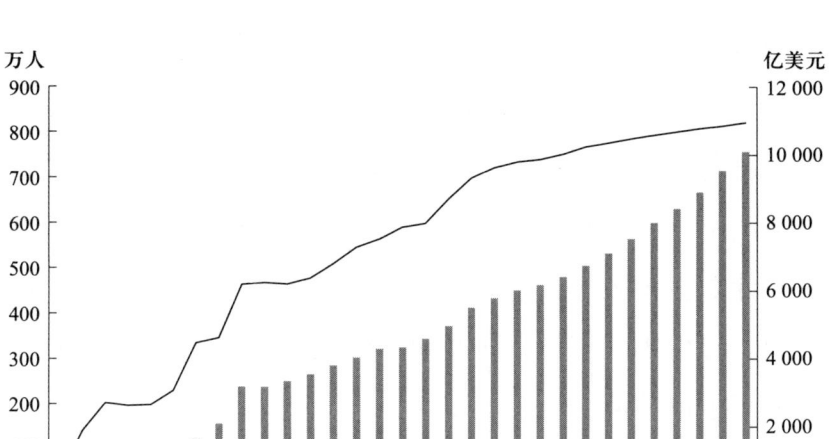

图 4-5　1966—2027 年医疗救助参保人数及支出的统计与预测

资料来源：2018 actuarial report on the financial outlook for medicaid.

（二）保障内容

根据《社会保障法修正案》第 19 条，各州医疗救助的保障范围有较大的灵活性，但必须满足联邦政府要求的基本服务保障才能获得相应的联邦补助资金，也可以自行扩展。医疗救助主要以事后的医疗费用报销为主，少部分包括预防保健。针对低收入群体的基本项目包括住院和门诊病人的医院服务、孕产妇产前和产后护理及助产士服务、儿童疫苗接种、21 岁及以上人群的护理设施服务、计划生育服务和用品提供、农村卫生诊所服务、上门护理、实验室和 X 光服务、儿科和家庭内科护理医师服务或联邦认可的健康中心（FQHC）服务，以及针对 21 岁以下人群提供的定期筛查、诊断和治疗服务。各州自行拓展的部分服务包括诊断服务、处方药报销、病例管理、康复性物理治疗、21 岁及以下人群的看护服务、验光配镜、临终关怀等。具体的服务金额和服务期限由各州依据联邦政府

89

要求进行确定,如各州可以限定住院护理的天数或医生出诊的次数。

为了避免医疗资源的浪费,各州通常对医疗救助项目设置起付线和报销比率,需要参保人自付一部分费用(见表4-8),但是急诊服务、计划生育服务、孕妇及儿童预防性服务采取全额报销,此外,孕妇、青少年(年龄标准由各州自行决定)、临终疗护人群等也享受全额报销政策。

表4-8　　　　　　　依据家庭收入计算的最高自付标准

项目类型	家庭收入在联邦贫困线以下	家庭收入在联邦贫困线以上但不超过1.5倍	家庭收入在超过1.5倍联邦贫困线
机构护理(住院服务、康复护理等)	75美元/次	自付比例不超过10%	自付比例不超过20%
非机构护理(医生服务、物理治疗等)	4美元	自付比例不超过10%	自付比例不超过20%
非急救使用急诊室	8美元	8美元	无上限(不超过家庭总收入的5%)
首选药物	4美元	4美元	4美元
非首选药物	8美元	8美元	20%

资料来源:https://www.medicaid.gov.

医疗救助为低收入群体及儿童、老年人等弱势群体提供了良好的兜底保障。美国医疗救助预算支出系统(MBES)的资料表明,2017年人均医疗救助支出中,老年人和残疾人人均支出最高。相比其他反贫困措施,医疗救助在减少因病致贫方面发挥了更为显著的作用,尤其对于残疾人、儿童、老年人等群体减贫效果良好。一项针对反贫困的研究表明,2010年医疗救助将贫困率平均降低了0.9%,到2016年医疗救助的反贫困效果提高了50%以上,约降低了1.4%的贫困率。①

三、儿童健康保险计划

在美国，有相当数量的家庭年收入高于联邦贫困线规定的医疗救助申请资格，但又没有高到足以购买商业健康保险或从其他渠道为子女提供医疗保障的程度，导致其子女没有任何医疗保障，这一群体的人数在1997年达到近500万人。为了解决这一部分儿童的医疗保障问题，美国政府于1997年通过《预算平衡法》（Balanced Budget Act），推出了儿童健康保险计划。该项目同样由美国联邦政府和各州政府共同资助，联邦政府提供的儿童健康保险计划项目经费比联邦医疗救助百分比（Federal Medical Assistance Percentages，FMAP）高出约15%。CMS对各州项目的执行进行监督及指导，各州自行设立项目独立运作，卫生与公众服务部（HHS）并不参与直接管理。儿童健康保险计划的实施使得美国儿童健康保障覆盖面进一步扩大，2020年，有近4 426万名儿童参加了医疗救助和儿童健康保险计划，其中约3 520万名儿童参加了医疗救助，约906万名儿童参加了儿童健康保险计划。

（一）覆盖范围

儿童健康保险计划旨在保障的对象是那些家庭收入高于各州医疗救助受益资格但又不足以承担商业健康保险高昂保险费的家庭的儿童，也包括部分低收入家庭的孕妇。由于《社会保障法》授权各州灵活制定本州儿童健康保险计划的受益资格，因此各州对收入标准的认定各异，但通常位于联邦贫困线（FPL）的170%～400%，

---

① NAOMI Z, WIMER C. Antipoverty impact of medicaid growing with state expansions over time [J]. Health Affairs, 2019, 38 (1): 132-138.

（见表4-9），有的州甚至把这项福利受益人扩大到享受医疗救助待遇的儿童的父母亲、孕妇以及其他成年人。

表4-9　各州儿童健康保险计划最高收入标准认定（FPL百分比）

州名	19岁以下儿童、青少年	孕妇
亚拉巴马州（Alabama）	312%	—
阿拉斯加州（Alaska）	—	—
亚利桑那州（Arizona）	200%	—
阿肯色州（Arkansas）	211%	—
加利福尼亚州（California）	≤317%	—
科罗拉多州（Colorado）	260%	≤260%
康涅狄格州（Connecticut）	318%	—
特拉华州（Delaware）	212%（1～19岁）	—
哥伦比亚特区（District of Columbia）	—	—
佛罗里达州（Florida）	210%（1～19岁）	—
佐治亚州（Georgia）	247%	—
夏威夷州（Hawaii）	—	—
爱达荷州（Idaho）	185%	—
伊利诺伊州（Illinois）	313%	—
印第安纳州（Indiana）	250%	—
艾奥瓦州（Iowa）	302%（1～19岁）	—
堪萨斯州（Kansas）	225%	—
肯塔基州（Kentucky）	213%	—
路易斯安那州（Louisiana）	250%	—
缅因州（Maine）	208%	—
马里兰州（Maryland）	—	—
马萨诸塞州（Massachusetts）	300%	—
密歇根州（Michigan）	—	—
明尼苏达州（Minnesota）	—	—
密西西比州（Mississippi）	209%	—
密苏里州（Missouri）	300%	300%

续表

州名	19岁以下儿童、青少年	孕妇
蒙大拿州（Montana）	261%	—
内布拉斯加州（Nebraska）	—	—
内华达州（Nevada）	200%	—
新罕布什尔州（New Hampshire）	—	—
新泽西州（New Jersey）	350%	200%
新墨西哥州（New Mexico）	—	—
纽约州（New York）	400%	—
北卡罗来纳州（North Carolina）	211%（6～19岁）	—
北达科他州（North Dakota）	—	—
俄亥俄州（Ohio）	—	—
俄克拉何马州（Oklahoma）	—	—
俄勒冈州（Oregon）	300%	—
宾夕法尼亚州（Pennsylvania）	314%	—
罗得岛州（Rhode Island）	—	253%
南卡罗来纳州（South Carolina）	—	—
南达科他州（South Dakota）	204%	—
田纳西州（Tennessee）	250%	—
得克萨斯州（Texas）	201%	—
犹他州（Utah）	200%	—
佛蒙特州（Vermont）	—	—
弗吉尼亚州（Virginia）	200%	200%
华盛顿州（Washington）	312%	—
西弗吉尼亚州（West Virginia）	300%	300%
威斯康星州（Wisconsin）	301%（1～19岁）	—
怀俄明州（Wyoming）	—	—

资料来源：https://www.medicaid.gov.

注：(1) 加利福尼亚州的SCHIP覆盖了收入低于317%FPL的2岁以下儿童及三个县2～19岁的儿童。(2) 在阿拉斯加州和夏威夷州，FPL所代表的美元价值更高，2018年，一个四口之家的FPL在阿拉斯加州为31 380美元，在夏威夷州为28 870美元，而其他48个州和哥伦比亚特区为25 100美元。

（二）保障内容

由于儿童健康保险计划的具体提供方式由各州决定，各州在具体实施时有三种不同的选择：第一种是放宽医疗救助的准入限制，将此前不符合条件的儿童纳入其中；第二种是同医疗救助分离，单独建立一个保障项目；第三种是上述二者的组合。

实施医疗救助准入放宽方式的州，必须为儿童提供医疗救助全部的保障，包括为低收入家庭的婴儿、儿童及21岁以下青少年提供早期预防、诊断和治疗服务（EPSDT）等。

单独建立的儿童健康保险计划也分为几种类型：一是基准保障（benchmark coverage），其保障范围与联邦雇员医疗保障计划（Federal Employees Health Benefit Plan）、州雇员健康计划（State Employee Plan）或各州最大的健康维护组织计划（Health Maintenance Organization Plan）之一等同即可；二是基准等效保障（benchmark-equivalent coverage），即要求提供和基准保障精算价值接近的保障，必须包括住院和门诊的治疗、手术、化验和X射线检查、婴幼儿预防保健等；三是卫生与公众服务部部长批准的保障方案（secretary-approved coverage）。但无论选择何种保障方案，所有州的儿童健康保险计划都必须提供"健康婴儿和健康儿童护理"（well-baby and well-child care）、牙科保险、针对精神健康的行为疗法和疫苗服务等不同领域的护理、预防及保健服务。

各州可以对参加儿童健康保险计划的儿童实行费用分摊，即通过注册手续费、起付线、报销比例等由受益人承担一部分费用，并可以通过"州计划修正案"（State Plan Amendment）来定期修改自付费用金额。但对于收入不超过联邦贫困线150%的家庭，其自付额度不得超过医疗救助允许的最大限额。对于收入超过联邦贫困线150%的家庭，累计自付费用不得超过家庭收入的5%。同时，对印第安原住民儿童和阿拉斯加原住民儿童等特殊群体，以及婴儿与儿童保健等特殊服务，设置了禁止强制自付的规定，也禁止制定任何不利于低收入家庭儿童的费用分担方式。

第二节 营利性商业健康保险

美国拥有世界上最大和最发达的健康保险市场，健康保险业务规模远大于寿险和财产险，在国内保险市场上处于主导地位。1940年，全美仅有9%的人有医疗保险①，到2019年年底，这一比例上升至89.7%，其中拥有商业健康保险的人数占68.3%。有数据显示，截至2021年8月，美国共有907家健康保险公司，其中，前五家公司占健康保险行业总市场份额的46%，前十家公司（United Healthcare、Anthem、Centene、Humana、Health Care Service Corp.、CVS Health、Molina Healthcare、Cigna、Kaiser Permanente、GuideWell）的份额为59%。美国商业健康保险主要包括以下三类：一是团体健康保险，根据法律规定，雇主必须为符合参保条件的雇员购买团体健康保险；二是补充健康保险，承担主要保险产品所不能保障的一些医疗费用，对健康保险的起付线、封顶线以及不予承保的某些疾病提供补充或替代的保障；三是个人健康保

---

① The real reason the U.S. has employer-sponsored health insurance [EB/OL]. 2017 - 09 - 05. https://www.capstonebrokerage.com/the-real-reason-the-u-s-has-employer-sponsored-health-insurance.

险，指个人直接从商业保险公司购买健康保险产品。商业健康保险中又以团体健康保险居多，2017年，美国84.5%的雇员所在的公司有健康保险。规模在50名雇员以上的公司中，有96.6%的雇员有健康保险；规模在50名雇员以下的公司中，有30.2%的雇员有健康保险。雇员人数在1 000名以上、100～999名、25～99名、10～24名、不足10名的公司中，分别有99.5%、97.5%、78.9%、52.8%、30.8%的公司向雇员提供健康保险。

从19世纪中期到20世纪60年代，美国商业健康保险逐步从零散的健康保险发展成为规模化的双蓝计划、团体保险，第二次世界大战期间工资冻结以及保险纳税政策，大大促进了商业健康保险的发展。1948—1966年，商业健康保险支付比例（包含商业团体健康保险、双蓝计划等）从6.4%上升到23.7%。20世纪60年代后，管理式医疗保险逐渐兴起，起初是为了提高医疗服务的质量和效率，并提供预防保健服务，后来发展成为以控制医疗费用为主要目的一种医疗保险模式。典型代表有健康维护组织（Health Maintenance Organization，HMO）、优选医疗服务组织（Preferred Provider Organization，PPO）及定点服务组织（Point of Service，POS）等。2017年，管理式医疗保险产品占总保险产品的74.7%，在商业健康保险中占比99.1%，在医疗救助中占比32.0%。可见，美国商业健康保险不仅为消费者提供了价格可承受的、保障充足的私人健康保险产品，还协助政府实施公共医疗保障，对美国的医疗保障事业的发展起着至关重要的作用。

一、商业健康保险种类

美国健康保险学会对健康保险的定义是"为参保人的医疗服务

需求提供经济补偿的保险,也包括为因疾病或意外事故导致工作能力丧失所引起的收入损失提供经济补偿的失能保险"。作为世界上商业健康保险最成熟的国家,美国健康保险产品种类丰富,大致可以分为以下四类。

(一)基本医疗费用保险

基本医疗费用保险的保障范围包括住院费用、外科手术费用、门诊费用三方面。住院费用保险金一般分为住院费(床位费)、医药费和医院杂项费。每年住院最长天数(45天、90天、120天等)和每项费用支付的最高限额保险公司都有规定。外科手术费用保险可作为住院费用保险的附加险,或与住院费用保险合二为一,统称住院保险。保险公司会列出每种手术的一般价格和最高限价,也会对住院手术费的最高给付限额作出规定。门诊费用通常和其他费用一起承保,如综合医疗费用保险,保险公司按一定比例给付,与住院费用的给付共同构成医疗费用保险的保险责任。

(二)高额医疗费用保险

高额医疗费用保险承保严重疾病和伤害事故引起的高额医疗费用的支出。保险金额一般在25万至100万美元。它包括补充高额医疗费用和综合高额医疗费用保险,补充高额医疗费用是用于支付基本医疗费用保险不予支付的部分,如免赔额以上的部分。综合高额医疗费用保险是将几种基本医疗费用保险和补充高额医疗费用保险结合在一起的保险。

(三)特种医疗费用保险

特种医疗费用保险是对基本医疗费用保险的补充,主要为牙科费用、眼科费用、处方药费、长期护理提供保险。长期护理保险为失去自理能力者提供保障，当参保人因意外或疾病丧失自理能力时，保险公司将为其补偿因雇人照看、护理导致的费用支出。

（四）失能收入保险

上述三种保险都属于医疗费用保险，相对于医疗费用保险，失能收入保险处于次要地位。失能收入保险是指对参保人因疾病或意外事故导致残疾后，不能正常工作而失去原来的工资收入的补偿保险。失能收入保险的给付金额与参保人伤残或患病前的收入水平有关，保险金给付期也依据参保人丧失工作能力的时间而有长短之分。在短期的失能收入保险中，保险金给付额以参保人周工资的60%为限；在长期的失能收入保险中，保险金给付额为参保人月工资的75%~80%。

二、管理式医疗保险

20世纪70年代，面对不断上涨的医疗费用，美国政府面临巨大的财政压力，所以逐渐发展起了以管理式医疗保险为主的模式。管理式医疗保险是保险组织与医疗服务提供者在共享利益、共担风险的机制下，通过健康风险管理、服务利用管理和医疗质量管理等方式共同参与医疗服务的管理，从而实现医疗服务的成本、效果最佳化的一种方式。这种模式不仅有效控制了医疗费用的上涨，还为美国国民提供了较好的医疗服务和健康保障。

1973年，美国政府出台《健康维护组织法》规范行业行为；20世纪90年代，美国采用初级保健服务管理模式（Primary Care Case Management，PCCM）管理医疗救助，表现不俗。由于全民医疗保险改革屡屡失败，美国无法有效通过社会统筹的方式降低卫生费用的快速增长。1990年，美国国家卫生费用支出占GDP的比例已经达到12.1%，较1980年提升了3.2个百分点，较1960年水平提升了7.1个百分点；当年卫生费用支出同比增速仍高于GDP同比增速6.2个百分点，处于历年较高位置。在管理式医疗保险实施后，医疗费用增长有所放缓，1994年，卫生费用支出同比增速低于GDP同比增速0.7个百分点，并始终保持在较低水平线。至2000年，美国国家卫生费用支出占GDP的比例为13.4%，较10年前仅提升了1.3个百分点，控制费用效果较为显著。

目前，广为应用的管理式医疗保险模式主要有健康维护组织（HMO）、优选医疗服务组织（PPO）及定点服务组织（POS）等。根据凯撒家庭基金会2022年雇主健康福利调查（employer health benefits survey），2022年雇主提供的团体健康保险产品中，选择HMO的员工占比12%，选择PPO的员工占比49%，选择POS的员工占比9%。HMO就诊及费用控制更为严格，接受预付制付费方式的医生需要承担一定的经济风险，因而具有一定的保险管理职能。PPO在就诊方面比HMO更具自主性和灵活性，其医疗网络规模较HMO更大，参保人需支付更高的保险费。POS可视为HMO与PPO的混合模式。因此，在就诊选择自由度方面，PPO优于POS，POS优于HMO；在费用控制方面，HMO优于POS，POS优于PPO。

除了HMO、PPO、POS，目前还有其他多种不同类型的管理式医疗保险模式。例如，保险费较少且附带免税储蓄账户的高免赔额医疗保险计划（High-Deductible Health Plan，HDHP）、不指定初级保健医生但通常仅报销医疗服务网络内费用的独家医疗服务组织（Exclusive Provider Organization，EPO）等。

（一）健康维护组织（HMO）

1973年《健康维护组织法》颁布后，健康维护组织（HMO）得以快速发展。这种保险计划的费用相对便宜，参保人就医的自付比例也较低，目标是通过健康管理，提高参保人整体健康水平，减少医疗费用支出。相对于其他保险计划，HMO提供更多预防性服务。参保人必须选择一名初级保健医生作为其就医"守门人"，负责参保人的常见病诊疗及需要的转诊服务。初级保健医生直接受雇于HMO或同HMO签订固定费用标准协议，由此激励医生提高签约人的健康水平，减少就医支出，从而能从结余中获利。HMO往往有自己的医疗服务网络，非急诊情况下，参保人只能在服务网络内就医，且专科医疗服务往往要经过初级保健医生来转诊，如果去服务网络外就医，参保人必须承担全部医疗费用。

（二）优选医疗服务组织（PPO）

1982年，加利福尼亚州议会率先通过立法，同意健康保险公司可以选择签约医疗服务提供方，这促使优选医疗服务组织（PPO）的兴起。PPO不要求参保人必须签订初级保健医生，且参保人无需转诊即可直接享受专科医疗服务。虽然PPO也有自己的医疗服务网络，但也允许参保人在服务网络外就诊，只是要承受更高的起付线、共付比例或共保费用。相对于HMO，虽然PPO保险费和自付比例较高，但其就诊更为灵活，因此也更受参保人青睐，目前已成为美国最为普遍的管理式医疗保险模式。

（三）定点服务组织（POS）

定点服务组织同样拥有自己的医疗服务网络，参保人需选择一位签约医生作为自己的初级保健医生，具体负责门诊医疗、审批和转诊等事务。参保人通常需要在初级保健医生转诊后才能使用服务网络内的专科医疗服务,也可以在转诊后选择使用服务网络外的专科医疗服务,但服务网络外的费用自付比例会提高,且不同的 POS 对服务网络外的费用自付比例规定差异较大。

第三节　非营利性健康保险

美国的非营利性商业健康保险公司主要是由医院和医生联合发起成立,为参保人提供住院和门诊医疗服务,其中最有代表性的是蓝十字与蓝盾协会(BCBSA,即双蓝协会)。双蓝协会是美国历史最悠久、规模最大、影响力最强的医疗保险企业联盟,其办事处设在芝加哥和华盛顿。联盟内的各州医保机构被称为"双蓝计划",如加利福尼亚州双蓝计划、南卡罗来纳州双蓝计划。它们均在特定地理范围内(一般以州为单位)享有双蓝品牌的特许经营权,彼此相互独立,有权在该地理范围内以双蓝品牌独家经营商业健康保险或受托承办社会医疗保险。2022 年,34 家双蓝计划中,除了 14 家在 1993—2002 年转为营利,其他均为非营利性医保计划,参保人数达 1.14 亿多人(美国 1/3 人口),地域覆盖全美 50 个州和哥伦比亚特区,医疗网络涵盖全美 96％的医院和 93％的医师。

所有双蓝计划由双蓝协会统一协调与指导。协会由各双蓝计划的主席或 CEO 组成,负责双蓝品牌管理(包括定期颁布双蓝品牌使用权)、联盟标准制定、战略规划与业务开发、双蓝计划绩效评估与监督,以及经营全国性医保业务。例如,向业务范围遍布全国的大型企业销售商业健康保险,承揽社会医疗保险业务并将其分包给自愿参加的双蓝计划等。

一、双蓝协会的发展历程

蓝十字和蓝盾原是彼此独立的两个品牌、两套系统，这反映了美国医疗卫生体系中医院、医生分立的二元结构。二者均起源于20世纪30年代美国大萧条时期，蓝十字计划主要经营医院保险，承保住院服务；蓝盾计划主要经营医生保险，承保门诊服务；它们均起源于民间互助性质的医疗"预付计划"。

蓝十字计划发源于1929年得克萨斯州贝勒大学（Baylor University）附属医院首创的医院预付计划。时值经济大萧条，患者没钱治病，医院濒临破产。为了帮助医院和患者共渡难关，贝勒大学一名叫贾斯汀·福特·金布尔（Justin Ford Kimball）的校领导发起了一种全新的医院筹资计划：每名教职员工每月缴纳50美分或每年缴纳6美元，便可在生病时免费享受21天的住院服务，手术室费用、化验费、麻醉服务费也包含在其中，对于超期住院天数则享受1/3的价格折扣。结果患者就医和医院财务状况大幅改善。这种计划很快被各地医院效仿，并在美国医院协会（AHA）的主持与协调下迅速在全国推广，预付计划也由最初的一家医院参与发展为多家医院联合参与。1938年，全美已经有38个蓝十字计划，总参保人数超过140万人。为了规范各地医院预付计划的业务操作，AHA制定了医院预付计划的统一标准，并将"蓝十字"作为遵循标准的医院预付计划的统一品牌。AHA下设蓝十字委员会（Blue Cross Commission，BCC），规划、监督、协调、指导蓝十字计划的活动。1960年，蓝十字委员会正式脱离AHA的领导，同时更名为蓝十字协会，成为一个独立的、市场化的行业协会。

同医院预付计划演变为蓝十字计划类似，蓝盾计划最早由美西北太平洋地区伐木和采矿业主创立，通过向个体医生或医生团体按月支付定额费用的方式，保证患病或受到职业伤害的伐木工人和采矿工人享受相应的医疗服务。业界通常把早期参与预付计划的医生称为"合约制医生"，例如，某企业与一个医生团队签约，企业员工每月向医生缴纳一定数额的费用，就能够在生病时免费享受签约医生提供的门诊服务。尽管初期美国医学会（AMA）对医生预付计划百般阻挠，但在人们对此类计划的需求不断高涨，以及政府有可能推出强制性全民医疗保险的"威胁"下，医生预付计划的声势不断高涨，AMA 也最终放松了管制。模仿蓝十字计划的做法，AMA 制定了医生预付计划的标准，将"蓝盾"作为符合标准计划的统一品牌，并设立蓝盾联合会监督、协调、指导蓝盾计划的活动。1939 年，首个正式蓝盾组织成立于加利福尼亚州。1948 年，蓝盾联合会成立。

1960 年，近 5 600 万人（约全国人口的 1/3）参加了蓝十字计划。20 世纪 60 年代，美国政府选择蓝十字与蓝盾帮助创立和管理公共医保计划——联邦医疗保险（Medicare）和医疗救助（Medicaid），这大大提高了蓝十字和蓝盾在医疗保险领域的主导地位。到 1969 年，美国 65 岁以下人口中有近 7 000 万人（约占 35%）参加了蓝十字，蓝十字的保险费也有近一半来源于政府。至今，双蓝协会仍然在政府医疗保障项目中发挥着重要作用，为超过 4 200 万联邦医疗保险参保人、5 200 万医疗救助参保人以及 480 多万联邦雇员提供服务。双蓝协会一直是联邦医疗保险和医疗救助等公共医疗保险的主承办单位，各州蓝十字和蓝盾地区医疗保险公司作为该项目最大的保险理赔机构，每年代表联邦政府处理近 9 亿笔医疗保险赔付，总金额可达 3 000 亿美元。双蓝协会同时也是联邦政府公务员医疗保险的首选机构。

早在 1948 年，蓝盾与蓝十字便试图合并，该尝试因 AMA 的反对而失败。但进入 20 世纪 70 年代，伴随着美国国内医疗保险市场的成熟，很多医保业务需要各地双蓝计划合作完成，因此双蓝计划的联盟关系逐渐加强。此外，随着医学技术的发展，住院服务与门诊服务的界限日渐模糊，人们对综合给付的需求不断增长，各地蓝十字与蓝盾计划开始合并。1982 年，蓝十字联合会与蓝盾联合会正式合并，成为现在的双蓝协会，负责管理当时各州共 97 个双蓝计划。1986 年，国会新的税收修订法案取消了原认定双蓝计划为 501（c）福利组织的免税资格，转而将其归为特殊税收类别，承认双蓝计划发挥的社会作用并为其提供一定税收优惠。彼时，双蓝计划正面临美国医疗费用飙升带来的财务危机以及营利性商业保险公司激烈竞争的生存压力。在 1990 年年底，西弗吉尼亚州成为首个宣告破产的双蓝计划州，并造成了 5 300 万美元的医疗坏账，部分州的双蓝计划也面临财务风险。1994 年起，双蓝协会允许其非营利性的州计划转为营利性，前后有包括加利福尼亚州、科罗拉多州、得克萨斯州、伊利诺伊州等在内的 14 个州的双蓝计划转变为营利性计划。2010 年，得克萨斯州、蒙大拿州等营利性双蓝计划收入达到 10.9 亿美元，此后连续四年营利数亿美元，此类情况引起了部分保险公司和媒体对双蓝协会非营利性定位的攻击，但需要指出的是，大部分州的双蓝计划依旧为非营利性。

二、双蓝协会的服务内容

除了针对联邦雇员及其家属提供的联邦雇员医疗保障计划

(Federal Employee Health Benefits Program，FEHBP)，双蓝协会为私营医疗保险和承保的公共医疗保险参保人提供多种类型的医疗服务，其中前者主要包括灵活支出账户（FSA）、健康储蓄账户（HSA）、健康补偿账户（HRA）在内的消费者导向型医疗保险（Consumer-Driven Healthcare，CDHC），后者主要采取前述管理式医疗保险的健康维护组织（HMO）、优选医疗服务组织（PPO）和定点服务组织（POS）等方式提供公共医疗保险的保障。

（一）灵活支出账户（FSA）

灵活支出账户（Flexible Spending Account，FSA）是一种税收优惠的医疗储蓄计划，即参保人可在灵活支出账户中存入一定金额的税前收入，该部分收入免于税收，但账户中的钱仅能用于个人或家庭的医疗开支。如果在一年承保期的期末尚未使用完账户中的金额，该笔资金通常并不会结转到次年，而是作为将来 FSA 的管理费用。但自 2020 年起，参保人在雇主同意情况下，可以结转不超过 550 美元到下一年度以支付医疗费用。

双蓝计划通过蓝色医疗保健银行经营或管理个人的灵活支出账户，并向参保人提供较为常见的健康 FSA 和家庭护理 FSA。其中前者用于支付免赔额、共保额及医疗保险不报销的牙科费用等，后者则是为参保人的受抚养人支付部分医疗费用。参保人可同时参加多种 FSA，但各种 FSA 账户之间的资金不能转移。

（二）健康储蓄账户（HSA）

健康储蓄账户（Health Saving Account，HSA）也是一种税收优惠的医疗储蓄计划。2003 年，作为《医疗保险现代化法案》中的一部分，HSA 由布什总统批准并于次年生效。HSA 适用于仅参加针对灾难性疾病开支提供保障的高免赔额医疗保险计划（High-Deductible Health Plan，HDHP）的参保人，旨在减轻比普通医疗保险的保险费更低但免赔额更高的HDHP所造成的自付压力。[①]

同FSA相类似，HSA享受税收优惠，其存入的资金并不需要缴纳个人所得税，但与FSA不同的是，HSA的资金可以逐年滚动和结存。2023年，HSA的年度最高存款限额个人为3 850美元，家庭为7 750美元，55岁及以上的个人或家庭可以再额外存入不超过1 000美元。HSA的所有资金均为参保人所有，每年存入但未提取的资金结转到次年，若次年参保人丧失了HSA的参保资格，其账户中的资金仍可使用。

HSA账户中的资金可以投资于地产、贵金属、股票、债券或共同基金等领域，但收藏品和人寿保险单不在其列。2006年通过的《税收减免和医疗保险法》（The Tax Relief and Health Care Act of 2006）允许参保人从个人储蓄养老金账户中提取不超过一年的资金结转到HSA中。除了这一情况，401（k）计划等养老保险账户同HSA之间不能结转。据统计（Devenir Research），截至2022年6月底，全美共有近3 400万健康储蓄账户，总储蓄金额约988亿美元。

（三）健康补偿账户（HRA）

健康补偿账户（Health Reimbursement Account，HRA）是完全由雇主出资建立的医疗保险计划，用于补偿雇员自付的医疗费用以及向部分符合条件的医疗情况予以定额给付。HRA是一种名义

---

① 2023年，HDHP参保人和家庭的单次最低免赔额分别高达1 500美元和3 000美元，个人和家庭的单次最高自付额分别为7 500美元和15 000美元。

账户,仅用于雇员或其家属在事后报销雇主预先指定的医疗费用,如免赔额、共付额或其他规定的医疗拓展服务等。年末未使用的 HRA 资金并不属于雇员个人,而是归雇主所有。根据奥巴马医改法案规定,HRA 必须同符合要求的雇主团体医疗保险相结合才可以享受税收优惠,因此不和高免赔额医疗保险计划一起提供的独立 HRA 在 2014 年起大都逐渐被禁止。

HRA 常见的类型有两种:合格的小雇主 HRA(Qualified Small Employer HRA,QSEHRA)和个人 HRA(Individual Coverage HRA,ICHRA)。前者于 2016 年创建,用于雇佣人数较少的小雇主为其雇员提供保障;后者于 2020 年创建,相较 QSEHRA,ICHRA 在具体保障范围上有着更大的灵活性,可为不同群体提供多样性的保障方案。ICHRA 没有年度缴款限额,QSEHRA 有联邦税务局的税收额度限制。2023 年,个人和有家庭的雇员可以分别获得不超过 5 850 美元和 11 800 美元雇主缴款。

三、双蓝协会的特点

双蓝协会是美国商业健康保险市场的领导者,运行着全美规模最大的管理式医疗网络,全系统员工逾 25 万人,品牌价值居全美同行业首位。除了规模庞大、声誉显赫,双蓝协会改善医疗保障的实际工作绩效也可圈可点:据美国质量保障协会(NCQA)颁布的医保机构绩效考评数据集(HEDIS),各地双蓝计划在医疗服务效率、费用、可及性、满意度,以及医保内容稳定性、可选择性和信息透明度等分类指标上,排名均居全国前十。

凭借自身的非营利和公益特性,双蓝计划在一定程度上弥补了美国缺乏全民社会医疗保险的不足,代替政府纠正医疗保障体系的市场失灵，是美国医疗保障体系中不可或缺的力量。一方面，随着医疗卫生费用不断上涨，营利性医保机构普遍提高保险费，2021年雇主提供的医疗保险的平均保险费达2.2万亿美元，约为2001年的三倍。而非营利的双蓝计划致力于通过引进低价药、实施有效价格管理等方式，把保险费控制在大众可负担的范围内，从而预计在未来10年减少近3 000亿美元的医保费用，为参保人节省近2 000亿美元的自付费用，以致很多地方政府把双蓝协会作为"最后可依赖的伙伴"。另一方面，双蓝协会一直是公共医疗保险的主要承办者，协助政府构建了联邦雇员医疗保障计划、医疗保险和医疗救助以及州儿童健康保险计划，并长期接受公共医疗保险的委托管理，积极响应政策制定与全民医保改革。在新冠肺炎疫情期间，各州的双蓝计划也纷纷通过疫苗接种、数据支持、心理治疗、粮食援助及医疗护理等方式为受疫情影响的国民提供有效帮助，总投入超128亿美元。

第五章

失业保险

第一节　失业保险的立法历程

美国的失业保险（unemployment insurance，UI），也被称为失业补助（unemployment compensation），是联邦和各州政府为失业者提供救济金的制度。美国的失业保险始于20世纪30年代经济大萧条时期，建制之初主要是为失业者提供基本生活保障，帮助失业者渡过难关。其后随着经济复苏与科技进步，美国短期失业率下降而长期失业率增加，失业保险制度便从消极被动的救济，逐步转向主动防止失业和促进重新就业，便形成了目前以就业为导向的失业保险制度。这一失业保险制度大致体现了三个原则：一是失业救济只能为失业者提供临时性经济帮助，不能解决长期问题；二是各州在联邦法律原则下自行规定本州的失业保险制度；三是失业者必须符合享受失业保险待遇的法律规定，如有必要的工作经历和非自身原因导致的失业等。

早在1932年，美国威斯康星州便设立了失业保险制度。1935年《社会保障法》通过后，美国对各州设立失业保险的税收优惠和联邦资助进行了规定，开始在各州实行强制失业保险制度。早期的失业保险制度以为失业者提供基本生活保障为主。随着社会的发展，美国一些经济学者和政府官员开始意识到失业保险制度不应该只被动地进行救济，而应主动地阻止失业范围扩散和促进重新就业。在罗斯福新政时期，罗斯福就反对消极的物质救济，主张积极的社会救助，提出实行"以工代赈"，即由国家投资，大规模兴建公共工程，以增加就业、解决失业问题。他认为，应建立失业保险，通过稳定就业来达到防止失业的目的。此后，国会又于1946年通过了《就业法》（EA）和《乔治-巴登法》（GBA），以强调政府在促进就业方面发挥的重要作用，大大促进了职业教育的发展。20世纪60年代以后，随着科技革命的迅猛发展，产业结构和就业结构调整加速进行，为了适应社会需要，历届政府进一步加强职业培训，颁布一系列职业培训法和相应计划，不断完善职业保障制度。其中包括1961年的《地区发展法》（ARA）、1962年的《人力开发与培训法》（MDAT）、1963年的《职业教育法》（VEA）、1964年的《就业机会法》（EOA）、1973年的《综合就业培训法》（CETA）和1983年的《就业培训合作法》（JTPA）等。这些促进职业培训的法律与在此期间通过的提高失业补助的重要法律一同奠定了联邦与各州失业保险的法律框架（见表5-1）。

经历几十年的曲折历程发展，美国的失业保险制度从主要依靠政府、群众组织及慈善机构发放救济金到逐步建立失业保险体系，从单纯进行失业救助到以适应经济结构和劳动力市场不断变化为目标，注重对劳动力实行培训与继续教育、促进人口流动。根据美国劳工部2021年报告，2020年失业保险系统为近5 300万人提供了帮助，为美国经济注入了近8 000亿美元。

表 5-1 美国失业保险的重要立法

名称	立法时间	主要内容
《社会保障法》(Social Security Act)	1935年8月14日	最早的失业保险立法
《就业保障行政融资法》(Employment Security Administrative Financing Act)	1954年8月5日	被称为《里德法》(Reed Act)，设立贷款基金
《就业保障法修正案》(Employment Security Amendments)	1970年8月10日	扩大覆盖范围、延长福利计划
《延长失业补助法修正案》(The Unemployment Compensation Amendments)	1976年10月20日	扩大覆盖范围
《综合预算协调法》(Omnibus Budget Reconciliation Act)	1981年8月13日	扩展保障内容
《美国复苏与再投资法》(ARRA)	2009年2月17日	失业保险现代化改革
《中产阶级税务减免和创造就业机会法案》(The Middle Class Tax Relief and Job Creation Act)	2012年2月22日	再就业示范(Reemployment Demonstration Projects)、短期补偿(Short-time Compensation)、自营职业援助(Self-Employment Assistance)

资料来源：Chronology of federal unemployment compensation laws. https：//oui.doleta.gov/unemploy/pdf/chronfedlaws.pdf.

第二节 失业保险的管理机构

1935年的《社会保障法》以联邦法律形式建立了失业保险制度，并对联邦政府、州政府的管理职能作了规定。按照美国的立法规定，美国的失业保险是由联邦政府和州政府共同实施与管理的强制性保险制度，是一种"统一分散相结合，以分散为主"的管理体制。联邦政府、州政府、县政府在职责上相对独立。联邦政府在失业保险制度中的主要作用有：第一，设立失业保险制度，并向各州进行拨款，资助各州发展、管理好自己的失业保险计划；第二，不断推动失业保险法律的调整和完善；第三，为各州发展本州的失业保险方案提供技术支持。而各级州政府的职责主要是根据各州具体的情况制定适合本州的失业保险计划。

联邦一级有两个机构参与管理失业保险体系，一是劳工部，二是财政部。劳工部下设联邦就业和培训管理局，具体负责联邦失业保险工作，其职能主要是：就失业保险计划及其他相关计划的发展、改进和运作向各州就业保障机构提供政策指导；检查各州的失业保险法律及其落实情况；监督发展计划、津贴支付方式、裁决、申诉、税收和基金管理；帮助各州提高工作效率和服务质量；等等。财政部负责征收和管理联邦失业保险税，各州失业保险税款一律集中存放在财政部建立的失业保险基金账户上，用于支付失业保险金。

州政府设有劳工厅具体管理失业保险，包括管理相关资料（如雇主工资记录和失业保险申请）、收取失业保险税、厘定标准、接受失业保险申请、支付失业保险金等。此外，地方各市、县也设有就业中心和办事处等机构。这种地方办公室在全美有 2 000 多处，负责处理失业保险申请，并提供一系列职业开发和就业安置服务。各州的就业培训机构由州政府劳工局直接领导，并接受劳工部派驻各区的专家的业务指导和监督。各州就业培训局下设执行机构，负责各辖区失业保险金的发放与职业介绍等工作。目前，有 27 个州的就业保障机构设在州劳工厅或其他政府部门，其他州则没有独立的部门或委员会负责失业保险的管理。此外，几乎所有州设有咨询委员会，他们通常由雇主、雇员和公众代表三方组成，在制定政策、建议立法和解决实际问题方面为州失业保险机构提供咨询帮助。许多州还允许建立地方的或特殊的咨询机构。

第三节 失业保险的主要内容

一、失业保险的覆盖范围

失业保险制度防范的是非自愿失业的风险,保障对象是有工资报酬的劳动者,因而并不是所有的劳动者都属于失业保险制度的覆盖范畴。美国的失业保险制度由联邦政府规定统一制度框架,各州制定本州具体计划,故而各州在覆盖范围的规定上也存在一定的差别。

(一)联邦失业保险规定

随着社会保障体系的完善与发展,美国失业保险的覆盖范围从1935年建立以来一直逐渐扩大。失业保险制度实施初期,覆盖范围只限于被《联邦失业税法》(Federal Unemployment Tax Act,FUTA)覆盖下的雇佣工人,主要是私营工商企业的雇员。随着该法案在实施中不断调整,又于1970年、1976年、2000年颁布了新的修订案,覆盖范围逐渐扩大,覆盖人数逐渐增多。

截至目前,联邦失业保险的覆盖人群包括:

(1)近两年至少有20周在雇用1人及以上的私营企业工作的雇员,或某一季度在工资总额不低于1 500美元的私营企业工作的雇员;

(2)近两年至少有20周在雇用10人及以上的农场工作的农业工人,或某一季度在工资总额不低于20 000美元的农场工作的农业工人;

(3)近两年至少有20周在雇用4人及以上的非营利机构工作的雇员;

(4)州政府和地方政府的工作人员;

(5)近两年的某一季度在工资总额超过1 000美元的私人家庭、

地方大学俱乐部或大学联谊会的地方分会工作的家政人员；

（6）任何为印第安部落、印第安人、印第安民族或其他有组织的团体提供服务的人（如果印第安部落没有按要求向州政府缴费，该部落将会丧失《联邦失业税法》的豁免，也不再在其覆盖范围内）。

此外，美国联邦政府雇员和退役军人有根据联邦政府专门法规制定的失业保险制度，他们的失业保险金由联邦失业基金提供，但由各州进行管理，按照州立法有关规定进行支付。对于铁路工人，政府实行单独的失业保险法，1935—2000 年失业保险覆盖范围的扩大情况见表 5-2。

表 5-2　　1935—2000 年失业保险覆盖范围的扩大情况

年份	新增范围
1935	在美国境内提供服务的雇员，主要是私营工商雇员
1970	农业工人，非营利部门雇员，州立医院、大学雇员
1976	州和地方政府雇员、家政人员、非营利中小学雇员
2000	为印第安部落提供服务的人

资料来源：CHRONISTER C D. Unemployment compensation: coverage in the federal-state system 1935-1976. The George Washington University，2012.

（二）州失业保险计划的覆盖范围

《联邦失业税法》规定将为营利组织、州政府和地方政府、印第安部落所提供的服务作为审核州失业保险法的覆盖条件，称为"必须的覆盖范围"条款。虽然各州的失业保险覆盖范围在很大程度上受联邦法律规定的影响，但各州有较大的自由裁量权来决定州失业保险的范围。一般说来，属于联邦失业保险范围的也同时属于州失业保险范围，但后者很可能大于前者。许多州已经将覆盖范围扩展到超出联邦立法规定的覆盖范围。

例如，对农场和农业工人的覆盖条件，大多数州都遵循《联邦失业税法》条款，将覆盖范围限制在大农场，也有少数州覆盖了小农场：纽约州只需农场某一季度的工资额不少于500美元就满足覆盖条件，加利福尼亚州规定任何时候农场雇用1名及以上工人或某一季度工资额超过100美元就满足覆盖条件，美属维尔京群岛、波多黎各、哥伦比亚特区和罗得岛州都规定雇用一名及以上的工人就满足覆盖条件。

对于在州外提供劳务的人，由于他们既不被联邦失业保险法律覆盖也不被任何一个州法律覆盖，因而许多州法律允许雇主自由选择。在这些州中，一般都把居住权作为选择的条件，但是康涅狄格州、伊利诺伊州、密歇根州、内布拉斯加州、俄勒冈州、宾夕法尼亚州和威斯康星州除外。

失业保险制度刚建立时，《联邦失业税法》和大部分州法律都没有将海员纳入失业保险范围，直到1946年的《联邦失业税法》才把海员纳入失业保险范围，同时也允许各州将海员纳入失业保险范围，不论在美国境内航运，只要他所工作的轮船受其所在州的监管即可。现在大部分州都覆盖了此类人群。

（三）除外范围

不论是联邦法律还是各州法律，尽管规定的失业保险覆盖范围一直在扩大，仍然有部分劳动者被排除在外。联邦失业保险的除外范围：自我雇佣者、未达到上述标准的农业劳动者和家务劳动者、季节性临时工、外侨农场主、在校学生。各州除外范围一般都遵循《联邦失业税法》规定的除外范围。但是，由于各州实施的情况不一，存在一些特定的除外类型。

1. 为直系亲属提供的服务

各州将雇主的配偶或年幼的子女为其提供的服务或父母为子女提供的服务排除在外。

2. 由医院的病人提供的服务

不论医院是否为营利性机构，医院病人提供的服务被排除在失业保险覆盖范围之外。

3. 公司高管

根据《联邦失业税法》，公司高管作为公司的雇员，其获得的工资要缴纳联邦失业保险税。但是，有些州将其排除在覆盖范围外，而且对其福利的给付也有所限制。由于《联邦失业税法》中没有包含这些除外条款，即便州失业保险将其排除在外，这些公司的雇主依旧需要对其支付的工资缴纳全额的联邦失业保险税。

（四）审查标准

不管是《联邦失业税法》还是《州失业税法》，在审查覆盖范围时，均需要通过确认以下几个问题来判断雇员提供的服务是否应当被失业保险法覆盖。

（1）雇员的服务是为雇主提供的吗？

（2）雇员的服务是在雇佣关系下提供的吗？

（3）雇员获得的工资是为其服务支付的吗？

如果上述所有的回答是肯定的，那么该服务就被失业保险法覆盖。在上述问题中，确定覆盖范围的一个基本因素就是服务是不是为雇主提供的。绝大多数州法律中的覆盖范围条款都使用专门的术语区分雇佣个体和雇主。雇佣个体是一个更普通的概念，它适用于某些特定合法实体类型的任何个人，这个实体中有不止一个人在一个州内提供服务。雇主则是满足州失业保险法规定的特定条件的雇佣个体。雇佣个体是不是雇主取决于雇员被雇用的天数或周数，或雇佣个体支付的季度工资总额或年工资总额。雇主有义务缴纳失业保险税，其雇员有获得失业保险给付的权利。

二、失业保险的基金筹集

美国失业保险基金由联邦税务局通过国家税收方式强制征缴。所有雇主均有义务为雇员缴纳失业保险税，但征收办法和征收比例由各州自行确定。按联邦、州失业保险法律规定，雇主需分别向联邦和州政府缴纳失业保险税。

（一）联邦失业保险税

根据美国《联邦失业税法》的相关规定，联邦税只对雇主征收，由联邦政府统一制定。目前的计税基数是7 000美元，税率为6.0%。但联邦政府允许按时缴纳联邦失业保险税的雇主，不论其是否缴纳州失业保险税，都可以享有5.4%的税率抵扣。相应地，各州为了满足这一规定，强制雇主缴纳有效税率为0.6%的联邦税，或者每年为每个雇员缴纳最多42美元的联邦税。这0.6%的税款有以下几种用途：一是用于支付联邦和各州实行失业保险的管理费用；二是用于支付由1970年《联邦-州追加失业保险补偿法案》规定所需支付的追加保险金；三是用于建立并维持一笔信贷资金，以满足个别州在失业保险资金缺乏时可能出现的借款要求。此外，失业保险资金还用来投资劳动市场服务、对退役军人和伤残军人的培训服务以及其他一些劳动力市场的信息服务项目等。

（二）各州失业保险税

雇主支付给雇员的工资需向州政府缴纳失业保险税（SUTA

tax)，也称工薪税。缴税多少根据各州实际情况分别制定，用于失业保险金的支出。联邦法律规定非营利组织、地方政府机构和被联邦承认的印第安部落可以选择以"支付来代替缴税"（PILT，又被称为"偿付"）。工薪税主要是对雇主征收，仅有三个州还对雇员征税。

1. 雇主税

雇主的缴税额取决于其雇员的数目、州应税工资额和分配给雇主的缴税率。大多数州都根据雇主解雇员工的经历及成立时间来确定雇主的失业保险税率，因而，各州的税率相差非常大，那些就业状况较好企业的失业保险税率往往更低，各州税基一般为州平均工资的 60%～100%，税率为 0%～18.78%。

2. 雇员税

只有阿拉斯加州、新泽西州和宾夕法尼亚州对其雇员征税。2023 年，阿拉斯加州应纳税工资基数（缴税工资上限额）为 47 100 美元，雇员税率为 0.51%；新泽西州应纳税工资基数为 41 100 美元，雇员税率为 0.382 5%；宾夕法尼亚州应纳税工资基数为 10 000 美元，雇员税率为 0.07%。需要注意的是，宾夕法尼亚州雇员税不限于纳税工资基数，而是适用于工资总额，即每 1 000 美元工资收入需要缴纳 70 美分失业税。

3. 其他税收

除了上述这些基本的税收，各州都还存在一些特定的税收。这些税收都无需存入州失业保险基金账户，各州可以根据具体情况指定账户来存放这些资金。

（1）贷款税和利息税。州政府向联邦政府贷款需缴纳一定的贷款税,因而,各州通常都制定特定的税收来偿还该笔资金或与其相关的任何费用。同时,由于联邦的预付款必须支付利息,而且该利息不能从州失业保险基金中支出,许多州也建立了专门的税收来支付该笔利息的成本。

(2) 罚金。雇主因延迟或拖欠缴费而需支付的一定的罚金,通常是在未提交或逾期提交所需的报告时处以惩罚。除了明尼苏达州,其他州都建立了由这些罚金形成的专门基金以满足特殊的需要。其用途一般包括以下三个方面:用来支付已经申请但还未获得的联邦贷款;用来支付那些不能从联邦基金获得合法偿付的管理费用;用来支付那些用于正常管理工作时损失的或额外的费用。

少数州规定这笔资金还可用于购买土地和建造房屋以供失业保险机构使用,或支付联邦预付款的利息。有些州则限定该基金的金额,当超出限额时,其超出的部分要转移到失业保险基金账户。

(3) 储备税收。这些税收存入州法律规定下建立的储备基金里,只用于失业保险(如支付保险金或支付利息)。储备基金获得的利息收入存入另一个基金账户中,可用来支付培训费和支付征收储备税的费用等。与联邦失业保险信托基金仅用来支付保险金不同,这些储备金不受联邦提款标准的限制,而雇主上缴的税金只能用来支付保险金和用于其他一些特定的目的,这就意味着,如果州法律允许,可以将这些储备金用作他用。

(4) 用于失业保险管理或非失业保险用途的税收。各州出于管理的目的还征收一系列的税收。征税的目的可以是失业保险管理、就业培训、就业服务管理或其他技术的提高。这些税收不存入州失业保险基金中，但存入州法律指定的另一基金账户里。①

（三）基金管理

雇主上缴的失业保险税存入失业保险基金账户，由联邦财政部统一管理，该账户共包括 59 个分账户，其中各州账户 53 个，联邦账户 4 个，铁路失业保险账户及管理账户共 2 个。

（1）各州独立账户。各州账户里包含着雇主的缴费和州政府获得的偿付基金。运营这些基金赚取的利息收入贷记在州账户里，账户里的资金主要用于支付各州失业保险金、因错误支付偿还的费用和法律规定的特殊支出。

（2）就业保障管理账户（ESAA）。所有的联邦失业保险税需要存入就业保障管理账户，该账户每月净收入的 20% 自动转移到追加失业补偿账户里，其余则用于联邦-州失业保险计划的管理费用、投资劳动市场服务、对退役军人和伤残军人的培训服务以及其他一些劳动市场的信息服务项目等。

（3）追加失业补偿账户（EUCA）。该账户是对各州追加保险金的补偿。

（4）联邦失业账户（FUA）。该账户为无支付能力的州提供贷款以用来支付保险金。

（5）联邦雇员补偿账户（FECA）。该账户为前联邦雇员和军人提供保险金的支付。

（6）铁路退休委员会的两个相关账户，这两个账户不属于联邦税务机关管辖范畴。

---

① 徐芳. 美国失业保险制度及其借鉴研究［D］. 武汉：武汉科技大学，2007.

每年的9月30日为美国联邦财政年的年末，如果就业保障管理账户的余额等于或大于国会前一年拨款的40%，即存在"过量"，超出的金额转移到追加失业补偿账户或者是联邦失业账户里。追加失业补偿账户和联邦失业账户的净余额也是在每年的9月30日核算。追加失业补偿账户和联邦失业账户二者的最大余额均为该财政年度所覆盖工资总额的0.5%，就业保障管理账户超额部分先分配给追加失业补偿账户，若追加失业补偿账户也超过限额，将分配给联邦失业账户。如果这三个账户都超出了其法定的限额，那么其超出的部分则被平均分配到各州独立账户里。州独立账户分配到的资金只能用于失业保险金的支付。各州可以通过立法，在某些情况下使用这些资金来补充联邦失业计划的管理费用和公共就业办公室的行政费用。到目前为止，大部分州在其失业保险法中增加了该条款，而且还允许将该资金用于住房、设施和其他管理费用。

另外，当州独立账户不足以支付失业保险金时，根据《社会保障法》第6条，各州可以向联邦劳工部申请贷款，这些贷款由联邦失业账户提供，利息大约略小于10%，并且根据还款的期限有所变动。为了保证州政府偿还贷款，当州政府从某年的1月1日起连续两年有未偿还贷款时，依法要在第二年的11月10日之前全额偿还，否则增加该州当年的联邦失业保险税，并且在贷款不能全部偿还的以后各年都累进增加。如果各州政府没有按时偿还利息，则5.4%的税收优惠每年将递减至少0.3%（即从5.4%减少到4.8%，再到4.5%等），并且还会丧失管理费用。

三、失业保险的给付条件

美国失业保险金的给付条件较为严格，一般来说，即使失业者属于失业保险制度覆盖范围内的人群，也要符合一定的条件和规定才能领取失业保险金。在美国，失业者受益给付资格的确定主要取决于两个方面，非收入资格条件和收入资格条件。

（一）非收入资格条件

联邦法律规定的总原则是劳动者必须是因非个人过错而失业，并且能够工作、愿意工作、积极寻找工作和无正当理由时不拒绝合适的工作。非收入资格条件的应用主要是看各州法律如何对它进行解释，两个州的法律可能相同，但对其解释可能完全不同。

1. 能够工作

能够工作指申领人的精神和体力状况适合工作。对于能够工作的要求各州法律仅存在很小的差别。根据大多数州法律的要求，表明能够工作的证据是在公共就业办公室提交的申请和登记就业的材料。密苏里州有更进一步的规定，每个人至少每四周将领取的失业保险金报告给最近的就业办公室。少数州要求劳动者必须在生理上和心理上都能够工作。另外，有些州法律还规定了特殊条款，对于因疾病、伤残而不得不拒绝工作，或者根本没有工作提供而造成的在失业期间提交了申请、进行了工作登记的劳动者不能被认为不合条件。

2. 愿意工作

愿意工作指主观上已经准备好并且能够工作。符合在公共就业办公室进行工作登记的要求被认为是愿意工作的一个证明。愿意工作条款较能够工作条款更为复杂。有些州规定劳动者必须可以找到工作，有些州则规定必须找到适合的工作，还有些州规定必须找到与劳动者以往的职业相符或适合劳动者经验和能力的工作。大多数州要求劳动者必须找到全职工作（如密歇根州和美属维尔京群岛），但也有少数州允许劳动者在某些情况下找到兼职工作。宾夕法尼亚州规定劳动者在因从事季节性工作或兼职工作而不能接受提供的合适的全职工作期间，没有资格领取失业保险金。

3. 积极寻找工作

除在当地公共就业办公室进行工作登记外，几乎所有的州会要求劳动者必须积极寻找工作。

4. 不拒绝合适的工作

所有州会关注拒绝的工作是不是合适的。当各州列出合适的工作标准时，一般着重强调：关系劳动者的健康、安全和道德风险的程度；适合其身体状况和适合以前的培训、经验和收入；失业的时间和在特定的职业成功找到工作的机会；工作地点距离劳动者居住地的远近；等等。

（二）收入资格条件

满足上述基本条件外，还需达到一定的收入和工作时间的条件。基期和给付年就是确定受益给付资格和计算失业保险金给付的基础。劳动者受益给付权利取决于其过去一段时期内的工作时间或工资收入，通常把这段时间称为基期，美国所有州都是用基期内挣得的工资收入和/或工作的工时（周数）来确定劳动者获得失业保险金的资格。目前，几乎所有州的法律将提出申请前5个完整的季度中的4个季度规定为基期。

一名劳动者得到受益给付这段既定时期则被称为一个给付年，通常是一年或52周。在美国所有州，给付年开始的日期取决于劳动者第一次提出有效申请的时间，即劳动者必须符合最低工资额和就业条件。大部分州的给付年都是从有效申请提出的那周开始。

各州一般是根据劳动者在一个州内的就业时间和收入情况来确定其是否有资格领取失业保险金。然而，有些劳动者不只在一个州工作，但在任何一个州都没有足够的就业时间和收入以享有领取失业保险金的资格，或者只能领取很少的失业保险金。对于这种情况，从1971年起，这些劳动者可以将所有州的就业时间和收入情况结合起来在一个州内提出申请。这个"支付州"将在其州法律规定下基期内的所有就业时间和收入情况与从其他州转移过来的就业时间和收入情况结合起来，再根据其州法律来确定劳动者的失业保险金资格。为了避免这些记录的重复使用，联邦法律明确规定从一个州转移到另一个州的就业时间和收入情况不能在第二个"支付州"确定失业保险金资格时再使用。劳动者需满足的工资收入主要通过以下三种方式来确定。

1. 高季度工资的倍数

这种方法要求劳动者必须在基期内有最高收入的那个季度挣得一定数额的工资，而且总基期工资必须达到最高季度工资的倍数，一般是1.5倍。例如，如果一个劳动者在工资最高季度挣得5 000美元，那么在剩下的基期内他必须还要挣得2 500美元。

2. 周失业保险金数额的倍数

这种方法要求各州计算劳动者的周失业保险金数额。劳动者在基期内必须挣得周失业保险金数额一定倍数的收入，通常是40倍。例如，如果劳动者的周失业保险金数额是100美元，那么劳动者在获得失业保险金给付前在基期内就必须挣得4 000美元。有些州还制定了级次表对不同的周失业保险金数额应用不同的倍数。

3. 固定数额

固定数额要求劳动者在基期内必须达到一个固定的收入。这种方法一般适用于在计算周失业保险金数额时要求使用年工资的州，或要求使用最高季度工资的州。

大多数州规定申请给付的劳动者必须先等待一段时间，称为等待期。等待期在一个给付年内进行，大多数州规定的部分失业与完全失业等待期都是一周。对于连续的给付年则存在专门的条款来规定等待期，在部分州，当劳动者在第一个给付年结束后又失业时，如果他符合申请第二个给付年的资格，不需要有下一个等待期。

（三）除外情况

在某些情况下，政府或失业保险代理机构调查到劳动者的失业原因不满足条件时就会剥夺其受益给付资格。

1. 自愿离职

在大多数州，是否剥夺给付资格取决于劳动者近期的离职情况。由于失业保险是为了给那些暂时失去工作的人提供部分工资补偿，因而在所有州，离职的劳动者要想不被取消失业保险资格必须有正当的离职理由，代理机构会调查在一段特定时间内劳动者离职的所有原因。很多州法律对正当理由作了明确规定，这些理由必须与工作有关或与雇主有关。

2. 因工作中的不良行为而被解雇

这些不良行为一般包括：恶意忽视雇主的利益；参加州或联邦法律规定的不合法的罢工行为；不遵守规章，违背命令或指令，或者没有履行雇员的责任；等等。

3. 非法滥用药物和酗酒

许多州法律明确规定，因非法滥用药物和酗酒而被解雇的劳动者没有资格获得救济。例如,阿拉斯加州规定,对劳动者因被检测出非法滥用药物,或拒绝进行药物检测,或故意改变血液或尿样造成解雇时,取消救济资格。

4. 因严重渎职而被解雇

各州对严重渎职的定义不一:佛罗里达州、伊利诺伊州、印第安纳州、新罕布什尔州、内华达州、俄勒冈州、纽约州、犹他州和华盛顿州规定,因不诚实或因其行为构成了犯罪,而且劳动者已承认此行为;堪萨斯州规定劳动者表现出极端、故意或恶意的不良行为。在大多数州,严重渎职者会被强制地全部或部分取消工资积分。少数州规定因严重渎职而被取消救济资格的时间为1年,其他州仅在失业的持续期内取消资格。

另外,《联邦失业税法》针对学校职员、专业运动员和外国人等特殊群体制定了特殊条款,这些特殊条款比一般的取消资格条款更加限制保险金给付,但在劳动者怀孕期间或堕胎(终止妊娠)期间不能剥夺其获得失业保险金的权利。

四、失业保险的给付标准与期限

(一)给付标准

美国联邦和各州没有统一的给付标准,给付标准在各州存在较大差异(见表5-3)。一般由各州根据本州的实际情况和参保人的就业收入和家庭具体情况来确定。大多数州都是以日历周(即从本周日到下周六)来计算失业时间,因此失业保险金也一般按照日历周来计算,即周失业保险金。周失业保险金由基期内的工资收入决定,并且有高低限额规定。一般来说,各州对低收入劳动者提供的补偿高于高收入者。周失业保险金的确定取决于劳动者失业前的工资收入，使用的工资收入基数不同，计算的周失业保险金数额也会发生变化，美国各州常用的工资基数主要有四种。

表 5-3　　各州失业保险给付标准与给付期限

州名	计算基数	周保险金数额（美元）		给付期限（周）
		最小值	最大值	
亚拉巴马州	多季度工资	45	275	14～20
阿拉斯加州	年工资	56～128	370～442	16～26
亚利桑那州	高季度工资	187	240	8～26
阿肯色州	多季度工资	81	451	9～16
加利福尼亚州	高季度工资	40	450	14～26
科罗拉多州	高季度工资/平均周工资	25	561～618	13～26
康涅狄格州	高季度工资/多季度工资	15～30	649～724	26
特拉华州	多季度工资	20	400	24～26
哥伦比亚特区	高季度工资	50	444	26
佛罗里达州	高季度工资	32	275	9～23
佐治亚州	多季度工资	55	365	6～20
夏威夷州	高季度工资	5	648	26
爱达荷州	高季度工资	72	448	10～26
伊利诺伊州	多季度工资	51～77	484～667	26
印第安纳州	平均周工资	37	390	26
艾奥瓦州	高季度工资	72～87	481～591	8～26
堪萨斯州	高季度工资	122	488	10～26
肯塔基州	年工资	39	552	15～26
路易斯安那州	多季度工资	10	221～284	26
缅因州	多季度工资	77～115	445～667	15～26
马里兰	高季度工资	50～90	430	26
马萨诸塞州	多季度工资	98～147	823～1 234	10～30
密歇根州	高季度工资	150～180	362	14～20
明尼苏达州	高季度工资/平均周工资	28	462～740	11～26
密西西比州	高季度工资	30	235	13～26

续表

州名	计算基数	周保险金数额（美元）		给付期限（周）
		最小值	最大值	
密苏里州	多季度工资	35	320	8～20
蒙大拿州	年工资/多季度工资	163	552	8～28
内布拉斯加州	平均周工资	70	440	10～26
内华达州	高季度工资	16	469	8～26
新罕布什尔州	年工资	32	427	26
新泽西州	平均周工资	120～138	713	20～26
新墨西哥州	平均周工资	86～129	461～511	14～26
纽约州	高季度工资/多季度工资	104	504	26
北卡罗来纳州	多季度工资	15	350	12～20
北达科他州	多季度工资	43	618	12～26
俄亥俄州	平均周工资	130	443～598	20～26
俄克拉何马州	高季度工资	16	539	16～26
俄勒冈州	年工资	151	648	3～26
宾夕法尼亚州	高季度工资	68～76	561～569	18～26
罗得岛州	多季度工资	53～103	586～732	17～26
南卡罗来纳州	平均周工资	42	326	13～20
南达科他州	高季度工资	28	414	15～26
田纳西州	多季度工资	30	275	13～26
得克萨斯州	高季度工资	69	521	10～26
犹他州	高季度工资	32	580	10～26
佛蒙特州	多季度工资	72	513	21～26
弗吉尼亚州	多季度工资	60	378	12～26
美属维京群岛	高季度工资	33	602	13～26
华盛顿州	多季度工资	188	790	1～26
西弗吉尼亚州	年工资	24	424	26
威斯康星州	高季度工资	54	370	14～26
怀俄明州	高季度工资	36	508	11～26

资料来源：美国劳工部。

1. 高季度工资（HQ）

采用基期内工资最高的那个季度来确定周失业保险金数额。用该季度工资额除以 13（一个季度的周数）就得到平均周工资，根据各州希望补偿的周工资比例，将周工资进行分配，计算出周失业保险金数额。为了简化计算，各州一般都确定一个高季度工资的"综合"比例来计算周失业保险金数额。高季度工资被视为最能反映劳动者完全就业的状态，因而美国有超过一半的州都采用这种计算方法。

2. 多季度工资（MQ）

根据多个季度支付的平均季度工资或总工资的一定比例来计算周失业保险金数额。与上一种方法相比，这种方法涉及的时间较长，因而更能反映一个劳动者正常的完全就业情况。

3. 年工资（AW）

按照基期年工资的一定比例来计算周失业保险金数额。它认为年工资能够反映劳动者的生活水平。

4. 平均周工资（WW）

按照基期内劳动者平均周工资的一定比例来计算周失业保险金数额。

（二）给付期限

具备了失业保险金领取资格的失业者并不能永久获得失业保险金，为防止产生劳动者长期失业不愿意工作的现象，超过一定享受期限的失业者不再具有领取失业保险金的资格。失业保险金领取期限的长短与失业者缴纳失业保险税的年限、失业者的年龄和就业年限有关。

根据联邦政府的规定,各州的一般给付期限最多为 26 周,但可以自主做适当调整。如果失业率较高,联邦政府和各州的"延长失业保险金"计划可以额外延长 13 周的领取时间。如果失业者在领取失业保险金规定的期限内仍未找到工作,一般都要转为社会救济对象。

第四节　失业保险的特点与不足

一、失业保险的特点

（一）法律体系与时俱进、日益完备

美国完整的失业保险法律体系是由联邦和州失业保险法律制度两部分组成的。联邦失业保险的最初立法是《社会保障法》和《联邦失业税法》,它们规定了联邦政府和各州政府的责、权、利,是一个纲领性的法律。随着《社会保障法》的不断修正,联邦还不断创设新法案、实施新计划,以进一步完善失业保险制度,这些法律之间相互衔接、相互补充和制约,形成了"保障公民最基本的生活需求为目标,以法律为依据,按照法定程序处理事务,强调公民合法权利的法律体系",保证了失业保险制度的有效实施。

（二）联邦-州政府二元管理体系

美国的失业保险体系不同于其他的社会保障项目,它是由联邦政府和各州政府共同构建,由美国各州级失业保险机构具体承办,通过《社会保障法》和《联邦失业税法》明确联邦政府和州政府各自的职能,例如,联邦政府主要负责基本法律和管理方法的制定,对州政府的管理进行监督等,而州政府则可根据各州的经济发展水平、人口比例和就业状况确定各州失业保险税的税基、税率,领取失业保险金的资格、期限及金额等具体事宜。特别是对于失业保险基金的管理，失业保险税款统一全部存入失业信托基金，通过国家设置的专门社会保险机构进行管理，由联邦政府统筹使用，在该基金中，各个州都有自己独立的账户，记录各州的资金收支和运作状况。

联邦失业保险基金主要用于一系列与失业保险有关的支出，包括联邦和州与失业保险有关的管理费用，联邦和州扩大失业保险给付中联邦分担的部分，当州失业保险基金不足支付时提供的借款，根据联邦一些补充和紧急项目支付的保险金等。联邦失业保险税只能统一用于投资联邦政府债券以确保利息收益。另外，联邦失业保险税还为劳工流动服务、退役和伤残军人就业培训服务，以及一些劳动力市场信息服务提供资金。各州也征收某些税收形成州失业基金，由州失业保险局统筹使用，全额用于支付符合规定条件的失业者的失业保险金。这种联邦政府与地方政府合作的组织体制既使得美国失业保险制度的条款、规则非常复杂，体现出联邦政权的集中统一，又使得各州拥有很大的自由度，能较好地适应美国劳动力市场的地方特色，体现出美国失业保险体系较高的柔韧性。正因为如此，美国失业保险体系能够履行保障失业者基本生活的职责。

（三）独特的失业保险税制度

根据《联邦失业税法》，失业保险资金由联邦税务局通过税收方式强行收缴，但与社会保障制度不同的是，失业保险税并非雇主和雇员共同分担，主要由雇主全额负担。当前国际上实行失业保险制度的国家中，以联邦和州双重失业保险税形式筹集失业保险基金的并不多。采用税收的方式来筹集资金具有更大的强制性，有效保障了制度的正常运行。

另外，美国的失业保险税实行经验税率法，即根据雇主解雇雇员的经历来确定雇主的税率，同时雇主缴纳失业保险税的税率是浮动的，所有州均采用将雇佣记录与税率挂钩的制度，即根据被雇主解雇的雇员享受失业保险待遇人数的多少而上下浮动。当然，经验税率法本身并不能保证公司的偿付能力或者防止公司倒闭，因为它仅仅是筹资体制的一部分。它并不能改变所需的税收总额，而仅仅是决定每个雇主的份额，但是经验税率法的制度设计对维持失业保险筹资体制的有效运行起到了至关重要的作用。经验税率法是根据每个雇主失业保险金给付的"经历"在雇主之间公平划拨税负的依据，将失业成本更多地由解雇他人造成失业的雇主承担，鼓励雇主稳定就业，鼓励雇主参与失业保险计划，以保证失业者享受失业保险金资格的准确性，经验税率的应用有助于限制雇主的解雇行为从而稳定就业。

（四）追加保障和重点保障强化逆周期调节作用

1. 追加保障项目

联邦法律规定，在经济不景气的失业高峰期，联邦政府和州政府需要追加失业保险金的给付，以帮助失业者渡过低迷时期。因而，联邦政府和州政府实施了一系列的失业保险追加项目。

（1）联邦紧急失业补偿（EUC）。该项目主要用于在失业高峰期因失业者过多而导致失业保险金不足或因其他原因而延长失业保险金的给付时间。该项目由联邦政府负责，如新冠肺炎疫情期间实施的紧急失业补偿（PFUC）。

（2）联邦-州延长给付时间项目（EB）。正常情况下，大多数州领取失业保险金的时间为 26 周（马萨诸塞和华盛顿州为 30 周），如果出现高失业率，根据此方案领取失业保险金的时间可另外延长 13 周，有些州为 20 周。以确保在高失业率状况下失业者能维持基本的生活需要。该项目由联邦和州共同承担责任。

（3）贸易再调整津贴方案（TRA）。1974 年贸易法案修订时增加了针对由于建立北美自由贸易同盟、增加的进口或将产品转移到墨西哥和加拿大生产而导致劳动者失业和未充分就业而提供的援助方案。该方案提供的贸易调整援助包括贸易再调整津贴、搬迁津贴和寻找工作津贴，在培训期间的生存和交通津贴。劳工部秘书处已经与各州作为联邦政府为劳动者提供贸易再调整津贴或其他津贴的代理机构达成协议，此项津贴和行政费用都从联邦基金里支出。

2. 重点保障项目

为了建立更为完善的失业保险制度，美国政府在实施一般的失业保障的基础上，还针对一些特殊人群和特殊行业分别制定了有针对性的失业保险项目来实施重点保障，如由于灾难而失业，并且没有资格申请失业保险金的劳动者等。

（1）短期补偿（STC）。与州法律中部分失业保险金条款类似，短期补偿项目允许那些只被雇佣一定周数的劳动者获得失业保险金。部分失业保险金的给付需参照劳动者的工资收入，而短期补偿则要参照工作时间。此项目不要求劳动者满足州法律中所规定的能够工作、积极寻找工作或不拒绝合适工作的条件，但是要求满足正常工作周数。

在短期补偿项目下，雇主一般通过减少所有劳动者的正常工作时间以避免解雇劳动者。该项目必须由雇主和州失业保险机构达成一致，然后按照一个完整失业周的给付额的一定比例来支付失业保险金，作为对减少工作时间的补偿。

（2）自我雇佣者援助项目（SEAP）。自我雇佣者援助项目是为符合领取失业保险金的失业者自我创业提供的资金援助项目。联邦法律规定参加自我雇佣者援助项目的人数不得超过可获得正常失业保险金劳动人口的5%。加入该计划的劳动者可以按周获得援助金，其金额与劳动者正常失业保险金的周给付额一样，直到劳动者完全开始新就业为止。

（3）灾难失业援助项目（DUA）。由于重大灾难造成劳动者失业时，政府要为他们提供援助，援助金和所有行政费用都由联邦应急管理部门支付给劳工部秘书处，再由劳工部秘书处转交给与其达成协议的州失业保险代理机构来进行支付。例如，新冠肺炎疫情期间美国大量企业倒闭，联邦政府通过了《冠状病毒援助、救济、经济保障法案》（CARES）和《美国救援法案》（ARPA）等临时性法案，为失业者提供暂时性保障。

（五）失业保险与就业促进结合

从美国失业保险机构的设置中可以看出，失业保险工作是与劳动就业服务工作连在一起的，在对失业者实施基本生活保障的同时，还增加和强化了失业预防、就业促进与开发的功能。美国的实践经验表明，失业保险金对于解决摩擦性、季节性失业者的生活困难是有效的，它为失业者在失业期间提供了最基本的生活保障，一定程度上稳定了失业者的情绪甚至社会秩序，但对于解决结构性失业则显得力不从心。因而，对联邦政府来说，失业保险制度如果仅仅作为消极的、被动的救助制度，并不能从根本上解决失业问题，而帮助一个人寻找到新的工作,其成本小于社会救助成本以及为避免其给社会带来危害的成本。

一般情况下,结构性失业人数剧增时,政府会大规模实施职业培训计划,失业者也能够积极主动参与培训活动。因而20世纪70年代后,美国及其他许多资本主义国家,为了适应客观形势发展的需要,将注意力更多地转向"充分发挥和最佳利用人力资源"的积极劳动力政策上,这种政策着眼于对劳动者的培训与安置,对失业者和注定要衰落的部门或地区的劳动者进行适应性培训,提高劳动者技能,指导他们寻找适合自身条件的工作,争取获得比失业保险金高的工资收入。

二、失业保险的不足

(一)覆盖范围不够宽,受益给付不够充分

尽管美国失业保险覆盖范围一直在扩大,但大多数从事季节性工作的劳动者和自我雇佣者等占比达3%的劳动者还是没有被纳入失业保险覆盖范围,季节性就业者主要由农业、建筑、交通和零售商业等行业中的从业人员构成,由于他们的工资很低,且就业时间短暂,雇主代季节性就业者缴纳的失业保险费往往达不到规定的收入标准。另外,政府一般按照工资总额的50%来补偿,对于那些低收入者,显然是不足的;而对于那些低技能的劳动者而言,39周的救济期限显然过短。这表明,美国现行的失业保险制度没有为全国性或地区性的高失业风险人群,以及因年龄或缺少教育而遭受长期失业的人们予以应有的帮助。

(二)地区差异造成制度的不公平

美国失业保险制度实行联邦-州二元管理体制,尽管这种管理体制可以调动地方积极性，但地区差异必然导致失业保险政策存在差异，造成不公平。例如，在资格审核上，对于就业收入，有些州以高季度工资为审核依据，有的则以平均周工资为准，还有以年工资为准，这种不同的资格要求使得同样情况的失业者在要求低的州符合条件，在要求高的州就不符合条件，从而影响劳动者的区域转移；又如，在失业保险征税上，各州的税基从 7 000 美元到 34 000 美元不等，而且各州计算经验税率的公式也不同，造成各州的税率差异很大。由于税收的差异性，各州的人工成本有高有低，进而使各州之间在吸引雇主投资时有差别待遇。

（三）经验税率法受到挑战

由于各州在对经验税率法的应用中出现了一系列的问题，现在美国政府和一些经济学者也开始质疑经验税率法的应用。一方面，经验税率的确定，既要考虑激励因素，又要考虑公平因素，而人们对公平与效率的权衡取舍非常不同；另一方面，经验税率要求雇主一律按其过去的解雇经历缴税，这种计税方式使得劳动力流动率很高的劳动密集型企业必须负担比其他行业更高的税率负担，从而造成雇主支付的不公平。此外，政府发现一些雇主通过剥离原企业的责任，违法操控规避经验税率，为此，2004 年联邦政府颁布了《失业保险税防倾销法案》，要求州政府取消允许雇主支付比他们的解雇经历还低的失业保险税，设置检查倾销行为的有效程序，并对违法的雇主实行处罚等，以抑制雇主的逃税行为。

第六章

工伤保险

第一节 工伤保险的立法历程

工伤保险是美国最早通过的社会保险制度，是在工业革命带来的社会化大生产背景下，雇主和雇员两大利益群体相互妥协的结果。在工伤保险出现以前，遭遇工伤事故的劳动者主要通过提起诉讼来维护自身权益，要求雇主承担损失伤亡的赔偿责任，雇主则将工伤归咎于劳动者自身或同事的过失来为自己抗辩。虽然雇主的抗辩往往会导致雇员败诉，然而一旦雇员胜诉，也会给雇主带来巨大损失。随着工业经济的发展，雇主和雇员因工受伤、致残或死亡的纠纷愈加激烈。1900 年之后，美国各州确立了一系列加强雇主责任的法律，限制了雇主以往的辩护理由，逐渐促使雇主和雇员达成妥协：不论雇员是否存在过错，雇主主动承担雇员因工作遭受伤害的医疗费用和一定数额的工资损失补偿；雇员则放弃对雇主民事诉讼的权利，从而得以尽快获得工伤补偿。这也是工伤保险制度"无过错"和"有限补偿责任"两大原则的雏形。美国并没有全国统一的工伤保险制度，各州分别制定适用于本州的工伤保险，对联邦政府雇员、铁路工人、海员和码头及船厂工人的工伤保险则由联邦政府制定单独的条例予以规定。总的立法原则是联邦政府立法不能违背宪法，州立法不能同联邦政府立法相悖。

美国工伤保险制度最早的立法可以追溯到1908年的《联邦雇主责任法》（FELA），虽然这部法律仅规定了联邦政府为自己雇员及少数特殊高风险的行业雇员制定工伤补偿制度，覆盖人群极为有限，但也在一定程度上推动了各州工伤立法的实施，是美国工伤保险立法领域迈出的第一步。1910年，纽约州通过了第一部州工伤保险法，但次年便被认定违宪而废除。目前普遍认为，1911年威斯康星州的州工伤保险立法是最早通过违宪审查的立法。1911—1920年，美国大多数州通过了工伤保险的立法并沿用至今。直到1948年，密西西比州最后一个通过工伤保险立法，标志着美国本土实现了工伤保险的全覆盖。此后，随着经济和社会的发展，美国国会又多次对工伤保险法律法规进行修订。1956年《社会保障法修正案》中对因工致残的条款进行了修订。20世纪60年代，由于雇主存在推卸赔偿责任的问题且各州工伤保险制度差异较大，时任总统尼克松于1970年签署颁布了《职业安全与健康法》（Occupational Safety and Health Act），确定了"无过错但有责任原则"。1984年国会通过了《社会保障伤残津贴改革法》，1996年美国又修改了工伤保险计划的基本内容。到2015年年底，美国50个州和哥伦比亚特区均建立了工伤保险制度，其中31个州的工伤补偿制度已建立100年之久。

一、联邦工伤保险

联邦工伤保险由美国劳工部工伤补偿项目办公室（OWCP）负责管理，主要针对特殊群体提供包括工资补偿、医疗保障、职业康复等在内的工伤保险。具体人群包括：联邦雇员、港口和海湾工人、患黑肺病（尘肺病）的煤矿工人、暴露于辐射下的工人、能源行业雇员、退役军人、铁路及商船雇员等。联邦工伤保险制度实施的法律主要包括四类。

（一）《联邦雇主责任法》

《联邦雇主责任法》由联邦雇员、海岸和港口劳工补偿处（DFELHWC）负责实施，为300多万非军事雇员和邮政员工提供工伤与职业病的补偿，涉及的机构包括邮政所、海关与边境保护署、平等就业机会委员会、联邦调查局、社会安全局、药品管理局、联邦税务局、交通安全管理局、司法局、内政局和国防部等。

（二）《海岸和港口劳工补偿法》及其他补充法案

《海岸和港口劳工补偿法》（LHWCA）及其他补充法案，如《国防基地法》（Defense Base Act）、《外大陆架土地法》（Outer Continental Shelf Lands Act）等由联邦雇员、海岸和港口劳工补偿处负责实施，确保雇员的补偿待遇快速、合理地得到支付，为雇员、雇主和保险公司提供信息、技术、救助、支持和非正式的争议处理服务。覆盖人群包括港口与海湾工人、其他航海工人以及一些私营企业的雇员，在外大陆架从事自然资源采掘工作的工人、美国国防基地雇员、美国政府国防或公共工程项目签约的公司的工人等。

（三）《黑肺病补偿法》

《黑肺病补偿法》（Black Lung Benefits Act），由煤矿工伤补偿处（DCMWC）负责实施，为在煤矿工作中残疾或患上黑肺病的工人提供补偿，并为其提供医疗保障。该补偿资金来源包括两部分：

一部分由联邦提供,另一部分由煤矿主通过开采和销售煤炭缴纳的消费税组成的信托基金来提供。

(四)《能源业雇员职业病补偿法》

《能源业雇员职业病补偿法》(EEOICPA),由能源业雇员职业病补偿处(DEEOIC)负责实施,为符合条件的能源部雇员和前雇员、承包商、分包公司及其家属提供一次性补偿、医疗补偿以及死亡补偿等。该法还覆盖了《辐射暴露补偿法》(Radiation Exposure Compensation Act)第五章的受益人。

二、州工伤保险

各州均成立了本州的工伤保险委员会,依据各州的工伤保险补偿法案负责管理工伤保险。各州工伤保险(见表6-1)主要包括三种类型:私营工伤保险、竞争性或排他性州营工伤保险、雇主自我保险。

表6-1　　美国各州工伤保险立法时间及保险类型

州名	立法年份	保险类型
亚拉巴马州	1919	私营工伤保险
亚利桑那州	1913	竞争性州营工伤保险
阿肯色州	1939	私营工伤保险
加利福尼亚州	1911	竞争性州营工伤保险
科罗拉多州	1915	竞争性州营工伤保险
康涅狄格州	1913	私营工伤保险
特拉华州	1917	私营工伤保险
佛罗里达州	1935	私营工伤保险
佐治亚州	1920	私营工伤保险
爱达荷州	1917	竞争性州营工伤保险
伊利诺伊州	1911	私营工伤保险

续表

州名	立法年份	保险类型
艾奥瓦州	1913	私营工伤保险
堪萨斯州	1911	私营工伤保险
肯塔基州	1914（1916）	私营工伤保险
路易斯安那州	1914	私营工伤保险
缅因州	1915	私营工伤保险
马里兰州	1912	竞争性州营工伤保险
马萨诸塞州	1911	私营工伤保险
密歇根州	1912	竞争性州营工伤保险
明尼苏达州	1913	私营工伤保险
密西西比州	1948	私营工伤保险
密苏里州	1919（1926）	私营工伤保险
蒙大拿州	1915	竞争性州营工伤保险
内布拉斯加州	1913	私营工伤保险
内华达州	1913	私营工伤保险
新罕布什尔州	1911	私营工伤保险
新泽西州	1911	私营工伤保险
新墨西哥州	1917	私营工伤保险
纽约州	1910（1913）	竞争性州营工伤保险
北卡罗来纳州	1929	私营工伤保险
北达科他州	1919	排他性州营工伤保险
俄亥俄州	1911	排他性州营工伤保险
俄克拉荷马州	1915	私营工伤保险
俄勒冈州	1913	竞争性州营工伤保险
宾夕法尼亚州	1915	竞争性州营工伤保险
罗得岛州	1912	私营工伤保险
南卡罗来纳州	1935	私营工伤保险
南达科他州	1917	私营工伤保险
田纳西州	1919	私营工伤保险

续表

州名	立法年份	保险类型
得克萨斯州	1913	私营工伤保险
犹他州	1917	竞争性州营工伤保险
佛蒙特州	1915	私营工伤保险
弗吉尼亚州	1918	私营工伤保险
华盛顿州	1911	排他性州营工伤保险
西弗吉尼亚州	1913	私营工伤保险
威斯康星州	1911	私营工伤保险
怀俄明州	1915	排他性州营工伤保险

资料来源：PRICE V F，KANTOR S E. A prelude to the welfare state：the origins of workers' compensation [M]. Chicago：University of Chicago Press，2000. National Academy of Social Insurance. Workers' compensation：benefits，costs and coverage 2019.

第二节　工伤保险的主要内容

一、工伤保险的覆盖范围

美国工伤保险制度既有强制性参保也有选择性参保，其中联邦工伤保险和绝大部分州工伤保险为强制参保，仅有怀俄明州和得克萨斯州允许雇主选择是否参加工伤保险。在怀俄明州，法律允许雇主仅为特定的高风险职业群体提供强制性工伤保险，其他职业的雇主拥有参保选择权。

虽然各州的法律规定有差异，但事实上绝大部分的企业雇员已参保。据美国社会保险研究所测算，2020年，全美有1.36亿劳动者（覆盖约91.7%的就业人口和87.3%的工作岗位）被各类工伤保险制度覆盖（见表6-2）。目前，仅有少量劳动者被排除在工伤保险之外，如农业雇员、家政工作雇员、一些小企业雇员、临时劳动者和自由职业者。

表6-2 1998—2020年工伤保险覆盖人数和工资及其年增长率

年份	人数（千人）	年增长率（%）	工资（10亿美元）	年增长率（%）
1998	121 485	2.8	3 885	8.2
1999	124 349	2.4	4 151	6.8
2000	127 141	2.2	4 495	8.3
2001	126 972	−0.1	4 604	2.4
2002	125 603	−1.1	4 615	0.2
2003	124 685	−0.7	4 717	2.2
2004	125 878	1.0	4 953	5.0
2005	128 158	1.8	5 213	5.3
2006	130 339	1.7	5 544	6.3
2007	131 734	1.1	5 857	5.6
2008	130 643	−0.8	5 954	1.7
2009	124 856	−4.4	5 675	−4.7
2010	124 638	−0.2	5 834	2.8
2011	125 876	1.0	6 058	3.8
2012	127 916	1.6	6 326	4.4
2013	130 149	1.7	6 835	8.0
2014	132 791	2.0	6 840	0.1
2015	136 008	2.4	7 211	5.4
2016	138 468	1.8	7 432	3.1
2017	140 424	1.4	7 787	4.8
2018	142 635	1.6	8 178	5.0
2019	144 415	1.2	8 560	4.7
2020	135 572	−6.1	8 694	1.6

资料来源：National Academy of Social Insurance. Workers' compensation: benefits, costs and coverage 2020.

二、工伤保险的待遇给付

工伤保险的待遇给付包括医疗补偿与现金给付，其水平确定综合考虑三方面因素：劳动者因工伤造成劳动能力的损失、工伤导致当前及未来收入的损失、为工伤提供医疗救治尽可能恢复劳动能力的支出。通常而言，医疗补偿是即时提供、无需等待的，而现金给付一般都规定了3~7天的等待期。大部分工伤情况并不严重，经过等待期后即可恢复工作。如果雇员在等待期内康复，便只能享受免费的医疗护理，而不能领取现金给付。2017年，75.4%的工伤案例属于仅享受医疗补偿的类型，但由于单次案件额度较小，支付待遇不到总支付额度的10%。从1980—2020年的发展趋势看，医疗补偿和现金给付在支付总额中的占比差距逐渐缩小，2012年之后二者近乎持平（见图6-1）。

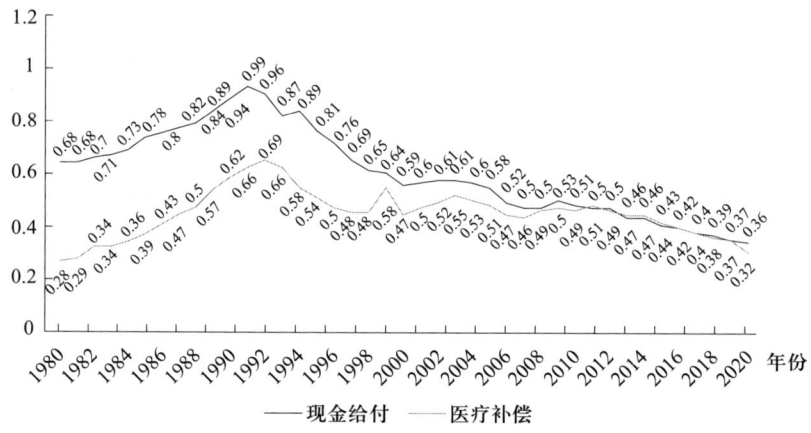

图6-1 1980—2020年美国工伤保险医疗补偿和现金给付（占缴费工资比例）

资料来源：National Academy of Social Insurance. Workers' compensation: benefits, costs and coverage 2020.

通常而言，现金给付自受伤日算起，按雇员受伤前周薪的2/3进行补偿，现在各州在比例上都有所提高。除此之外，各州还规定了州补偿的最高和最低限额，补偿金的限额根据州平均周薪每年自动调整。周薪低于最低补偿限额的按照最低补偿限额领取，周薪高于最高补偿限额的将按照最高补偿限额领取。在工伤保险现金给付中规定等待期和最高补偿限额主要是为了防止工伤保险中的道德风险，避免伤残雇员形成依赖工伤保险的惰性。现金给付通常包括下列情况：暂时完全失能、永久部分失能、永久完全失能和死亡（见图6-2、图6-3）。

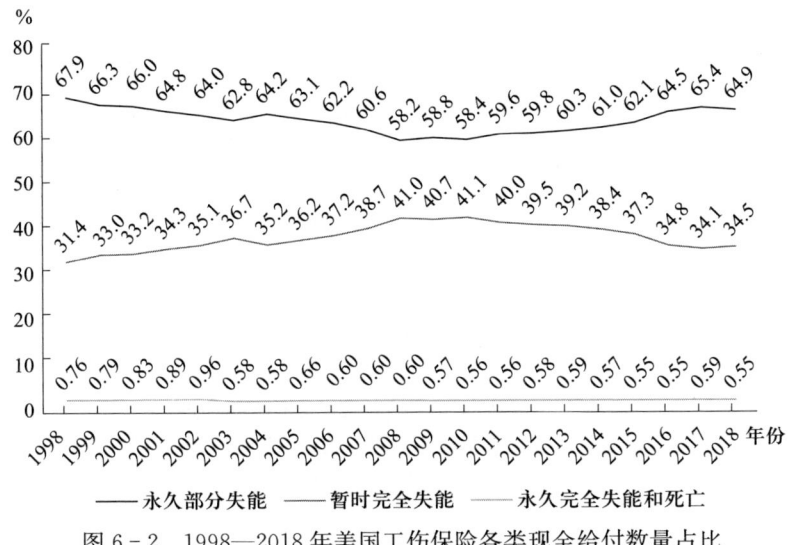

图6-2 1998—2018年美国工伤保险各类现金给付数量占比

资料来源：National Academy of Social Insurance. Workers' compensation: benefits, costs and coverage 2019.

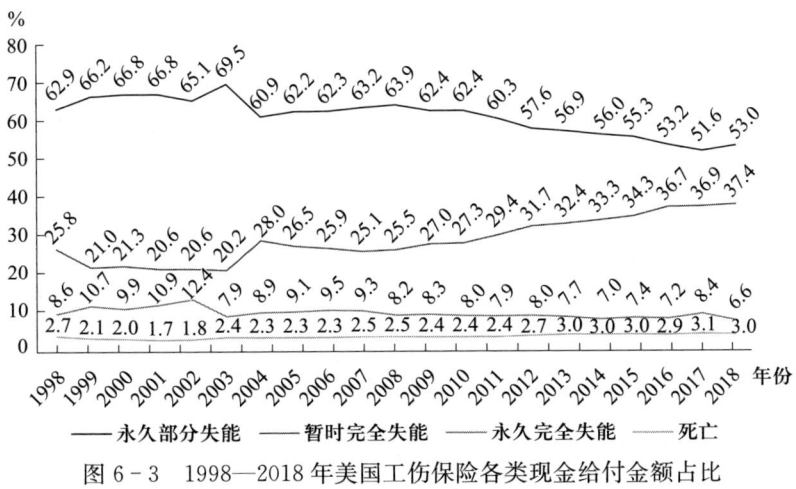

图6-3 1998—2018年美国工伤保险各类现金给付金额占比

资料来源：National Academy of Social Insurance. Workers' compensation: benefits, costs and coverage 2019.

（一）医疗补偿

医疗补偿可以为遭受事故伤害和患职业病的劳动者提供合理且必要的治疗以缓解其生理上的痛苦，同时在需要时可为工伤者提供医疗保健服务。由于多数工伤情况并不严重，大多数的工伤赔偿案件在各州规定的3~7天等待期内，因此申请人只能获得即时全额的医疗补偿。但较为严重的工伤劳动者可以在满足追诉期时限要求后，获得等待期的现金给付。表6-3列出了2021年美国各州工伤保险等待期的相关规定。1999—2017年，医疗补偿的案件比例从78.3%下降到75.4%，支付待遇占总支付额度的比例从未超过10%，仅从1999年的6.2%上升到2017年的7.6%。

表6-3　　2021年美国各州工伤保险等待期的相关规定

州名	等待期	追诉期	州名	等待期	追诉期
亚拉巴马州	3天，仅适用暂时失能	21天	蒙大拿州	4天或32小时	21天
阿拉斯加州	3天，仅适用暂时失能	28天	内布拉斯加州	7天	42天
亚利桑那州	7天	14天	内华达州	5天	5天
阿肯色州	7天	14天	新罕布什尔州	3天	14天
加利福尼亚州	3天	14天	新泽西州	7天	7天
科罗拉多州	3天	14天	新墨西哥州	7天	28天
康涅狄格州	3天	7天	纽约州	7天	14天
特拉华州	3天	7天	北卡罗来纳州	7天	21天
哥伦比亚特区	3天	14天	北达科他州	5天	5天
佛罗里达州	7天	21天	俄亥俄州	7天	14天
佐治亚州	7天	21天	俄克拉荷马州	3天，仅适用暂时失能	无
夏威夷州	3天，仅适用暂时失能	无	俄勒冈州	3天	14天
爱达荷州	5天	14天	宾夕法尼亚州	7天	14天
伊利诺伊州	3天，仅适用暂时失能	14天	罗得岛州	3天	无
印第安纳州	7天	21天	南卡罗来纳州	7天	14天
艾奥瓦州	3天，不适用于永久部分失能	14天	南达科他州	连续7天，仅适用暂时失能	7天

续表

州名	等待期	追诉期	州名	等待期	追诉期
堪萨斯州	7天	21天	田纳西州	7天	14天
肯塔基州	7天	14天	得克萨斯州	7天	14天
路易斯安那州	7天	14天	犹他州	3天	14天
缅因州	7天	14天	佛蒙特州	暂时失能3天，永久完全失能8天	10天，仅适用暂时失能
马里兰州	3天，仅适用暂时失能	14天	弗吉尼亚州	7天	21天
马萨诸塞州	5天	21天	华盛顿州	3天	14天
密歇根州	7天	14天	西弗吉尼亚州	3天	7天
明尼苏达州	3天	10天	威斯康星州	3天	7天
密西西比州	5天	14天	怀俄明州	3天	9天
密苏里州	3天	14天	—	—	—

资料来源：National Academy of Social Insurance. Workers' compensation: benefits, costs and coverage 2020.

（二）暂时失能给付

暂时失能是指受伤劳动者当前无法工作，但最终可以恢复一定工作能力，且没有或只有部分残疾的状态。专业人员通过鉴定劳动者受伤的程度以确定其是否能够工作以及何时能返回工作岗位。暂时失能给付的情况可以分为暂时完全失能和暂时部分失能两种。

暂时完全失能是指受伤劳动者在一段时间内无能力进行任何工作，但有望完全康复；暂时部分失能是指受伤劳动者能够从事低要求的过渡工作或仅在部分时间工作（即无法胜任全职工作）。暂时完全失能给付通常为劳动者受伤前每周工资的 2/3，暂时部分失能给付通常为劳动者受伤前后工资差额的 2/3。暂时失能给付的水平因州而异，各州经济发展水平差距较大，给付金上下限差距可达数倍（见表 6-4）。大多数领取暂时完全失能给付的劳动者完全康复后返回工作岗位时，失能给付停止发放。

表6-4　2021年美国各州失能给付规定

州名	暂时完全失能			永久完全失能			永久部分失能	
	最低周给付（美元）	最高周给付（美元）	最长期限	基础给付	最高周给付（美元）	最长期限	最高周给付（美元）	非额定伤害补偿法定上限
亚拉巴马州	253	920	失能持续期	66%的伤前周工资	920	300周	920	300周
阿拉斯加州	286	1 298	至病情稳定	80%的可支配收入	1 298	无	17.7万×减值（%）	一次性付清
亚利桑那州	无	1 258	失能持续期	66%的伤前周工资	1 258	无	1 258	无
阿肯色州	20	736	450周	66%的伤前周工资	736	无	552	450周
加利福尼亚州	195	1 299	104周	66%的平均周工资	1 299	无	根据伤残等级不同而不同，详见州劳动法第4 658条	根据伤残等级不同而不同，详见州
科罗拉多州	364	1 159	失能持续期	66%的平均周工资	1 159	无	额定伤害337，非额定伤害1 159	400周
康涅狄格州	275 或 75%的周平均工资	1 373	失能持续期	75%的税后收入	1 373	无	1 373	520周+康复期
特拉华州	249	748	失能持续期	66%的伤前周工资	748	无	748	300周
哥伦比亚特区	388	1 554	失能持续期	66%的伤前周工资	1 554	无	1 554	500周，可额外申请最长167周
佛罗里达州	20	1 011	260周	66%的伤前周工资	1 011	最高75岁	690	根据伤残等级不同而不同

续表

州名	暂时完全失能			永久完全失能			永久部分失能	
	最低周给付（美元）	最高周给付（美元）	最长期限	基础给付	最高周给付（美元）	最长期限	最高周给付（美元）	非额定伤害补偿法定上限
佐治亚州	50	675	400周，不适用严重受伤	66%的伤前周工资	675	400周	675	300周
夏威夷州	228	911	失能持续期	66%的伤前周工资	911	无	911	312周
爱达荷州	122	734	失能持续期	66%的平均周工资	734	无	448	500周
伊利诺伊州	未婚无家属220，四个及以上家属330	1 614	失能持续期	66%的平均周工资	1 614	无	872	500周
印第安纳州	50	780	500周	66%的平均周工资	780	500周	780	总支付额不超过390 000美元
艾奥瓦州	35%的全州平均周工资，326	1 864	失能持续期	80%的可支配收入	1 864	无	1 715	500周
堪萨斯州	458	687	失能持续期	66%的平均周工资	687	无	687	415周
肯塔基州	184	1 010	失能持续期，2018年7月14日之后的伤病领取年限截至70岁	66%的平均周工资	1 010	无	757	不超过50%伤残为425周，超过为520周，但到退休年龄为止

续表

州名	暂时完全失能				永久完全失能			永久部分失能	非额定伤害补偿法定上限
	最低周给付（美元）	最高周给付（美元）	最长期限	基础给付	最高周给付（美元）	最长期限	最高周给付（美元）		
路易斯安那州	188	705	失能持续期	66%的前周工资	705	无	705	520周	
缅因州	无	1 112	520周	66%的平均周工资或平均周工资的税后80%（2013年1月前受伤）	1 112	无	1 112	无	
马里兰州	50	1 050	失能持续期	66%的前周工资	1 050	无	788	无	
马萨诸塞州	20%的全州平均工资, 298	1 488	156周	60%的平均周工资	1 488	260周	1 488	无	
密歇根州	271	1 083	失能持续期	80%的可支配收入	1 083	800周	975	无	
明尼苏达州	130 或实际周工资的较低值	1 167	至最大医疗改善时（MMI）或康复再培训结束后90天, 至多130周	66%的前周工资	1 167	至72岁或伤后5年中的低值	1 167	总支付额不超过540 800美元	
密西西比州	25	523	450周	66%的平均周工资	523	450周	523	450周	
密苏里州	41	1 012	400周	66%的前周工资	1 012	无	1 012	400周	

第六章 工伤保险

续表

州名	暂时完全失能				永久完全失能		永久部分失能	
	最低周给付（美元）	最高周给付（美元）	最长期限	基础给付	最高周给付（美元）	最长期限	最高周给付（美元）	非额定伤害补偿法定上限
蒙大拿州	无	849	至最大医疗改善时（MMI）或返回工作岗位时	66%的伤前周工资	849	至正常退休年龄	424	400周
内布拉斯加州	49	914	至最大医疗改善时（MMI）或返回工作岗位时	66%的伤前周工资	914	无	914	300周
内华达州	无	935	失能持续期	66%的伤前周工资	935	无	935	5年或至70岁中的高值
新罕布什尔州	337	1 686	失能持续期	90%的税收平均周工资	1 686	无	1 686	350周
新泽西州	258	969	400周	70%的伤前周工资	969	无	969	600周
新墨西哥州	36	883	80%及以上残疾700周，低于80%残疾500周	66%的伤前周工资	883	无	883	伤残等级超过80%为最多557 872，低于80%最多为398 480
纽约州	100	967	失能持续期	66%的伤前周工资	967	无	967	525周

续表

州名	最低周给付（美元）	暂时完全失能			永久完全失能		永久部分失能	
		最高周给付（美元）	最长期限	基础给付	最高周给付（美元）	最长期限	最高周给付（美元）	非额定伤害补偿法定上限
北卡罗来纳州	30	1 102	失能持续期	66%的伤前周工资	1 102	500周	1 102	无
北达科他州	620	1 292	104周或最大医疗改善（MMI）260周	66%的伤前周工资	1 292	至正常退休年龄	362	1 500周
俄亥俄州	340	1 019，679（退休后）	失能持续期	72%的伤前周工资（前12周），66%的伤前工资（12周之后）	1 019，679（退休后）	无	340	225周
俄克拉荷马州	无	629	104周，继发性伤害可额外52周	70%的平均周工资	899	15年或至退休年龄中的高值	350	350周
俄勒冈州	50或90%的周平均工资的低值	1 454	失能持续期	66%的伤前周工资	1 454	无	1 454	无
宾夕法尼亚州	90%的周平均工资	1 130	失能持续期，可在104周后转为暂时部分失能给付，最高500周	66%的伤前周工资	1 130	500周	1 130	500周

续表

州名	暂时完全失能			永久完全失能			永久部分失能	
	最低周给付（美元）	最高周给付（美元）	最长期限	基础给付	最高周给付（美元）	最长期限	最高周给付（美元）	非额定伤害补偿法定上限
罗得岛州	无	80%的周平均工资或1 304中的高值	失能持续期	75%的可支配收入	1 304	无	1 304	312周，重大伤害可延期
南卡罗来纳州	75或周工资的低值	903	500周	66%的伤前周工资	903	500周	602	340周
南达科他州	415	829	失能持续期	66%的伤前工资	829	无	829	312周
田纳西州	149	1 093	450周	66%的伤前周工资	994	至退休年龄	994	450周
得克萨斯州	151	1 007	104周	75%的平均周工资	1 007	无	705	401周
犹他州	45	954	312周	66%的平均工资或85%的州平均周工资中的低值	954	无	636	312周
佛蒙特州	514	1 542	失能持续期	66%的伤前工资	1 542	无	1 542	无脊椎受损405周，有脊椎受损550周
弗吉尼亚州	284	1 137	500周	66%的伤前工资	1 137	无	1 137	500周

续表

州名	暂时完全失能			永久完全失能			永久部分失能	
	最低周给付（美元）	最高周给付（美元）	最长期限	基础给付	最高周给付（美元）	最长期限	最高周给付（美元）	非额定伤害补偿法定上限
华盛顿州	43.19或15%的州平均周工资＋10美元/配偶或最多5个受抚养人	1 608	失能持续期	60%～75%的伤前周工资（同婚姻及子女相关）	1 608	无	1 608	总支付额不超过205 485美元
西弗吉尼亚州	193	885	104周	66%的伤前周工资	885	70岁	606	无
威斯康星州	20	1 094	失能持续期	66%的伤前周工资	1 094	无	362	1 000周
怀俄明州	全州平均月工资（283.8）或平均月工资	946	24个月，特殊情况可延长	66%的伤前工资或66%的州平均月工资	946	80个月，再延长每年需续期	641	无

资料来源：National Academy of Social Insurance. Workers' compensation: benefits, costs and coverage 2020.

(三）永久失能给付

永久失能给付包括永久完全失能与永久部分失能两种情况。一些受伤劳动者因工作受伤或生病，导致永久性损伤，在进行最大程度治疗后，无法通过进一步的医疗干预来提高能力或实现康复，可以视伤残情况确定待遇支付水平。

永久完全失能是支付给因工伤或疾病在法律上被认为完全不能工作的劳动者。各州在确定永久完全失能给付资格和待遇方面有不同的规定，主要包括身体伤残减值法、收入能力损失法和工资损失法三种方式或者三种综合来确定。永久部分失能指劳动者尽管某一生理方面永久性受损，但仍可能继续参加工作。大多数州对永久失能给付的津贴上限和最高领取期限有一定限制，所有州都会在失能待遇给付时提供身体康复服务，大部分州同时提供职业康复服务。

（四）死亡给付

死亡给付包括丧葬费用津贴和遗属现金给付。丧葬费用津贴一次性支付，一般是 800~85 000 美元；遗属现金待遇按周给付，金额与依赖死者收入的人数相关，有支付上限，一般可以领到配偶死亡或再婚。配偶可以得到死者生前 35%~70% 收入的年金，配偶加上子女可以得到死者生前 60%~80% 收入的年金（见表 6-5）。

表 6-5　美国部分州工伤死亡待遇

州名	丧葬费用津贴最高限额/美元	遗属现金给付		
		仅配偶%	配偶及子女%	最长期限
亚拉巴马州	6 500	50	66	500 周，配偶死亡或再婚，子女满 18 岁或结婚
阿肯色州	6 000	35	35+15×子女数，不超过 66	450 周，配偶死亡或再婚，子女满 18 岁或结婚
加利福尼亚州	10 000	66	66	配偶有额度限制，子女满 18 岁或死亡

续表

州名	丧葬费用津贴最高限额/美元	遗属现金给付 仅配偶%	遗属现金给付 配偶及子女%	遗属现金给付 最长期限
佛罗里达州	7 500	50	66	配偶死亡或再婚，子女满18岁
印第安纳州	7 500	66	66	500周，配偶死亡或再婚，子女满18岁或结婚
堪萨斯州	5 000	66	66	配偶死亡或再婚，子女满18岁
马里兰州	7 000	66	66	144个月，配偶死亡或再婚两年后，子女满18岁
蒙大拿州	4 000	66	66	500周，配偶死亡或再婚，子女满18岁
内布拉斯加州	10 000	66	75	500周，配偶死亡或再婚，子女满19岁
新泽西州	3 500	50	50＋5×子女数，不超过70	配偶死亡或再婚，子女满18岁
新墨西哥州	7 500	66	66	700周，配偶死亡或再婚，子女满18岁或结婚
佛蒙特州	10 000	66	71	配偶到62岁或死亡或再婚（除死亡外，其余情形不少于330周），子女满18岁
华盛顿州	200%州平均月工资	60	60＋子女数×2，不超过70	配偶死亡或再婚，子女满18岁
威斯康星州	10 000	66	66	配偶死亡或再婚（有最高限额），子女满18岁

资料来源：美国劳工部。

三、工伤保险的保险方式

美国工伤保险制度有种类繁多的保险运营主体与运营项目。除联邦政府针对联邦雇员和部分高风险企业劳动者提供的工伤保险外，各州雇主还可以通过购买私营工伤保险（private insurance）、州营工伤保险（state funds）或自我保险（self-insurance）等实现参保。

2020年，美国工伤保险赔付总额约为589亿美元，比2018年的支付总额减少了6.5%。私营商业保险公司在工伤保险市场占据主导地位，给付金额达326亿美元。之后是自我保险，支付了145

亿美元的保险金。州营工伤保险和联邦工伤保险分别支付了85亿美元和33亿美元的保险金。1998—2020年，私营商业保险公司总支付额增加了1.7个百分点，自我保险支付给雇员的补偿份额从23.5%增加到24.7%，而州营工伤保险和联邦工伤保险支付额占比分别下降了1.8和1个百分点。表6-6列出了1998—2020年不同保险的工伤保险给付情况。

（一）私营工伤保险

雇主依照不同的费率和免赔额支付保险费，向私营商业保险公司购买工伤保险。通常有两种类型的保险：一种是要求保险公司支付全部工伤待遇；另一种则是带有一定免赔额，超出免赔额后再由保险公司承担。后一种工伤保险的保险费较低，但要求雇主自主承担免赔额范围内的工伤待遇。大多数州允许保险公司推行具有免赔额的工伤保险，但在具体规定上有所不同。截至2019年，私营工伤保险仍然是工伤保险给付的最大来源，占总支付金额的比重达55.6%。

（二）州营工伤保险

2020年，有21个州提供州营工伤保险，其中北达科他州、俄亥俄州、华盛顿州和怀俄明州4个州是排他性的垄断运营，只允许雇主参加州营工伤保险。另外有16个州是竞争性运营，均允许私营商业保险公司提供工伤保险。南卡罗来纳州工伤保险只承保州和地方政府雇员，并允许其自愿选择参保州营工伤保险或私营工伤保险，但并不承保私营雇主。

（三）自我保险

除了北达科他州和怀俄明州，其他州都允许雇主选择自我保险，但这些雇主必须向监管当局申请自我保险的许可，并证明他们有足够的财力支付预期的工伤赔偿费用。有些州还允许同一行业的雇主团体或行业协会通过团体形式进行自我保险。

表6-6 1998—2020年不同保险的工伤保险给付情况

年份	私营工伤保险 金额（亿美元）	占比（%）	州营工伤保险 金额（亿美元）	占比（%）	自我保险 金额（亿美元）	占比（%）	联邦工伤保险 金额（亿美元）	占比（%）	汇总 金额（亿美元）	年增长率（%）	医疗补偿 金额（亿美元）	年增长率（%）	医疗补偿占比（%）
1998	235.79	53.6	71.9	16.3	103.5	23.5	28.7	6.5	439.9	4.8	186.2	7	42.3
1999	263.83	57	70.8	15.3	99.9	21.6	28.6	6.2	463.1	5.3	200.6	7.7	43.3
2000	268.74	56.3	73.88	15.5	104.81	22	29.57	6.2	476.99	3	209.33	4.4	43.9
2001	279.05	54.9	80.13	15.8	118.39	23.3	30.69	6	508.27	6.6	231.37	10.5	45.5
2002	280.85	53.7	91.39	17.5	119.2	22.8	31.54	6	522.97	2.9	242.03	4.6	46.3
2003	283.95	51.9	104.42	19.1	127.17	23.2	31.85	5.8	547.39	4.7	257.33	6.3	47
2004	286.32	51	111.46	19.9	131.15	23.4	32.56	5.8	561.49	2.6	260.79	1.3	46.4
2005	290.39	50.9	110.6	19.4	137.1	24	32.58	5.7	570.67	1.6	263.61	1.1	46.2
2006	279.46	50.9	105.55	19.2	131.25	23.9	32.7	6	548.96	-3.8	262.06	-0.6	47.7
2007	294.1	52.2	101.53	18	134.82	23.9	33.4	5.9	563.85	2.7	271.05	3.4	48.1
2008	307.25	52.3	103.47	17.6	142.55	24.3	34.24	5.8	587.5	4.2	289.87	6.9	49.3
2009	309.09	52.9	99.97	17.1	139.87	23.9	35.43	6.1	584.35	-0.5	281.57	-2.9	48.2
2010	310.9	53.2	98.09	16.8	138.94	23.8	36.72	6.3	584.65	0.1	287.15	2	49.1
2011	330.14	53.7	98.37	16	148.05	24.1	37.77	6.1	614.33	5.1	308.05	7.3	50.1
2012	339.11	54.1	99.77	15.9	149.91	23.9	37.76	6	626.55	2	312.66	1.5	49.9

续表

年份	私营工伤保险		州营工伤保险		自我保险		联邦工伤保险		汇总			
	金额（亿美元）	占比（%）	金额（亿美元）	占比（%）	金额（亿美元）	占比（%）	金额（亿美元）	占比（%）	金额（亿美元）	年增长率（%）	医疗补偿金额（亿美元）	医疗补偿占比（%）
2013	352.03	55.5	95.08	15	150.2	23.7	36.93	5.8	634.24	1.2	322.74	50.9
2014	352.9	55.5	92.88	14.6	153.65	24.2	36.81	5.8	636.24	0.3	324.2	51
2015	347.6	55.4	90.77	14.5	152.37	24.3	37.06	5.9	627.8	-1.3	316.42	50.4
2016	347.99	55.5	89.53	14.3	153.24	24.4	36.03	5.7	626.78	-0.2	315.03	50.3
2017	345.22	55.6	89.08	14.3	151.9	24.5	34.83	5.6	621.04	-0.9	309.81	49.9
2018	346.92	55.1	88.88	14.1	159.4	25.3	34.55	5.5	629.76	1.4	314.28	49.9
2019	350.12	55.6	88.11	14	158.19	25.1	33.75	5.4	630.17	0.1	313.01	49.7
2020	326.11	55.3	85.15	14.5	145.33	24.7	32.65	5.5	589.25	-6.5	277.28	47.1

资料来源：National Academy of Social Insurance. Workers' compensation: benefits, costs and coverage 2020.

（四）专项基金

专项基金包括风险担保基金、二次伤残基金等。同再保险公司类似，若私营商业保险公司或者自我保险雇主破产时，则由州设立的专项风险担保基金来确保工伤待遇的正常发放。当曾患工伤的劳动者再次遭受同类职业伤害时，由二次伤残基金对雇主或私营商业保险公司进行补偿，鼓励雇主雇用想重返工作的工伤者。除了上述两种，许多州还针对特定风险设定了专项基金，如无雇主的工伤保险基金。

四、工伤保险费率

联邦政府在各州设立确定费率的机构，根据工伤风险、待遇支付及承保机构的保险费数据确定各类保险的基准费率。由于各州工伤保险规定不同，风险费率计算方式也存在一定差异，部分州采用国家赔偿保险委员会（National Council on Compensation Insurance，NCCI）制定和管理的分类体系，部分州则采用自己的分类体系。其费率可以分为级差费率、经验费率、回溯费率与表定费率。① 根据2016年美国各州的工伤保险平均费率排名（见表6-7），最高的是加利福尼亚州，为3.24%；最低的是北达科他州，仅为0.89%。

表6-7　　2016年美国各州工伤保险平均费率排名

排名	州名	费率（%）	生效日期	排名	州名	费率（%）	生效日期
1	加利福尼亚州	3.24	2016年1月1日	4	康涅狄格州	2.74	2016年1月1日
2	新泽西州	2.92	2016年1月1日	5	阿拉斯加州	2.74	2016年1月1日
3	纽约州	2.83	2015年10月1日	6	特拉华州	2.32	2015年12月1日

---

① WILLIAMS C A. A international comparison of workers' compensation [M]. Hague: Kluwer Academic Publishers, 1991: 192-193.

续表

排名	州名	费率(%)	生效日期	排名	州名	费率(%)	生效日期
7	俄克拉何马州	2.23	2016年1月1日	30	田纳西州	1.68	2015年3月1日
8	伊利诺伊州	2.23	2015年1月1日	31	内布拉斯加州	1.67	2015年2月1日
9	罗得岛州	2.20	2014年8月1日	32	南达科他州	1.67	2015年7月1日
10	路易斯安那州	2.11	2016年1月1日	33	佛罗里达州	1.66	2016年1月1日
11	蒙大拿州	2.10	2015年7月1日	34	密歇根州	1.57	2016年1月1日
12	威斯康星州	2.06	2015年10月1日	35	科罗拉多州	1.56	2016年1月1日
13	佛蒙特州	2.02	2015年4月1日	36	肯塔基州	1.52	2016年1月1日
14	缅因州	2.02	2015年4月1日	37	亚利桑那州	1.50	2016年1月1日
15	华盛顿州	1.97	2016年1月1日	38	马里兰州	1.50	2016年1月1日
16	夏威夷州	1.96	2016年1月1日	39	得克萨斯州	1.45	2015年7月1日
17	新罕布什尔州	1.96	2016年1月1日	40	俄亥俄州	1.45	2015年7月1日
18	南卡罗来纳州	1.94	2015年9月1日	41	堪萨斯州	1.41	2016年1月1日
19	密苏里州	1.92	2016年1月1日	42	哥伦比亚特区	1.37	2015年11月1日
20	新墨西哥州	1.92	2016年1月1日	43	内华达州	1.31	2015年3月1日
21	明尼苏达州	1.91	2016年1月1日	44	马萨诸塞州	1.29	2014年4月1日
22	北卡罗来纳州	1.91	2015年4月1日	45	俄勒冈州	1.28	2016年1月1日
23	怀俄明州	1.87	2016年1月1日	46	犹他州	1.27	2015年12月1日
24	艾奥瓦州	1.86	2016年1月1日	47	弗吉尼亚州	1.24	2015年4月1日
25	亚拉巴马州	1.85	2015年3月1日	48	西弗吉尼亚州	1.22	2015年11月1日
26	宾夕法尼亚州	1.84	2015年4月1日	49	阿肯色州	1.06	2015年7月1日
27	佐治亚州	1.80	2015年3月1日	50	印第安纳州	1.05	2016年1月1日
28	爱达荷州	1.79	2016年1月1日	51	北达科他州	0.89	2015年7月1日
29	密西西比州	1.70	2015年3月1日	—	—	—	—

资料来源：美国劳工部。

级差费率是依据雇员所从事的工作类型而定，意味着同一风险等级的雇主需缴纳相同比例的工伤保险费。通过基于工作性质所形成的风险分类体系，保险公司可以确定每一个分类中的保险费率。

除了根据工作风险确定保险费率,保险公司还要在保险费中征收管理费及常用开支。在那些竞争激烈的州营工伤保险市场中,保险费率通常会比较低。

级差费率是保险公司根据雇员从事工作的风险程度确定的,往往适用于小型企业,并没有充分考虑不同企业间的差异性。因此,大型企业通常采用经验费率缴纳保险费。经验费率是依据企业过去的工伤事故和赔付记录(通常是3年内的工伤数据)来对级差费率进行调整。使用经验费率的目的是激励雇主积极改善工作条件,预防与工作相关的意外事故发生并在发生后尽可能减少事故的损失。部分州还对合格企业提供保险费折扣优惠,例如,宾夕法尼亚州规定,如果雇主实施合格的工作场所安全计划,则可享受5%保险费折扣。马萨诸塞州及科罗拉多州等州都有类似规定。

五、工伤预防

为保护雇员的安全和健康,美国劳工部成立了三个专门的负责机构:职业安全与健康管理局(OSHA)、矿山安全与健康管理局(MSHA)、工资与工时司(Wage and Hour Division)。

职业安全与健康管理局负责管理和执行《职业安全与健康法》。除了少数人群,如矿工、运输工人、公共雇员和自我雇佣者,绝大部分私人雇主和雇员都由职业安全与健康管理局直接管理或通过批准的项目进行管理。职业安全与健康管理局通过制定和执行标准,以及提供培训、宣传、教育和法律援助的方式,确保劳动者在安全和健康的工作条件下工作。

根据职业安全与健康管理局的规定,雇员享有七项权利。(1)获得安全的工作场所。(2)向其雇主或职业安全与健康管理局提出安全或健康方面的忧虑，或举报与工作相关的伤害或疾病，任何人不得对其实施报复。(3)接受有关工作危害方面的信息和培训，包括工作场所内的所有有害物质；在认为工作场所存在有损安全或健康的情况时，申请职业安全与健康管理局对其开展检查。职业安全与健康管理局对雇员的姓名保密。雇员有权拥有一名代表，代表其与职业安全与健康管理局进行联系。(4)参加（或由其代表参加）职业安全与健康管理局检查并与检查员进行单独交谈。(5)在因行使自身权利而遭到报复后的30天内（通过电话、网络或邮件）向职业安全与健康管理局提出举报。(6)查看由职业安全与健康管理局向其雇主发出的所有传票。(7)获取自身医疗记录、有关工作场所危害的检验报告以及工作场所伤害和疾病记录的副本。

雇主则必须履行五项义务。(1)为雇员提供不存在已知危害的工作场所。严禁雇主向依法行使自身权利的雇员进行报复。(2)遵守所有适用的职业安全与健康管理局发布的工作安全管理标准，如为雇员提供免费的个人必需防护装备、避免接触有害化学物品、提供防跌落设施等。(3)在8小时内向职业安全与健康管理局报告所有与工作相关的死亡事故，在24小时内报告所有与工作相关的住院、截肢和致盲事故。(4)通过雇员能理解的语言和词汇，为全部雇员提供安全培训。(5)在显著位置张贴职业安全与健康管理局宣传法定权利和义务的官方海报，以及有关工伤和因工致病的数据。此外，通过各州由职业安全与健康管理局支持的咨询项目，中小型雇主可以免费获得协助来发现和纠正危害，而无需收到传票或罚款，具体包括损失控制专业服务、工作环境改造和劳动卫生风险评估等。

矿山安全与健康管理局负责管理并执行 1977 年《矿山安全与健康法》(Federal Mine Safety and Health Act)，该法经 2006 年《矿山改进与新应急响应法》(MINER Act) 进行了修订。该机构旨在保护国家煤矿工人的安全和健康，防止采矿造成的死亡、疾病与伤害，并为工人提供安全的工作场所。无论雇主规模、雇员人数以及开采方法如何，从事采矿和矿物加工行业的全部雇主都必须遵循该机构制定的安全管理规则。通过严格执法、积极的教育培训以及采矿技术的支持改善，矿工的死亡人数从 1978 年的 242 名降低至 2020 年的 29 人。

工资与工时司负责管理并执行 1938 年《公平劳动标准法》(Fair Labor Standards Act) 中关于雇用未成年工的规定，旨在确保未满 18 岁青年的就业健康和安全。这些规定包括最低就业年龄限制、每天工作时长限制和从事职业限制，如不允许未成年工参加煤炭开采、运输驾驶、伐木及拆迁等工作。

六、工伤康复

美国工伤康复将"尽快回归工作"作为首要宗旨，并将工作与个体维持生存与心理健康联系起来，通过帮助工伤者重新就业，实现其自我独立与重返社会。1920 年，美国联邦政府制订了世界上第一部专门针对残疾人权益的《平民职业康复法》。法案规定，由联邦提供补助经费，资助州政府的职业康复机构开展职业康复业务。该法案此后经数次修订，目的是让具有就业潜能而自身存在生理困难的残疾人通过职业康复谋得一份理想的工作，从而实现独立生活。1973 年《康复法》、1990 年《美国残疾人法》(ADA) 的颁布，为残疾人提供了一系列保护措施，保障了因工伤致残人士在就业、公共交通、电讯服务等领域同健全人平等的权利。1998年通过的《劳动力投资法》(Workforce Invest Act)规定了联邦和地方政府通过提供有限的资金来解决有劳动能力的残疾人职业培训和就业安置的办法，把以前分散的联邦培训项目如工作培训、成人教育、职业康复等，转变成一个综合协调的一站式服务体系，并且建立了全美范围内的劳动力网络。

各州工伤康复资金来源较为多元化，大致可以分为两类：一类是工伤保险基金全盘负责工伤者的医疗和康复费用；另一类是工伤保险基金仅负责医疗费用，康复费用由其他基金渠道支付。在第二类中，各州康复费用的资金渠道也不尽相同，可能包括联邦政府、州政府、专项基金、慈善机构、雇主和雇员本人等。多元主体的参与也带来了多元化的康复模式，为工伤者提供了更多的选择机会。私立工伤康复机构与保险公司合作的"私人康复企业型"工伤康复模式在工伤的预防和康复中做出了重要贡献，如遵循自助与互助原则的职业康复俱乐部。此外，工伤者可以参加"就业券项目"(ticket to work)来实现职业康复。这一项目为18~64周岁因为身体残疾而享受残疾保障权益的申请者提供职业咨询、职业培训、工作安置等职业康复服务。除了综合性的康复机构和专门的康复部门，社区医疗也是工伤康复中的重要部分。由于美国医疗费用较高，因此大多数工伤者病情基本稳定后都会转入费用较低的社区医院进行后续的治疗和康复。在社区康复的过程中，社区与医院会为病人制定详尽的康复计划，既降低了工伤康复医疗卫生服务成本，同时也扩大了工伤康复的覆盖面。

七、工伤保险的特点

综上，美国工伤保险具有以下三个特点：

（一）制度碎片化，各州差异较大

美国没有全国统一的工伤保险，各州分别规定地方的工伤保险规则，制度碎片化较为严重。虽然美国法律明确规定了"州立法不能抵触联邦政府立法"的原则，但是各州仍有较大的自主权限，这种立法模式仍然导致美国各州建立的工伤保险运行模式不一，也使得各州之间的待遇、筹资等存在较大差异。

（二）主体多元化，资金来源多渠道

美国工伤保险的参与主体包括联邦政府、州政府、私营商业保险公司和雇主等，其中私营工伤保险和自我保险占待遇赔付的大头。多元主体的参与可以充分发挥政府和市场的作用，在政府确定基准费率的情况下，通过市场竞争来提高效率并降低保险费。

（三）以工作为导向，重视工伤预防与康复

美国工伤保险制度不仅对个人能力损失给予一定的现金给付和医疗补偿，而且对个人工作能力的恢复和风险的预防也十分重视。工伤预防、工伤补偿和工伤康复是三位一体的制度设计。通过开展工伤预防，促进安全生产，避免和减少工伤事故的发生，有效保障劳动者的安全健康，也降低了企业的经济损失。工伤康复可以减轻工伤者的生理和心理痛苦，有利于恢复其重返社会和工作的能力，也可以将工伤补偿的被动支出转化为对工伤者个人能力的积极投入，有利于资金的合理配置。

根据美国劳工部职业安全与健康管理局报告[①]，工伤保险对工伤者的保障力度越来越小。主要表现为：其一，雇主缴费负担越来

---

① Occupational Safety & Health Administration. Adding inequality to injury: the costs of failing to protect workers on the job. 2015. http://www.dol.gov/osha/report/20150304-inequality.

越轻,而工伤者申请待遇条件越来越苛刻;其二,应保未保者比例越来越大,各州合同工人、临时工人、自我雇佣者并没有纳入工伤保险的范围;其三,补偿水平太低,职业伤害损失成本一半以上是受伤劳动者及其家庭承担。而随着互联网经济与新业态的发展,美国灵活就业人员①从 2014 年的 5 300 万人增长至 2020 年的 5 900 万人,占美国就业人员总数的 39.9%。相比于传统就业,灵活就业人员往往面临着更高的工伤风险,如何应对日益扩大的灵活就业人员规模并为之提供能有效应对风险的工伤保险,是未来美国工伤保险制度需要面对的一大挑战。

---

① 灵活就业在美国被称为"非标准/非常规就业"(non-standard employment)、"非正规就业"(informal employment)或"非传统就业"(nontraditional employment)。

第七章

退役军人保障

作为全球头号军事强国,美国是当今世界上军人职业化程度最高的国家之一。自建国以来,历届美国政府都对退役军人的社会保障问题非常重视,退役军人保障制度历经数次改革和变迁,已经形成了由退役军人事务部(VA)管理的包括就业、培训、养老、医疗、住房、丧葬等在内的一整套全面的制度体系。截至2021年年底,美国退役军人人数约1 916万人,约占总人口的6%,其保障总支出为2 454亿美元,2023年总支出预计为3 014亿美元。

第一节 退役军人的概念

根据《美国法典》第38卷对退役军人的定义,退役军人是指在美国陆军、海军或空军服过现役并已退出军队的人员,且不包括诸如犯罪等导致的不名誉退役人员。不论是美军的军官还是士兵退出现役都统称为退役,其类型主要有以下五种。

(1)荣誉退役(honorable discharge)。退役军人在服役期间的表现总体上良好,档案中无不良记录。

(2)普通退役(general discharge)。退役军人在服役期间的表现基本上令人满意,但出过问题,不宜作为荣誉退役对待。

（3）非荣誉退役（other than honorable discharge）。此类人员服役期间表现较差，出现过重大问题和过失。其不良行为包括：使用武力或暴力造成严重的身体伤害以至死亡，滥用手中权力，故意以作为或不作为方式威胁美国国家安全或其他军人的健康和福利。

（4）品行不良勒令退役（bad conduct discharge）。

（5）开除军籍（dishonorable discharge）。

其中，荣誉退役、普通退役和非荣誉退役均属于行政性退役，可以享受不同的退役军人保障，但后两种退役属于惩罚性退役，需要接受军事法庭的审判，并且会丧失退役军人福利权益。由于大部分退役军人保险不包括非荣誉退役人员，本章所称退役军人如无特殊说明，仅指前两者。

第二节　退役军人保障的历史沿革

美国退役军人保障制度的建立、发展和完善与美国参与的每一次战争都密不可分，可以说，美国退役军人保障制度发展的历史是边战争、边退役、边立法、边完善的历史。

一、建国初期的退役军人保障

美国退役军人的福利制度可以追溯到1636年，彼时普利茅斯殖民地的清教徒制订了一部对战争中受伤或者致残军人提供物质补偿的法律。随后，其他殖民地纷纷效仿并通过了各自的退役军人保障法，向参战的军人提供福利和保障。

1775年美国独立战争爆发，大陆会议规定向战争中的伤残军人提供终身一半薪水的资助；1781年，为笼络军心，规定服役到战争结束的退役军人也可以享受和伤残军人同等的待遇。但由于大陆会议并没有被赋予征税的权力，直到战争结束，享受到此项货币福利的退役军人仅约 3 000 人。但是独立战争以后，联邦政府拥有大量的土地，因而这项养老金的实际支付最后是由一定数额的土地证券和可以顶替税额的有价证券来代替的。到 1789 年，由美国宪法批准、国会通过的第一部联邦意义上的养老金法正式生效。这部法律其实就是对大陆会议通过的《退役军人养老金法》的承认和再次确立。联邦政府于 1808 年成立了退役军人抚恤金处负责管理退役军人具体事务，并于 1818 年颁布了《服役抚恤金法》，规定向每一位在独立战争和在战时提供帮助的服役人员提供终身固定金额的养老金，军官每月 20 美元、士兵每月 8 美元。在这项立法之前，养老金只发放给残障退役军人。新法将抚恤范围从伤残军人扩大至生活困难的退役军人。1816—1820 年，领取养老金的人数从 2 200 人增加到 17 730 人，养老金费用从 12 万美元增加到 140 万美元。1858 年，国会批准向退役军人的遗孀及其未满 16 周岁的子女发放半薪养老金。

二、南北战争时期的退役军人保障

1861 年南北战争时期，联邦政府对军人福利的保护遵循了独立战争后对军人提供货币福利的方式，但战争中联邦退役军人数量快速增长，联邦政府及州政府财政难以承担如此沉重的资金负担。在 1862 年的《宅地法》中，联邦退役军人被赋予了特殊的优先权，该法以每英亩 1.25 美元的价格向其提供西部土地。1862 年的《一般养老金法》规定伤残补偿应当取决于职务等级和伤残程度，并且放宽了对退役军人遗孀、子女及其他家属的福利待遇。直到 1873 年的《合并法》修订养老金立法时，才将伤残补偿的评定标准改为仅取决于伤残程度。这部法律首次规定应当对在服役期间发生的诸如肺结核等疾病进行赔偿。

1862年美国国家公墓制度正式建立，为南北战争中牺牲的联邦军人提供丧葬服务。到1873年，国家公墓系统的丧葬服务范围扩大至所有在南北战争中荣誉退役的联邦军人。

美国第一个为残障退役军人提供医疗服务的全国性机构是1812年在费城建立的海军之家。随后是华盛顿特区的两个机构——1853年的士兵之家和1855年的圣伊丽莎白医院。但是由于南北战争导致伤残的退役军人人数激增，1866年国会建立了残疾志愿军人之家，之后许多州都纷纷效仿建立了退役军人之家，向残疾的和穷困的联邦退役军人提供居家照顾和附带的医疗保健服务。

三、第一次世界大战时期的退役军人保障

大约470万美国人参加了第一次世界大战。其中，11.6万人在服役期间死亡，20.4万人受伤。第一次世界大战对美军的发展起到了至关重要的作用，同样对美国退役军人保障起到了关键推动作用。战前为鼓励参军，美国国会于1914年9月通过了《战争风险保险法》（War Risk Insurance Act），又于1917年10月6日对《战争风险保险法》进行了修订，增加了对遭受死亡、受伤以及被敌军俘获的军人的保险，由政府资助的针对美国军队和退役军人的人寿保险，向永久性残疾的退役军人提供复健治疗和职业教育培训。第一次世界大战结束后不久，为抚慰参战的退役军人群体，美国国会于1919年对《战争风险保险法》及1917年的修正案进行再次修正，授权联邦政府创设了美国政府人寿保险计划（United States Government Life Insurance，USGLI）。这标志着由政府直接负责管理和经办的美国退役军人保险制度全面确立。

1918年的《军人康复法》(Soldier's Rehabilitation Act) 授权建立了联邦职业教育部，向所有荣誉退役的第一次世界大战残疾军人提供职业康复训练。1919年的一项法律规定公共健康服务机构应该承担起退役军人的医疗卫生服务责任，允许公共健康服务机构设立新的医院向残疾军人提供医疗服务。

1921年国会成立了退役军人局来统一管理由战争风险保险局、公共健康服务局和联邦职业教育委员会三家机构负责的退役军人福利。1930年7月成立了退役军人管理局，又合并了退役军人局、内务部养老金局和残疾志愿军人之家这三个机构，使得除国家公墓系统之外的所有退役军人的福利保障计划统一到退役军人管理局的管辖之下。从1924年到1932年，由于伤残赔偿的增加，南北战争及美西战争后退役军人养老金增加共同导致的结果，退役军人的支出增长了62%。

第一次世界大战之后，美国国会于1924年通过了《第一次世界大战清算补偿法》，根据服役时间和地点向第一次世界大战退役军人提供服役补偿金：在美国服役每天1美元，在海外服役每天1.25美元。当时正值经济大萧条时期，美国退役军人管理局并没有立即兑付，而是给那些有权领取50美元以上补偿金的退役军人发放一个清算补偿证书，证书实际上是自签发之日起20年内支付，面值为1 500美元。但是经济大萧条使失去工作和积蓄的退役军人难以维持生计，从全国各地出发聚集华盛顿，要求联邦政府立即支付承诺给他们的服役补偿金。对此，1933年美国政府在退役军人管理局下设退役军人申诉委员会（Board of Veterans' Appeals，BVA），1936年通过了提前兑付补偿金的《补偿费调整法》，使每位退役军人有权按

《第一次世界大战清算补偿法》的规定来获得服役补偿金。

四、第二次世界大战时期的退役军人保障

1939年爆发的第二次世界大战历时6年,全球先后有60多个国家和地区、20亿以上的人口卷入其中,累计造成约9 000余万军民伤亡,战争规模远超第一次世界大战。据统计,全美国在第二次世界大战期间约有1 630万符合条件的公民入伍参战,其中参加陆军的人数为1 120万、海军的人数为410万、海军陆战队的人数为66.9万,另有33万女性入伍从事军事辅助工作。第二次世界大战不仅导致退役军人人数的大量增加,也使得国会制定了大量提供给退役军人的福利计划。

为吸引士兵入伍参战,1940年10月美国通过了《国民服役人寿保险法》(National Service Life Insurance Act),授权美国政府创办国民服役人寿保险计划(National Service Life Insurance,NSLI),旨在为参加第二次世界大战的军人和退役军人提供保险保障。此外,1940年通过的《选择性培训和服务法案》保障了每个离开工作岗位加入武装部队的人的再就业权利。在珍珠港事件之后,国会放宽了与服务相关的残障政策,同时也允许为未能投保便牺牲和受伤的军人家属提供资助。1943年的《伤残退役军人复健法》为1941年12月6日以后参加第二次世界大战的伤残退役军人创建了一项职业恢复计划。由于这项法律,退役军人管理局为超过62万名第二次世界大战伤残退役军人提供了职业培训。

随着第二次世界大战形势的明朗化,美国开始考虑战后退役军人的安置问题。彼时大多数退役军人服役时间很长,数百万美国军人已经服役四年或更长时间,约有67万名军人受伤,超40万人死

亡。为帮助第二次世界大战老兵尽快融入正常社会生活，1944 年 6 月 22 日罗斯福总统正式签署了《军人适应法案》，即《退役军人权利法案》（GI Bill of Rights），奠定了第二次世界大战至今美国退役军人权益保障制度的法律基础。这部法律主要向退役军人提供了三项重要福利：教育补贴及机会优待、商业贷款优惠、失业补偿金与就业促进。截至 1956 年，大约 780 万退役军人接受了相应的职业培训，由退役军人管理局担保的 590 万笔住房贷款的总金额达到 501 亿美元，不仅解决了退役军人及其家属的住房问题，而且使他们可以接受更高层次的教育，促进了美国高等教育的发展，为第二次世界大战后美国经济的腾飞提供了充足的人才支持和强有力的智力保障。

五、第二次世界大战后的退役军人保障

第二次世界大战以后，美国又经历了数次地区性战争，如朝鲜战争、越南战争、海湾战争等，这些战争对于美国退役军人社会保障制度的完善也起到了一定作用。

1952 年国会通过的《朝鲜战争退役军人权利法案》向朝鲜战争的退役军人提供类似于第二次世界大战退役军人的福利保障。截至 1953 年 7 月《朝鲜停战协定》签署时，美国在朝鲜战争中累计约有 5.4 万名士兵丧生，在战争中受伤的士兵更是远超此数。

美国从越南战场撤军的时候刚好碰上美国经济衰退，大量退役军人失业。为了解决越南战争退役军人生存问题，美国政府 1965 年为参加越南战争的现役军人创设了军人团体人寿保险计划（Servicemen's Group Life Insurance，SGLI），开始引入商业保险机制，后于 1966 年颁布了《越南战争退役军人权利法案》，规定满足

条件的退役军人可以获得教育补助、军人团体人寿保险、退役军人抵押人寿保险等福利。到 1980 年，该法案为 550 余万名退役军人提供了培训服务。越南战争以后，美国于 1973 年正式废除了义务兵役制，全面由志愿兵役制取代，这是军队历史上的重要转变。由此美国更加注重退役军人的社会保障制度建设，以增加部队的吸引力，招募优秀人才入伍。1984 年，美国国会通过了著名的《退役军人教育援助法案》（The Veterans' Educational Assistance Act），也被称为《蒙哥马利退役军人权利法案》（MGIB），该法案提高了对退役军人教育资助的标准，在国内取得了极大的成功，并在多次修订后一直沿用至今。

1973 年退役军人管理局承担起国家公墓系统的重大责任，负责操作国家公墓系统的运行，管理国家公墓资助计划。到 20 世纪 80 年代末，退役军人管理局已经成为预算支出最大的联邦机构，1/3 的美国人领取退役军人津贴。1989 年 3 月，退役军人管理局正式更名为退役军人事务部，成为仅次于美国国防部的第二大内阁级政府部门。随后，美国在 1991 通过了《海湾冲突补充授权和人员福利法》，1994 年通过了《退役军人就业和再就业权利法》，1998 年又通过了《退役军人就业机会法》，这些法律使退役军人的就业、教育、医疗等得到了强有力的保障。

9·11 之后，随着美国全球反恐行动的开展，服役军人数量大幅增加，尤其是阿富汗战争和伊拉克战争的爆发，导致退役军人的人口结构发生新的变化。2001 年的《退役军人教育与福利扩大法》、2002 年的《退役军人利益改善法》、2003 年的《退役军人利益法》和 2004 年的《退役军人利益改善法》等都对退役军人社会保障体系的健全及完善起到了举足轻重的作用。联邦政府积极响应不断变化的退役军人需求，2008 年制定《9·11 后退役军人权利法案》（Post-9/11 GI Bill），进一步扩大退役军人的教育福利。同时，为应对退役军人在全球经济危机之后的高失业率，国会于 2011 年通过《雇佣英雄法案》，促使联邦政府解决退役军人的失业问题。管理体制方面，国防部、退役军人事务部、劳工部等部门签署了谅解备忘录（于 2016 年修订），建立了机构间的合作伙伴关系，以加强部门间的协调沟通，为退役军人提供全面的过渡权益和咨询服务。美国退役军人保障部分法律梳理见表 7-1。

表 7-1　美国退役军人保障部分法律一览

出台年份	法律名称
1917	《战争风险保险法》
1924	《第一次世界大战清算补偿法》
1944	《退役军人权利法案》，分别于 1952 年、1966 年修订
1944	《退役军人优待法案》
1956	《战争孤儿教育援助法》
1973	《医疗保健法》
1976	《退役军人教育与就业援助法案》
1867、1973	《国家公墓法》
1984	《蒙哥马利退役军人权利法案》，于 1998 年修订
1986	《退役军人福利改善和医疗保健授权法案》
1988	《退役军人事务部法案》
1991	《海湾冲突补充授权和人员福利法》
1992	《退役军人福利法》
1994	《退役军人就业和再就业权利法》
1999	《退役军人千年保健和福利法案》
2001	《退役军人遗属抚恤金改进法》

续表

出台年份	法律名称
2003	《服役人员民事救助法案》(SCRA)
2006	《退役军人住房机会和福利改进法》
2008	《9·11后退役军人权利法案》
2011	《雇佣英雄法案》
2014	《退役军人准入、选择和责任法案》
2016	《退役军人事务部牙科保险再授权法案》
2017	《永远的退伍军人法案》

第三节 退役军人保障的主要内容

《美国法典》第38卷对美国有资格的退役军人享有的一系列社会保障项目及服务都有规定，其各项福利、服务保障等支出几乎全部都列支在联邦层级，并通过立法予以保证。2021年的联邦财政支出总额为6.82万亿美元，其中包括2 342亿美元的退役军人福利和服务开支，退役军人事务的预算支出占联邦总支出的比例为3.4%，占当年美国GDP的1%。

退役军人事务部是美国退役军人事务的主管政府机构，拥有超43万名全职员工，其内设三个主要机构：退役军人健康管理局（Veterans Health Administration，VHA），负责退役军人的医疗保健计划，运营美国最大的综合医疗保健系统，每年为超过500万名退役军人提供医疗服务；退役军人福利管理局（Veterans Benefits Administration，VBA），负责伤残赔偿、养老金、职业康复、教育援助、房屋贷款担保和保险等；国家公墓管理局（National Cemetery Administration，NCA），负责退役军人的安葬事务和公墓的维护工作，管理150多个国家公墓（阿灵顿国家公墓由陆军部管理），共安葬了270多万退役军人。

除退役军人事务部外，国防部、劳工部、联邦人事管理局、联邦小企业管理局、退役军人就业委员会等部门对退役军人事务也负有重要管理责任。国防部主要负责制定军人退役计划，向政府和国会提出退役军人的安置方案，并为退役军人提供诸如就业、家属子女福利等方面的咨询服务。劳工部下设退役军人就业和培训服务局，负责退役军人的就业指导和培训工作。联邦人事管理局负责管理退役军人优先就业权，提高退役军人的联邦就业机会；支持退役军人的相关纪念活动，宣扬退役军人的价值、领导能力以及对国家的承诺和牺牲等。联邦小企业管理局负责为退役军人提供创业服务。退役军人就业委员会作为跨部门的退役军人管理机构，主要负责建议并协助总统协调政府各部门相关工作，增加联邦政府雇用退役军人的数量，扩大退役军人在行政部门的就业机会等。

美国退役军人社会保障制度几乎涵盖了退役军人生活、工作、医疗直至死亡等各个方面，大致分为医疗保健、货币福利、教育培训、就业扶持、人寿保险、住房福利以及丧葬服务七大类。

一、退役军人的医疗保健

退役军人事务部管理着美国最大、最系统化的医疗保健系统，由21个地区整合服务网络（VISN）的1 306家医疗服务站点组成，遍布美国包括乡村偏远地区在内的各个地区，2021年注册参与的退役军人超926万人，其中约618万人享受了医疗保健福利。

曾在陆军、海军或空军服现役且并非因行为不端而退役的人员满足最低服役年限后，有资格享受退役军人事务部医疗保健福利，符合条件的预备役和国民警卫队成员也有资格享受。1980年9月7

日之后入伍的退役军人，或者 1981 年 10 月 16 日之后进入现役的退役军人，必须连续 24 个月或者在其被征召服现役的完整期间服役才能享有资格。但是如果退役军人是因困难退役、提前退役或者因在执行任务中发生或加重的残疾而退役的并不受最低服役时间限制。退役军人可通过网络、现场、电话或邮寄完成医疗保健的申请注册，并根据伤残疾病与服役期限、疾病严重程度、注册人经济状况等标准被分配至 8 个优先组别（见表 7-2），优先满足伤残和低收入退伍军人的医疗保健需求，再满足其他人员的需求。大部分退伍军人因符合相关条件而获得免费的门诊和住院医疗服务，不符合免费医疗条件的退伍军人需要通过财务评估和收入证明来确定不同的医疗费用标准。表 7-3 列出了 2023 年退役军人医疗优先组别医疗服务及药物共付额。

表 7-2　　　　　　　退役军人医疗优先组别类型

优先级组	类型
第 1 组	服役相关伤残程度被评定为 50% 及以上；因服役相关病症无法就业的；获颁荣誉勋章（MOH）的退役军人
第 2 组	服役相关伤残程度被评定为 30% 或 40% 的退役军人
第 3 组	曾为战俘（POWs）的；获颁紫心勋章的；因执行任务时发生或加重的残疾而退役的；服役相关伤残程度被评定为 10% 或 20% 的，以及根据《美国法典》第 38 卷第 1151 条"伤残人士的治疗或职业康复福利"获得特殊资格等级的退役军人
第 4 组	获得居家照护资格的或被认定有重大伤残的退役军人
第 5 组	年收入低于退役军人事务部的属地调整收入限额且无服役导致残疾的；享受退役军人事务部养老金福利的；有资格获得医疗救助福利的退役军人
第 6 组	应予以补偿的伤残程度为 0% 的服役相关伤残的；参加部分战争的退役军人
第 7 组	家庭总收入低于其居住地的退役军人事务部属地调整收入限额且同意支付自付额的退役军人
第 8 组	家庭总收入高于退役军人事务部国民收入限额和属地调整收入限额且同意支付自付额的退役军人

资料来源：美国退役军人事务部。

表 7-3　　2023 年退役军人医疗优先组别医疗服务及药物共付额

类型	共付额（copay rates）
紧急护理	第 1—5 组：每年前三次护理无共付额，超出后每次 30 美元； 第 6 组：如果治疗的是服役导致的相关身心疾病，则与第 1—5 组共付要求相同，否则同第 7—8 组要求一致； 第 7—8 组：每次 30 美元
门诊护理	服役相关伤残程度不低于 10%：无共付额； 服役相关伤残程度低于 10%：初级保健（初级保健医生）每次 15 美元，专科护理（眼科、外科、放射科等专科医生）和部分检查（MRI 或 CT 扫描）每次 50 美元
住院护理 （含药物）	服役相关伤残程度不低于 10%：无共付额； 第 7 组：一年中前 90 天护理，320 美元＋2 美元/天；之后每增加 90 天，160 美元＋2 美元/天； 第 8 组：一年中前 90 天护理，1 600 美元＋10 美元/天；之后每增加 90 天，800 美元＋10 美元/天
老年护理和长期护理	每年前 21 天护理无共付额，超过后根据护理类型和财务情况决定共付额，其中： 住院护理包括入住社区生活中心（疗养院）、夜间护工居家护理、夜间老年病评估等，每天不超过 97 美元； 门诊护理包括日间机构健康护理、日间护工居家护理、日间老年病评估等，每天不超过 15 美元； 无家可归的退役军人有短期或长期护理，每天不超过 5 美元
门诊药物	第 1 组：无共付额； 第 2—8 组：需为非服役相关疾病的治疗药物及诸如维生素、阿司匹林等非处方药支付共付额，具体金额取决于药物的等级（tier）和用药天数，每年设有 700 美元药物共付封顶线。 一级药物（首选仿制药目录内用药）：每 30 天共付 5 美元； 二级药物（目录外仿制药及部分非处方药）：每 30 天共付 8 美元； 三级药物（品牌专利处方药）：每 30 天共付 11 美元
免费服务	所有优先组均可免费享受下列服务： 1. 退役军人再适应社会的心理健康服务； 2. 军事性功能创伤咨询及护理； 3. 同服役相关的健康风险评估； 4. 退役军人残疾评估服务； 5. 灾难性残疾检查； 6. 戒烟计划及体重管理健康计划； 7. 服役期间接受鼻喉激光治疗造成的头颈癌护理； 8. 实验室检查、心电图检查； 9. 公共卫生倡议活动，如健康博览会（health fairs）； 10. 部分退役军人事务部批准的健康研究计划，如百万老兵计划（MVP）； 11. 1998 年 11 月 11 日后在战区服役的退役军人可以享受服役相关伤病的护理服务，此项服务自退役之日起五年内有效

资料来源：美国退役军人事务部。

（一）退役军人选择计划

根据 2014 年《退役军人准入、选择和责任法案》的规定，退役军人事务部实施退役军人选择计划，在 30 天内无法得到退役军人事务部护理或者距离退役军人事务部机构 40 英里以上或者面临过度出行负担的退役军人可以选择接受非退役军人事务部医疗机构提供的护理。退役军人事务部仅承担为了满足退役军人事务部医师已批准的医疗需求而提供的非退役军人事务部护理费用。

（二）健康注册管理机构

参加过海湾战争、越南战争或朝鲜战争并声称其接触过辐射的退役军人可以参加退役军人事务部健康注册管理机构的免费评估，该机构向这些退役军人提供免费的全面医疗检查，包括化验以及体检医生认为为准确判定其健康状态所必要的其他诊断检查。

（三）重新适应咨询服务

退役军人事务部通过 300 个社区退役军人中心提供重新适应咨询服务，包括直接咨询、外展和转介。这些退役军人中心位于所有50 个州、哥伦比亚特区、关岛、波多黎各和美属萨摩亚。退役军人中心主要面向以下战争期间在战区服过现役的退役军人：参加第二次世界大战、朝鲜战争、越南战争、海湾战争，或者在黎巴嫩、格林纳达、巴拿马、索马里、波斯尼亚、科索沃、阿富汗、伊拉克服役，或者参加全球反恐战争。退役军人中心咨询师为曾在战区服役的退役军人提供个人、团体、婚姻和家庭重新适应咨询，帮助他们解决战后创伤性应激障碍以及因战争创伤而引起的影响家庭、工作、学校或其他领域正常生活的问题，完成从军队生活到平民生活的过渡。同时，对于在战争中牺牲的军人的家属，退役军人中心也向他们提供心理咨询服务，其家庭成员也可以获得有关军事问题的服务。

（四）失明和视力受损服务

严重残疾的失明退役军人可以在退役军人事务部医疗中心接受病例管理服务，以及参加退役军人事务部住院或门诊失明或视力康复计划，以进行全面的健康和福利的检查。退役军人事务部还向失明的退役军人提供导盲犬、有声读物、阅读机以及家庭结构的改造等，也向肢体残疾的退役军人进行家庭结构的改善以满足他们出入、如厕、洗漱以及做饭等需求。此外，退役军人事务部还向因病或者伤残接受护理的退役军人提供修复矫正的器械、装备，如假肢、矫形夹和鞋、轮椅、拐杖、助听器和眼镜等。

（五）牙科治疗

退役军人事务部仅为符合某些资格标准的退役军人提供牙科治疗福利，可分为全面保障和部分保障两种。全面保障需满足：（1）有与服役相关的可以补偿的牙科缺陷或疾病的退役军人；（2）战俘；（3）有与服役相关的完全残疾的退役军人。部分保障对退役军人接受牙科治疗的次数和项目有一定限制，部分保障需满足：（1）退役或者离开部队 180 天以内的退役军人（海湾战争时期为 90 天）；（2）有与服役相关的不可补偿的牙科缺陷或者在战争中致残的退役军人；（3）由退役军人事务部认定的与服役相关的并且日益加重的牙科疾病；（4）参加职业康复计划的退役军人；（5）无家可归并且正在按照退役军人健康管理中心指示接受治疗的注册退役军人。

为了帮助那些没有资格获得退役军人事务部牙科福利或需要更全面的牙科护理的退役军人，退役军人事务部通过其牙科保险计划（VADIP）为注册的退役军人提供以较低的成本购买牙科保险的机会。

（六）心理健康治疗

享有退役军人事务部医疗保健资格的退役军人可根据需要接受一般和专业心理健康治疗。心理健康服务的提供机构包括初级保健诊所（包括家庭初级保健）、普通和专业心理健康门诊、住院部、入住型康复和治疗计划、专科医疗诊所和社区生活中心，主要防治特殊的创伤后应激障碍、性功能创伤、药物滥用、抑郁症、焦虑症、暴力倾向，以及社会心理的复健及恢复等。此外，退役军人事务部还开通了一条24小时的自杀倾向预防热线，随时为退役军人及其家人提供帮助。退役军人事务部还有一项专门的心理健康住宅康复治疗计划，专门为存在各种心理问题的退役军人提供住宅康复治疗或者临床治疗。2017年超170万退役军人接受了心理健康服务，其服务范围包括获得其他退役军人的支持帮助以及咨询、治疗和药物治疗等方面。

（七）护理服务

退役军人事务部通过三个项目向退役军人提供基于机构的护理服务：退役军人事务部拥有和经营的社区生活中心、各州拥有和经营的州立退役军人之家、有合同约定的社区疗养院项目。每个项目都有特定的准入和资格标准，通常包括病情稳定、有一定身体功能障碍且需要护理住院治疗服务等条件。退役军人事务部有义务为因服役相关伤残导致需要疗养院护理的注册退役军人、服役相关伤残程度达到70%及以上的退役军人，以及因完全残疾而无法就业的退役军人支付疗养院服务的全部费用。

1. 社区生活中心

社区生活中心以90天为时间界限将服务项目划分为短期和长期

两类。短期服务包括专业的护理、间隔治疗、复健以及临终关怀等，长期服务主要针对通过护理维持生命或者是因服役而导致60%~70%残疾需要长期护理的退役军人。

2. 州立退役军人之家

各州可向退役军人事务部申请资金援助建设并运营州立退役军人之家，退役军人事务部还会向合格的州立退役军人之家提供一定的津贴补助。州立退役军人之家提供类似社区生活中心的长期和短期服务，也可根据自身能力开设特殊的服务项目。

3. 有合同约定的社区疗养院

退役军人事务部健康保健机构与社区疗养院签订合同以满足该社区内需要长期护理治疗的退役军人需求。

（八）紧急治疗

当退役军人事务部医疗机构（或与退役军人事务部签订协议的其他联邦医疗机构）由于距离过远无法提供有效的护理，或当退役军人事务部无法提供所需的紧急服务时，符合条件的退役军人可以在非退役军人事务部医疗机构接受紧急护理，急救产生的费用由退役军人事务部支付。

（九）其他服务

1. 医疗交通费用

满足一定条件的退役军人进行退役军人事务部医疗护理相关事宜的出行费用可以获得里程补偿或（如有医嘱）使用特殊交通工具（如轮椅车、救护车）。里程补偿为每英里41.5美分，但应支付自付额，每次单程出行自付额为3美元，往返旅程自付额为6美元；每月的最高自付额为18美元或六次单程出行后的金额（以先发生者为准）。

2. 国外医疗计划

退役军人事务部为出国生活或旅行并具有退役军人事务部评定的服役相关病症的美国退役军人提供医疗保健报销。

3. 特殊资格计划

退役军人事务部针对朝鲜战争和越南战争退役军人子女中被诊断患有脊柱裂（隐性脊柱裂除外）的提供门诊、住院、药房、假肢、医疗设备和用品等全面的医疗保健福利。

4. 房屋改善和结构改造

退役军人事务部为有服役相关伤残的退役军人提供最高 6 800 美元的终身福利，为有非服役相关伤残的退役军人提供最高 2 000 美元的终身福利，用于进行必要的房屋改善和/或结构改造，以方便继续治疗或伤残退役军人进出房屋、厕所以及必要的卫生设施。

5. 护工计划

护工计划为参加退役军人事务部医疗保健系统的退伍军人的护理人员提供相关服务，包括一般护工支持计划和家庭照顾者综合援助计划两类：前者为所有退役军人的护工提供技能培训、辅导等；后者为在 2001 年 9 月 11 日之后（含当日）或 1975 年 5 月 7 日之前（含当日）的服役期间伤残程度超过 70% 的退役军人的护工提供部分医疗、心理健康、教育培训、经济津贴等福利。

二、退役军人的货币福利

退役军人事务部向退役军人及有资格的家属发放的货币福利主要有：残疾补偿金、死亡补偿金、退役金和养老金，以及其他补助金。

（一）残疾补偿金

残疾补偿金是向伤残退役军人支付的免税货币福利，主要面向因在部队服役期间受伤或者生病而导致残疾或者致使残疾加重的退役军人,这种伤残必须是与服役相关的才可获得残疾补偿金。具体包括在军队服役期间生病或受伤、参军之前生病或受伤且服役期间恶化、与服役工作相关的退役后残疾,以及因接触有毒化学品、被俘虏等造成的疾病。残疾补偿金的金额根据退役军人的伤残程度和退役军人家属情况不同而变化,按月发放。伤残程度达到30%以上的退役军人都可得到一份额外的家属津贴,家属包括配偶、未成年子女、18~23岁正在上学的子女、18岁之前永久残疾的成年未婚子女以及需要被供养的父母。这份额外的津贴数额视伤残程度和需要被供养的家属人数多少而定。某些严重伤残的退役军人由于需要他人的帮助和照顾等,其本人及其配偶、父母还可获得额外的每月特别补偿金(SMC)。截至2022年6月底,有536万退役军人领取了残疾补偿金,其中100%伤残程度退役军人为106.8万人。近年残疾补偿金标准见表7-4。

表7-4　　2020—2022年退役军人残疾补偿金标准　　单位:美元

伤残程度	2020年	2021年	2022年
10%	142.29	144.14	152.64
20%	281.27	284.93	301.74
30%	435.69	441.35	467.39
40%	627.61	635.77	673.28
50%	893.43	905.04	958.44
60%	1 131.68	1 146.39	1 214.03
70%	1 426.17	1 444.71	1 529.95
80%	1 657.80	1 679.35	1 778.43
90%	1 862.96	1 887.18	1 998.52
100%	3 106.04	3 146.42	3 332.06

资料来源:美国退役军人事务部。

（二）死亡补偿金

对因服役相关而死亡的退役军人的补偿主要是面向已故退役军人的家属，死亡补偿金主要有三种。

1. 死亡赔偿金

向在现役期间（包括在退役 120 天内）死于服役相关伤害或疾病的服役人员的近亲支付 10 万美元的死亡赔偿金。如果没有未亡的配偶或子女，则服役人员的父母或兄弟姐妹可获得这笔赔偿金。

2. 受养人赔偿金

受养人赔偿金是一项每月为已故退役军人的符合条件的受养人提供的免税津贴，包括父母、配偶、18 岁以下需要抚养的子女。赔偿金的标准主要根据已故的退役军人的死亡时间不同分为两类：一类是退役军人死于 1993 年 1 月 1 日之后的，其受养人赔偿金的支付标准在基本赔偿金的基础上，对每一个需要照顾和帮助的受养人都有另外的附加补偿；另一类是退役军人死于 1993 年 1 月 1 日之前的，其受养人赔偿金的支付标准根据已故退役军人的工资等级不同而不同，根据其受养人情况也会有一定的额外附加（见表 7-5、表 7-6）。

表 7-5　　　　1993 年 1 月 1 日之后死亡的退役军人的受养人赔偿金标准（2022 年）　　　　单位：美元

津贴	月付标准
基本赔偿金	1 437.66
附加补偿：	
100%伤残程度或婚龄 8 年以上的失业配偶	305.28
每个 18 岁以下需要抚养的子女	336.32
需要照护的配偶	356.16
需要居家照护的配偶	166.85
配偶如有一个或多个 18 岁以下需要抚养的子女	356.16

资料来源：美国退役军人事务部。

表 7-6　　　　1993 年 1 月 1 日之前死亡的退役军人的受养人
赔偿金标准（2022 年）　　　　　　　　　　单位：美元

军衔	月付标准	军衔	月付标准	军衔	月付标准
E-1	1 340.14	W-1	1 415.16	O-1	1 415.16
E-2	1 340.14	W-2	1 471.40	O-2	1 463.69
E-3	1 340.14	W-3	1 514.42	O-3	1 564.05
E-4	1 340.14	W-4	1 602.66	O-4	1 657.80
E-5	1 340.14	—	—	O-5	1 824.36
E-6	1 340.14	—	—	O-6	2 057.11
E-7	1 386.47	—	—	O-7	2 220.33
E-8	1 463.69	—	—	O-8	2 438.74
E-9	1 647.89	—	—	O-9	2 608.59
—	—	—	—	O-10	2 861.17

资料来源：美国退役军人事务部。

3. 遗属养恤金

遗属养恤金主要是向战时服过兵役的已故退役军人的低收入、未再婚配偶和未婚子女提供的免税津贴。已故退役军人在 1980 年 9 月 7 日之前（含当日）服役的必须至少服役 90 天，如果之后服役的必须至少服役 24 个月或完成整个服役期，且均需要至少有 1 天的战争经历。对于在服役期间非因公死亡的，如果其至少有两年以上的光荣服役经历，也可发放遗属养恤金。符合资格的子女必须是 18 岁以下或 23 岁以下在退役军人事务部认可的学校读书的，或在 18 岁之前因残疾永久不能自理。遗属养恤金同资产和收入相关，受益人的净资产必须低于国会设定的净资产限额（2022 年为 138 489 美元），其金额为可计算收入与最高年支付标准之间的差额。2022 年的遗属养恤金标准见表 7-7。

表 7-7　　2022 年退役军人遗属养恤金标准　　单位：美元

受益人类型	最高年支付标准	
	无子女	有一个 18 岁以下需抚养子女
配偶	9 896	12 951
需要居家照护的配偶	12 094	15 144
需要照护的配偶	15 816	18 867
需要照护且是美西战争（SAW）中服役的退役军人配偶	16 456	19 438
每个子女	2 523	

资料来源：美国退役军人事务部。

（三）退役金和养老金

退役金主要面向退役的士兵和初级、中级士官，不包括高级士官和中高层军官。在其退役时，国防部负责一次性发放服役年薪的 10%×军龄的退役金，最高不超过 3 万美元。

养老金是面向满足一定服役要求且达到领取标准的低收入退役军人的免税津贴。其服役要求同遗属养恤金一致，即在 1980 年 9 月 7 日之前（含当日）服役的必须至少服役 90 天，如果之后服役的必须至少服役 24 个月或完成整个服役期，且均需要至少有 1 天的战争经历。除此之外，个人净资产不超过 138 489 美元（2022 年）的退役军人还需要满足以下条件之一：65 岁以上、因公造成永久性伤残、在疗养院接受专业护理、享受伤残保险（DI）或补充性保障收入（SSI）。养老金终身发放，退役军人的养老金计算方式根据入伍时间以及服役年限的长短不同而不同，但都根据物价指数进行生活成本调整（见表 7-8、表 7-9）。

表7-8　　退役军人养老金类型

退休计划类型	计算方式	生活成本调整	适用范围
最终工资（Final Pay）	退役前最后一个月的工资基数×服役年数×2.5%	根据每年消费者物价指数制定	1980年9月7日之前服役
最高36个月工资（High-36）	退役前工资最高的36个月的平均工资×服役年数×2.5%	根据每年消费者物价指数制定	1980年9月8日至1986年8月1日之间服役或1986年8月1日之后服役但未选择REDUX
CSB/REDUX退休计划	职业地位奖金（CSB）+固定福利金 CSB：服役20年后退休后的第15年一次性领取3万美元 固定福利金：服役20年及以下部分为平均最高月工资×服役年数×2%，超出20年的部分为平均最高月工资×超额服役年数×3.5%	比每年消费者物价指数低1%	1986年8月1日之后、2018年1月1日之前开始服役的现役成员，可选择退休计划；选择职业地位奖金的资格已于2017年12月31日结束
混合型退休计划（BRS）	由DB计划和DC计划组成 DB计划：平均最高月工资×服役年数×2% DC计划（节俭储蓄计划，TSP）：服役60天后政府为其缴纳1%的基本工资存入纳税优惠退休账户，在服役两年后到第26年，再额外对个人缴费提供最高不超过4%的政府配额	根据每年消费者物价指数制定	2018年1月1日及之后服役的自动加入，或2018年1月1日之前开始服役但少于12年也可以选择加入
伤残	基础工资×乘数 基础工资：根据服役时间确定使用最终工资、High-36或BRS 乘数：根据伤残程度或服务年限×2.5%（或2%），最高不超过75%	根据每年消费者物价指数制定	伤残程度达30%及以上的退伍军人

资料来源：美国国防部（DOD）。

表7-9　　2012—2022年退役军人生活成本调整

年份	年度生活成本调整
2012	3.6%
2013	1.7%

续表

年份	年度生活成本调整
2014	1.5%
2015	1.7%
2016	0.0%
2017	0.3%
2018	2.0%
2019	2.8%
2020	1.6%
2021	1.3%
2022	5.9%

资料来源：美国社会保障署。

（四）其他补助金

1. 住房补助

退役军人事务部向某些有服役相关伤残的退役军人提供住房补助金，以帮助其购买或建造特别改装的新居，或者对已经拥有的房屋进行适残化改造。根据退役军人伤残情况、住宿情况可划分为两类：特别改装住房（SAH）补助金和特别房屋改装（SHA）补助金。2021年，前者可以支付不超过50%的住房成本，最高可达近10万美元；后者可以提供最高15 462美元的改装费用。此外，退役军人临时住所（TRA）改装两项最高分别为40 637美元和7 257美元。

2. 机动车补助

如果退役军人因服役导致一只手或一条腿、双手或双腿截肢或永久丧失功能、双眼视力在一定程度上永久受损，可以获得一次性支付不超过31 795.57美元（2020年10月1日后）的用于购买机动车或其他交通工具的专项补贴。

3. 服装补贴

主要针对因服役导致残疾需要使用假体装置或矫形器械的退役军人，以及为治疗其所患的皮肤病需要的处方药物治疗造成衣物不可恢复性破坏的退役军人。

三、退役军人的教育培训

美国退役军人事务部为退役军人及其家属接受学位教育、技能培训以及职业咨询等提供经济和服务支持，具体包括《9·11后退役军人权利法案》，《蒙哥马利退役军人权利法案》，退役军人教育资助计划（Veterans' Education Assistance Program，VEAP），国家征召服务计划（National Call to Service Program，NCS）等。

（一）《9·11后退役军人权利法案》

《9·11后退役军人权利法案》是专门为在2001年9月11日以后退役或者正在服役的军人制定的一项新的教育福利计划。退役军人要享受这项教育福利计划必须得在2001年9月10日以后在部队至少连续服现役90天以上，并且必须是荣誉退役的。如果是因服役导致残疾而荣誉退役的军人，其参加资格可以放宽至在2001年9月10日以后在部队至少连续服现役30天以上。在达到一定要求后该项福利还可以转让给配偶和子女。

《9·11后退役军人权利法案》为退役军人提供的教育福利主要有：就读公立学校免去全部学杂费以及就读私立或国外学校时享受一定的学杂费补助（2022年最高为26 381.37美元）；同应支付给有受抚养人的E-5级中士的基本住房补贴等额的每月住房津贴；每年不超过100美元的书费和生活补贴；向从农村地区迁来的部分人员一次性支付500美元补贴。《9·11后退役军人权利法案》批准的培训包括研究生和本科学位、职业/技术培训、在职培训、飞行培训、函授培训、许可证和国家考试计划以及辅导。在2001年9月10日之后服现役的退役军人，其学杂费补助金额根据服役年限不同而不同（见表7-10）。

表7-10　　　　　　　　服役时间及相应教育福利

2001年9月10日之后服役时间要求	教育福利的比例
36个月及以上	100%
至少连续服役30天以上且因服役相关伤残退役	100%
30~36个月	90%
24~30个月	80%
18~24个月	70%
12~18个月	60%
6~12个月	50%
90天~6个月	40%

资料来源：美国退役军人事务部。
注：24个月以下时间不包括基础军事训练及技能训练的时间。

（二）《蒙哥马利退役军人权利法案》

美国在1985年7月1日正式实施的《蒙哥马利退役军人权利法案》面向荣誉退役的军人和现役军人提供最高长达36个月的教育补贴。除因服役导致残疾的退役军人，该项教育补贴限定有效期为自退伍之日起10年。其享受资格除荣誉退役外，还必须满足一定服役年限要求并拥有高中文凭或者同等学历证书（或者在申请福利之前已完成12个小时的大学学位课程）。

《蒙哥马利退役军人权利法案》提供教育补贴的类型包括：大学提供的与学士学位或者硕士学位有关的课程，或者通过远程教育提供的公认的自学课程；获取商业、技术或者职业学校的结业证书或者毕业证书的课程；非现役人员的学徒或在职培训（OJT）课程，包括2004年6月16日之后开始的自我雇佣培训课程；在一定条件下开办的函授课程；如果退役军人拥有私人飞行证且在培训开始前符合健康要求，则提供飞行培训；国家批准的教师认证课程；为了获得大学或者研究生教育所必需的预科班课程；退役军人事务部批准的执照或者证书考试；为了创办或者扩大小型商业公司的企业家培训课程。其教育补贴标准根据服役时间的长短和培训类型的不同而有所区别，具体金额每年10月1日进行调整（见表7-11）。

表7-11 《蒙哥马利退役军人权利法案》教育补贴（2022年） 单位：美元

类型	计算方式	服役三年及以上	服役少于三年
机构培训	根据培训时间每月支付，但低于一半培训时长的补助仅限学杂费	全日制：2 150 3/4天：1 612.5 1/2天：1 075 1/4~1/2天：1 075 小于1/4天：537.5	全日制：1 744 3/4天：1 308 1/2天：872 1/4~1/2天：872 小于1/4天：436
学徒或在职培训课程	根据培训时间每月支付，但在半年和一年时金额有所减少	前半年：1 612.5 后半年：1 182.5 一年后：752.5	前半年：1 308 后半年：959.2 一年后：610.4
函授课程和飞行培训	每月支付	2 150	1 744

资料来源：美国退役军人事务部。

（三）退役军人教育资助计划

退役军人教育资助计划主要面向在1971年1月1日至1985年6月30日首次入伍的退役军人，是一项个人缴费、政府配资的教育资助计划。个人每月缴费最少为25美元，最高为2 700美元，可以一次性付清也可以分期付清，但必须在1987年4月1日之前缴纳。政府配资方式是"个人缴纳1美元政府配资2美元"，其最高上限为每月5 400美元。这项计划提供教育资助的培训种类与《蒙哥马利

退役军人权利法案》类似，其有效期也是自退役当日起10年，最长提供不超过36个月的福利。

（四）国家征召服务计划

国家征召服务计划适用于首次服役且高中毕业并在军队职业能力测试（ASVAB）中获得50分以上的退役军人。退役军人必须首先完成包括基础战斗训练和高级个人训练在内的初始入伍培训及此后15个月的服役，并继续服役或转为预备役2年。此后，退役军人可以选择继续服役或参加选定预备役（Selected Reserve，SR），或个人预备役（Individual Ready Reserve，IRR），或国家服务计划履行八年服役义务的剩余时间。参加国家征召服务计划的退役军人可以在以下福利中任选其一：5 000美元现金奖励；一定条件下不超过18 000美元的学生贷款补偿；最高长达12个月的教育补贴（金额等同于《蒙哥马利退役军人权利法案》服役三年以上标准）；最高长达36个月的教育补贴（金额等同于《蒙哥马利退役军人权利法案》服役三年以下标准的一半）。

（五）其他教育福利

1. 遗属和家属教育援助计划

遗属和家属教育援助计划（DEA）为符合条件的退役军人或现役军人的配偶、子女提供最高长达36个月（2018年8月1日前最高为45个月）的教育和培训机会。退役军人必须满足以下条件之一：因服役导致临时性伤残、直接死亡、永久完全残疾或在此类伤残存在期间死亡；被列入当前战斗失踪（MIA）名单超过90天，在执行任务时被敌军俘获，被外国政府或势力拘禁；因服役导致永久和完全伤残需退役接受住院或接受门诊治疗。符合条件的退役军人的配偶可在退役军人死亡10年内获得该项福利，如果是永久完全残疾，则可在退役三年后获得该项福利，有效期为20年；退役军人的子女可在18~26岁获得该项福利。如果退役军人配偶同退役军人离婚、在57岁之前再婚或与他人共同生活并且被公认为其配偶，则将丧失资格，但其子女不会因此失去资格。

遗属和家属教育援助计划提供教育补贴的类型包括：在高等院校攻读副学士、学士或研究生学位，或者通过远程教育提供公认的自学课程；合作培训；出国留学；攻读商业、技术或职业学校的证书或文凭；学徒或在职培训课程；农场合作社培训；进入高等院校或研究生院所需或使用的考试预备课程（见表7-12）。在某些条件下，函授课程的福利仅适用于配偶。没有高中学历的可以继续接受中等教育，因中期或后期入学而在某一科目上有欠缺的可以获得相应辅导。此外，因身体或精神残疾而影响其受教育能力的14岁以上家属可接受专业的职业或恢复性训练，包括言语和语音矫正、语言再培训、唇读、听觉训练、盲文阅读和写作以及类似课程。

表7-12　　遗属和家属教育援助计划教育补贴（2022年）　　单位：美元

类型	计算方式	金额
机构培训	根据培训时间每月支付，但低于一半培训时长的补助仅限学杂费	全日制：1 401 3/4天：1 107 1/2天：812 1/4~1/2天：812 小于1/4天：350.25
合作培训	不包括农场合作社培训，仅限全日制，每月支付	1 401
学徒或在职培训课程	根据培训时间每月支付，但在半年、一年和一年半时金额有所减少	前半年：890 后半年：669 一年后：439 一年半后：223

续表

类型	计算方式	金额
农场合作社培训	根据培训时间每月支付	全日制：980 3/4 天：737 1/2 天：489
函授课程	根据课程费用每季度支付	55％课程费用
恢复性训练	根据培训时间每月支付	全日制：1 401 超过最高月数后：369

资料来源：美国退役军人事务部。

2. 弗莱奖学金

弗莱奖学金（Fry Scholarship）旨在为 2001 年 9 月 11 日之后因公殉职的服役军人的配偶和子女提供《9·11 后退役军人权利法案》规定的福利，包括最高长达 36 个月的公立学校全额学杂费免除和就读私立或国外学校时享受一定的学杂费补助（2022 年最高为 26 381.37 美元），以及每月住房补贴、书费和生活补贴。自退役军人死亡之日起 15 年内，配偶有资格申请弗莱奖学金，如果再婚则不符合资格，但其子女在年满 18 岁或高中毕业后无论已婚与否均符合资格，直到 33 岁时结束。

3. 退伍军人快速再培训援助计划

退伍军人快速再培训援助计划（VRRAP）是为因新冠肺炎疫情造成失业的退役军人提供的教育和培训机会。年龄在 22～66 岁，未参加联邦或州就业计划且未同时领取失业保险金的退役军人可申请获得最高不超过 12 个月的学杂费补贴和每月住房补贴。该计划提供资助的教育培训类型包括由劳工部确定的副学士学位、非大学学位或获得高需求职业证书的培训。该计划为临时性教育培训计划，其申请已于 2022 年 12 月 11 日截止，若在此之前达到 3.86 亿美元的资金限额或 17 250 名的申请限额则提前截止。

4. 技术教育课程计划

技术教育课程计划（VET TEC）于2019年4月实施，旨在通过信息技术、计算机软件、计算机编程、媒体应用和数据处理等IT技能培训促进退役军人在互联网等领域就业。技术教育课程计划不同于四年制的大学课程，其培训时间只需几个月甚至几周，培训方式包括线上和线下两种。同时，VET TEC要求退役军人符合享有《9·11后退役军人权利法案》相关权利的资格，二者可同时申请并不冲突，但弗莱奖学金获得者和《9·11后退役军人权利法案》相关权利转移的接受者没有资格申请。VET TEC将支付课程和培训的全部费用并在培训期间为退役军人提供每月的住房补助。线下培训的住房补助金额等同于有家属的E-5级中士每月基本住房津贴，在线培训的住房补助金额等同于有家属的E-5级中士每月基本住房津贴全国平均水平的一半。VET TEC年度预算为4 500万美元，年内达到预算上限即截止申请，多次申请参加VET TEC需间隔18个月。

5. 黄丝带计划

黄丝带计划（the yellow ribbon GI bill）允许美国的高等教育机构（如高校和其他学位授予学校）自愿与退役军人事务部达成协议，支付超出《9·11后退役军人权利法案》应付金额的学杂费。这些费用由机构与退役军人事务部共同承担，退役军人事务部的份额不超过差额的50%。申请资格必须是领取100%福利金的退役军人、有资格享受权利转移的配偶或受抚养子女。补助金额根据攻读学位和学校类型而有所不同。

6. 罗杰斯科学、技术、工程和数学奖学金（Rogers STEM Scholarship）

罗杰斯科学、技术、工程和数学奖学金（Rogers STEM Scholarship）旨在为攻读 STEM 本科学位或已获得 STEM 学位并参加临床培训计划、教学认证计划的退役军人及其家属延长最多 9 个月的《9·11 后退役军人权利法案》或弗莱奖学金的福利（或提供最高 3 万美元）。该项目不可转让，不可同黄丝带计划同时享受，但可以参加勤工俭学计划。

7. 勤工俭学计划

勤工俭学计划（veterans work-study program）是指退役军人在就读期间参与退役军人事务部相关工作，可以按小时数赚取劳动报酬。勤工俭学计划下的退伍军人必须在退役军人事务部雇员的监督管理下，帮助起草和处理退役军人事务部有关学校和其他培训机构的文件，或在退役军人事务部所属的医疗机构帮忙照顾病人，或在联邦（州）退役军人公墓管理局工作等。其小时工资同联邦最低工资或所在州最低工资二者中较高者相同，每完成 50 小时或每隔一周结算。

8. 600 美元买入计划

600 美元买入计划（$600 buy-up program）允许符合《蒙哥马利退役军人权利法案》要求的退役军人在服役期间额外缴纳 20～600 美元来增加退役后每月的福利津贴，额外补助总额最高不超过 5 400 美元（见表 7-13）。

表 7-13 　　　　　600 美元买入计划 　　　　　单位：美元

缴费金额	每月额外补助金额				
	全日制	3/4 天	1/2 天	1/4～1/2 天	小于 1/4 天
21	5.00	3.75	2.50	2.50	1.25
39	10.00	7.50	5.00	5.00	2.50
61	15.00	11.25	7.50	7.50	3.75

续表

缴费金额	每月额外补助金额				
	全日制	3/4 天	1/2 天	1/4~1/2 天	小于 1/4 天
79	20.00	15.00	10.00	10.00	5.00
100	25.00	18.75	12.50	12.50	6.25
121	30.00	22.50	15.00	15.00	7.50
141	35.00	26.25	17.50	17.50	8.75
159	40.00	30.00	20.00	20.00	10.00
181	45.00	33.75	22.50	22.50	11.25
200	50.00	37.50	25.00	25.00	12.50
221	55.00	41.25	27.50	27.50	13.75
240	60.00	45.00	30.00	30.00	15.00
260	65.00	48.75	32.50	32.50	16.25
280	70.00	52.50	35.00	35.00	17.50
300	75.00	56.25	37.50	37.50	18.75
320	80.00	60.00	40.00	40.00	20.00
340	85.00	63.75	42.50	42.50	21.25
360	90.00	67.50	45.00	45.00	22.50
380	95.00	71.25	47.50	47.50	23.75
400	100.00	75.00	50.00	50.00	25.00
420	105.00	78.75	52.50	52.50	26.25
440	110.00	82.50	55.00	55.00	27.50
460	115.00	86.25	57.50	57.50	28.75
480	120.00	90.00	60.00	60.00	30.00
500	125.00	93.75	62.50	62.50	31.25
520	130.00	97.50	65.00	65.00	32.50
540	135.00	101.25	67.50	67.50	33.75
560	140.00	105.00	70.00	70.00	35.00
580	145.00	108.75	72.50	72.50	36.25
600	150.00	112.50	75.00	75.00	37.50

资料来源：美国退役军人事务部。

注：学徒或在职培训的额外补助标准低于表 7-13 所示，前半年支付所示金额的 75%，后半年支付 55%。

四、退役军人的就业扶持

除了通过教育培训为退役军人提供适应社会需求的学习机会来增强退役军人的就业能力，美国政府还出台了直接扶持和帮助退役军人就业的政策，向退役军人提供就业培训、咨询服务、岗前培训、失业救济等福利。2022年8月，退役军人失业率为2.4%，较7月环比降低0.3%，较去年同比降低1.2%。

（一）退役军人准备与就业计划

退役军人事务部负责的退役军人准备与就业计划（Veteran Readiness and Employment，VR&E）前身为职业康复与就业计划，面向有服役相关伤残的退役军人提供职业康复训练以及就业帮助。这项计划要求必须是有服役相关的伤残且伤残程度达到20%以上，同时有就业障碍的退役军人；或者有服役相关的伤残且伤残程度达到10%以上，同时有严重就业障碍的退役军人。退役军人事务部职业康复顾问对退役军人的兴趣、技能以及是否有就业障碍进行综合评估。如果退役军人的服役相关伤残损害了其准备、获得和维持适当工作的能力，则可认定存在就业障碍。在评估结果确定后，由退役军人和职业康复顾问共同制定个性化的职业康复计划，向退役军人提供必要的康复服务。

退役军人准备与就业计划通过5类方式为退役军人提供职业康复和就业服务，着重强调在康复计划过程中尽早探索就业选择，具体包括：再就业、快速就业通道、自主创业、通过长期服务就业或独立生活服务（见表7-14）。退役军人需从退役之日或者是首次收到退役军人事务部获准伤残补偿通知之日起12年内申请最多可达48个月的VR&E的服务，但为改善日常独立生活提供的服务时限为30个月。

2021年4月，退役军人事务部修改了VR&E和《9·11后退役军人权利法案》不可同时享受的规定。VR&E还与联邦、州和私人机构建立合作伙伴关系，通过在职培训（OJT）、无薪工作经验（NPWE）、特殊雇主激励（SEI）、校园老兵成功计划（VetSuccess on Campus，VSOC）等途径帮助退役军人参与社会工作。伤残退役军人因就业需要参与教育和培训项目时，退役军人事务部会根据培训类型、培训时间及受养人数提供数额不等的每月培训津贴（见表7-15）。

表7-14　　　　　　　　　职业康复和就业计划类型

计划类型	计划内容	适用情况
再就业	与用人单位协商、工作安排、工作变更；协调和转移服务，如退役军人事务部保健、再就业权利咨询和工作调整服务	在服役前有工作的退役军人在退役后可重新回到原工作岗位
快速就业通道	就业准备、简历完善、求职帮助、人力资源开发、工作住宿以及就业后跟踪	退役后希望尽快再就业或者拥有必要就业技能的退役军人
自主创业	分析商业理念、制定商业计划、培训小型企业的运营、市场营销和财务援助、帮助获得足够的资源来实施商业计划	因残疾导致就业障碍，难以适应传统就业，需要工作时间灵活或对工作环境有较多要求的退役军人
通过长期服务就业	培训和教育，包括在职培训、学徒制、实习、工作见习、工作监督、勤工俭学、公私合作工作	需要特殊培训和教育以获得工作的退役军人
独立生活服务	辅助技术、独立生活技能培训、社区支持服务	对因伤残影响日常生活造成严重就业障碍的退役军人

资料来源：美国退役军人事务部。

表7-15　　　　　2023年职业康复和就业计划补贴金额　　　　　单位：美元

计划类型	时间	无受养人	一名受养人	两名受养人	每名额外受养人
机构培训；在联邦、州、地方或印第安部落的机构中有无薪或名义报酬的工作经历；提高康复潜力期间	全职	723.56	897.51	1 057.65	77.07
	3/4天	543.68	674.11	790.75	59.30
	1/2天	363.77	450.71	529.79	39.55
	1/4天	181.86	225.39	264.90	19.73

续表

计划类型	时间	无受养人	一名受养人	两名受养人	每名额外受养人
在联邦、州、地方或印第安部落的机构内接受无薪或名义报酬的在职培训；居家培训；康复机构的职业课程；参加独立讲师课程	仅限全职	723.56	897.51	1 057.65	77.07
农村合作社、学徒制或其他在职培训	仅限全职	632.61	765.04	881.69	57.33
机构培训和在职培训相结合；非农业合作社机构培训和非农业合作社在职培训（机构培训占一半以上）	仅限全职	723.56	897.51	1 057.65	77.07
机构培训和在职培训相结合；非农业合作社机构培训和非农业合作社在职培训（在职培训占一半以上）	仅限全职	632.61	765.04	881.69	57.33

资料来源：美国退役军人事务部。

注：(1) 自 2021 年 10 月 1 日起生效，基于 CPI 上调 2.57%；(2) 在职培训的培训工资加生活津贴不得超过熟练工工资；(3) 每月最高津贴不得超过 2 838.19 美元，即全职退役军人最多可有 28 个受养人（配偶、父母、子女，其中，子女数量最多不超过 25 个）。

（二）工作和创业资源

劳工部、退役军人事务部等多个部门均为退役军人提供了寻找工作和培训的渠道。劳工部退役军人就业和培训服务局（VETS）向所有联邦政府就业保障机构的受益人提供技术帮助，并保证退役军人依法得到优先服务。该局主要职责是通过退役军人国家基金项目下属的伤残退役军人延伸项目专家、本地退役军人就业代表两个项目，加强退役军人与雇主和当地政府机构的联系，并通过退役军人和军事过渡中心等为退役军人特别是身体残疾、生活贫困、教育程度低的退役军人提供就业咨询，进行军人职业技能培训和就业发展机会培训（如讲授制作简历、自我推荐、面试技巧等），并鼓励企业优先雇用伤残退役军人。

退役军人事务部不仅利用过渡援助计划协助退役军人从军事生活过渡到平民生活,而且通过个性化职业规划和指导以及针对退役军人创建的小微企业来促进退役军人就业。

（三）联邦政府优先雇用

联邦人事管理局（OPM）负责招聘、管理、选拔联邦政府公务人员,并协助联邦雇员了解其在公共部门的薪酬水平和晋升机会。联邦人事管理局负责根据《美国法典》第5卷管理退役军人优先就业权,具体包括制定加分政策等提高退役军人的联邦就业机会、制定和执行政府对退役军人就业的战略计划、为退役军人就业委员会（VEC）提供业务支持、支持退役军人的相关纪念活动（如退役军人节、阵亡将士纪念日等）。在联邦人事管理局的协助下,联邦政府行政部门各机构均制定了促进退役军人和伤残军人就业和安置的计划。截至2020年9月底,联邦政府雇员中有近30%是退役军人（见表7-16）,其中国防部和退役军人事务部雇用的退役军人最多,分别为33.4万人和12.6万人。

表7-16　　　2016—2020年联邦政府雇用退役军人情况

类别	2016年	2017年	2018年	2019年	2020年
总雇员（人）	2 042 669	2 034 269	2 047 514	2 081 192	2 132 776
退役军人雇员（人）	635 556	633 386	634 217	638 651	644 111
退役军人在雇员中占比（%）	31	31	31	31	30
伤残退役军人雇员（人）	259 238	273 428	293 198	311 658	329 180
伤残退役军人在雇员中占比（%）	13	13	14	15	15
伤残退役军人在退役军人雇员中占比（%）	41	43	46	49	51

资料来源：美国联邦人事管理局。

五、退役军人的人寿保险

退役军人事务部负责监督的人寿保险主要包括针对现役军人及其家属的团体人寿保险（Servicemembers' Group Life Insurance，SGLI），家庭团体人寿保险（Family Servicemembers' Group Life Insurance，FSGLI），团体人寿保险创伤保护（Servicemembers' Group Life Insurance Traumatic Injury Protection，TSGLI）和针对退役军人的团体人寿保险（Veterans' Group Life Insurance，VGLI），伤残退役军人人寿保险（Service-Disabled Veterans' Insurance，S-DVI），退役军人抵押人寿保险（Veterans' Mortgage Life Insurance，VMLI）以及于2023年1月实施的退役军人事务人寿保险（Veterans Affairs Life Insurance，VALife）。此外，退役军人事务部还直接管理四项早期针对第一次和第二次世界大战及朝鲜战争期间退役军人实施的人寿保险：美国政府人寿保险（United States Government Life Insurance，USGLI），国民服役人寿保险（National Service Life Insurance，NSLI），退役军人特别人寿保险（Veterans' Special Life Insurance，CSLI）和退役军人重新开放保险（Veterans' Reopened Insurance，VRI）。截至2022年6月底，退役军人事务部负责管理的人寿保单数量约为565万份，保单金额超1.2万亿美元。

（一）退役军人团体人寿保险（VGLI）

退役军人可以在退役后485天内申请将服役期间参加的现役团体人寿保险（SGLI）转换为终身续保的退役军人团体人寿保险。2012年11月1日及之后退役的军人，如果在退役后的240天内申请便无需提交健康证明，而在240天后申请必须通过健康证明验证以满足承保要求。VGLI参保人还可以将其转换成标准费率的商业个人人寿保险。VGLI 的月保险费率仅同年龄和保险金额相关，同退役军人的性别、健康状况等无关（见表 7-17）。自 2011 年 4 月 11 日起，不满 60 岁并且保险金额低于 40 万美元的 VGLI 参保人可以在其保险每满 5 年之日起购买最多 2.5 万美元的额外保险，最高不超过 40 万美元的总保险金额。当参保人病危时，VGLI 预先支付最高 50% 的保险金额。

表 7-17　　2022 年退役军人团体人寿保险月保险费　　单位：美元

年龄	保险金额					
	40 万	30 万	20 万	10 万	5 万	1 万
30 岁以下	28	21	14	7	3.5	0.7
30~34 岁	36	27	18	9	4.5	0.9
35~39 岁	48	36	24	12	6	1.2
40~44 岁	64	48	32	16	8	1.6
45~49 岁	84	63	42	21	10.5	2.1
50~54 岁	132	99	66	33	16.5	3.3
55~59 岁	240	180	120	60	30	6
60~64 岁	396	297	198	99	49.5	9.9
65~69 岁	588	441	294	147	73.5	14.7
70~74 岁	904	678	452	226	113	22.6
75~79 岁	1 712	1 284	856	428	214	42.8
80 岁及以上	1 800	1 350	900	450	225	45

资料来源：美国退役军人事务部。

（二）伤残退役军人人寿保险（S-DVI）

1951 年 4 月 25 日及之后退役的有服役相关伤残的退役军人，可向退役军人事务部申请 1 000~10 000 美元不等的 S-DVI。连续 6 个月及以上完全残疾且无法工作的 65 岁以下退役军人不仅可以免缴保险费，而且可以额外申请 1 000~30 000 美元不等的补充 S-DVI，但这份额外保险的保险费不能免缴。S-DVI 的保险费取决于参保人的年龄、保险金额以及参保类型，具体包括五年期连续续保、20 年期缴费、30 年期缴费、终身缴费等方式。

（三）退役军人抵押人寿保险（VMLI）

退役军人抵押人寿保险针对有资格获得特别改装住房（SAH）补助金的低于 70 岁的严重伤残退役军人，用于保护退役军人抵押的房产。VMLI 将在退役军人身故后直接支付给抵押贷款银行用于偿还最高不超过 20 万美元的抵押贷款。VMLI 的承保金额定期递减，当抵押贷款还清时，保险自动终止。如果退役军人通过出售房产处置抵押贷款，用另一所房子做抵押也可以获得 VMLI，但这所房屋必须是退役军人的主要住所。VMLI 保险费同退役军人的年龄、抵押贷款未偿余额、抵押的剩余期限以及保险金额相关。

（四）退役军人事务人寿保险（VALife）

2022 年 12 月底 S-DVI 将不再接受新的参保申请，转由退役军人事务人寿保险为服役造成伤残的退役军人提供 10 万～40 万美元的终身保障。80 岁以下被认定为残疾或 80 岁之前申请认定但 81 岁才获得残疾认定的退役军人可以申请 VALife，其中，前者无申请有效期时限，后者则需要在通过认定后两年有效期内申请。VALife 有两年生效等待期，在等待期内参保人身故仅可以获得已缴纳的保险费和利息，两年后身故则可获得保险金的赔付。与 S-DVI 不同的是，VALife 需定期缴纳定额保险费，其保险费多少取决于参保人年龄及保险金额（见表 7-18），且并不会因残疾情况豁免保险费。

表 7-18　　　　　　　退役军人事务人寿保险月保险费　　　　　　　单位：美元

年龄	保险金额				年龄	保险金额			
	10万	20万	30万	40万		10万	20万	30万	40万
18	11.00	22.00	33.00	44.00	46	28.10	56.20	84.30	112.40
19	11.30	22.60	33.90	45.20	47	29.30	58.60	87.90	117.20
20	11.60	23.20	34.80	46.40	48	30.40	60.80	91.20	121.60
21	11.90	23.80	35.70	47.60	49	31.70	63.40	95.10	126.80
22	12.30	24.60	36.90	49.20	50	33.00	66.00	99.00	132.00
23	12.60	25.20	37.80	50.40	51	34.40	68.80	103.20	137.60
24	13.00	26.00	39.00	50.40	52	35.80	71.60	107.40	143.20
25	13.40	26.80	40.20	53.60	53	37.30	74.60	111.90	149.20
26	13.80	27.60	41.40	55.20	54	39.00	78.00	117.00	156.00
27	14.20	28.40	42.60	56.80	55	40.60	81.20	121.80	162.40
28	14.60	29.20	43.80	58.40	56	42.40	84.80	127.20	169.60
29	15.10	30.20	45.30	60.40	57	44.20	88.40	132.60	176.80
30	15.60	31.20	46.80	62.40	58	46.10	92.20	138.30	184.40
31	16.10	32.20	48.30	64.40	59	48.00	96.00	144.00	192.00
32	16.70	33.40	50.10	66.80	60	50.10	100.20	150.30	200.40
33	17.30	34.60	51.90	69.20	61	52.30	104.60	156.90	209.20
34	17.90	35.80	53.70	71.60	62	54.60	109.20	163.80	218.40
35	18.60	37.20	55.80	74.40	63	56.90	113.80	170.70	227.60
36	19.20	38.40	57.60	76.80	64	59.40	118.80	178.20	237.60
37	19.90	39.80	59.70	79.60	65	62.00	124.00	186.00	248.00
38	20.70	41.40	62.10	82.80	66	64.80	129.60	194.40	259.20
39	21.50	43.00	64.50	86.00	67	67.80	135.60	203.40	271.20
40	22.30	44.60	66.90	89.20	68	70.90	141.80	212.70	283.60
41	23.20	46.40	69.60	92.80	69	74.40	148.80	223.20	297.60
42	24.10	48.20	72.30	96.40	70	78.00	156.00	234.00	312.00
43	25.00	50.00	75.00	100.00	71	81.80	163.60	245.40	327.20
44	26.00	52.00	78.00	104.00	72	85.80	171.60	257.40	343.20
45	27.00	54.00	81.00	108.00	73	90.10	180.20	270.30	360.40

续表

年龄	保险金额				年龄	保险金额			
	10万	20万	30万	40万		10万	20万	30万	40万
74	94.70	189.40	284.10	378.80	85	162.60	325.20	487.80	650.40
75	99.50	199.00	298.50	398.00	86	171.10	342.20	513.30	684.40
76	104.60	209.20	313.80	418.40	87	180.40	360.80	541.20	721.60
77	109.90	219.80	329.70	439.60	88	190.90	381.80	572.70	763.60
78	115.60	231.20	346.80	462.40	89	202.90	405.80	608.70	811.60
79	121.40	242.80	364.20	485.60	90	217.00	434.00	651.00	868.00
80	127.50	255.00	382.50	510.00	91	234.30	468.60	702.90	937.20
81	133.80	267.60	401.40	535.20	92	256.40	512.80	769.20	1 025.60
82	140.40	280.80	421.20	561.60	93	287.40	574.80	862.20	1 149.60
83	147.40	294.80	442.20	589.60	94	337.00	674.00	1 011.00	1 348.00
84	154.70	309.40	464.10	618.80	95	442.00	884.00	1 326.00	1 768.00

资料来源：美国退役军人事务部。

六、退役军人的住房福利

住房福利主要包括住房贷款担保（home loan guaranty）和适应性住房补助和印第安退役军人直接贷款计划（Native American Direct Loan，NADL），以及针对流浪退役军人的住房政策等。适应性住房补助即前文所述三种针对伤残退役军人的货币补助，包括特别改装住房（SAH）、特别房屋改装（SHA）和临时住所改装（TRA）。NADL计划直接由退役军人事务部为印第安人提供住房贷款用于购买、建造、改善住房或进行再融资。

住房贷款担保是退役军人事务部向现役军人、预备役军人、退役军人以及退役军人未再婚的配偶提供用于购买或者建造住房、公寓或活动板房的贷款担保。如果借款人未能偿还贷款，退役军人事务部贷款担保有助于保护私营部门贷款人免受损失。住房贷款担保仅能用于下列情况：购买或建造房屋，购买住宅公寓或共同居住的公寓，修复、改造或改善退役军人拥有和使用的住宅，偿还现有住房贷款，购买活动板房，安装太阳能制热或者制冷系统或者其他适应气候的改善设施。此外，退役军人事务部还为部分退役军人提供降息再融资贷款，帮助退役军人降低其贷款利率和贷款总额。2019年，退役军人事务部为 624 544 笔住房贷款提供了担保，较上年同比增长 2%。

除了满足最低服役时间和服役期限要求（见表 7-19），申请住房贷款担保的退役军人还必须满足信用和收入标准、拥有有效的资格证明（COE）且在所购买的房产中居住。因服役或与服役有关而导致死亡的退役军人的未再婚配偶或年满 57 岁后或 2003 年 12 月 16 日后再婚的配偶也可以享受住房贷款担保。

表 7-19　退役军人住房贷款担保的服役时间和服役期限要求

服役时间	服役期限要求
1940 年 9 月 16 日至 1947 年 7 月 25 日：第二次世界大战期间	服役 90 天以上
1947 年 7 月 26 日至 1950 年 6 月 26 日：第二次世界大战后	连续服役 181 天以上
1950 年 6 月 27 日至 1955 年 1 月 31 日：朝鲜战争期间	服役 90 天以上
1955 年 2 月 1 日至 1964 年 8 月 4 日：朝鲜战争后	连续服役 181 天以上
1964 年 8 月 5 日至 1975 年 5 月 7 日：越南战争	服役 90 天以上
1975 年 5 月 8 日至 1980 年 9 月 7 日（士兵）：越南战争后 1975 年 5 月 8 日至 1981 年 10 月 16 日（军官）：越南战争后	连续服役 181 天以上
1980 年 9 月 8 日至 1990 年 8 月 1 日（士兵） 1981 年 10 月 17 日至 1990 年 8 月 1 日（军官）	连续服役 24 个月，或者是完成整个服役周期（至少 181 天）
1990 年 8 月 2 日至今：海湾战争	连续服役 24 个月，或者是完成整个服役周期（至少 90 天）

资料来源：美国退役军人事务部。

注：因困难、部队裁员、政府安排、疾病或与服役相关的伤残而退役的，服役期限可以放宽要求。

房屋必须经过退役军人事务部指定的费用评估师事先评估才可以进行贷款担保或部分再融资贷款担保。贷款人可以通过退役军人事务部系统申请评估，并在评估完成后根据退役军人事务部批准的费用表支付评估费用。此项评估仅对房产价值进行估价，并不保证房屋没有缺陷。住房贷款担保的融资费用和最高为 6 000 美元的节能改善费用可用现金支付也可包含在贷款中，但评估费、贷款手续费、产权调查和登记费用、灾害保险费及转让税等必须一次性付清。对于再融资贷款，只要贷款总额没有超过该住房的合理价值，那么所有手续费均可包括在贷款金额中。因服役导致伤残的退役军人及其未再婚配偶可以免除融资费用。

退役军人可通过银行、信用社和抵押贷款公司等申请由退役军人事务部担保的住房贷款。住房贷款可实行固定利率、浮动利率或混合利率。其中，浮动利率每年最高调整 1% 且贷款期内最高调整 5%；混合利率的初始利率保持一定时间不变，此后转为浮动利率，其利率调整上限同初始利率时间相关。由退役军人事务部担保的贷款偿还期最长为 30 年零 32 天。首次申请或再次申请但已还清之前贷款的贷款担保额度如下：低于 45 000 美元的贷款，其担保额度为总额的 50%；45 000～56 250 美元的贷款，其担保额度为 22 500 美元；56 250～144 000 美元的贷款，其担保额度为总额的 40% 或 36 000 美元中的低值；超过 144 000 美元的贷款，其担保额度为贷款总额的 25%。

七、退役军人的丧葬服务

退役军人事务部提供的丧葬服务包括国家公墓、丧葬补贴、葬礼仪式及纪念物等。

（一）国家公墓

美国退役军人事务部国家公墓管理局（NCA）在全美42个州及波多黎各管理着155个国家公墓和34个纪念碑遗址，并通过退役军人公墓补贴计划支持在48个州建立、扩张、改善、运营和维护121个退役军人墓地。此外，陆军部管理着阿灵顿国家公墓和美国士兵与飞行员之家国家公墓，内务部管理着14个国家公墓，美国战役纪念碑委员会（ABMC）在美国境外维护着26个公墓和32个纪念碑。符合条件的退役军人及其配偶和未成年子女都可安葬在国家公墓中，但由陆军部管理的阿灵顿国家公墓的下葬资格要更为严格。截至2020年，美国59万身故退役军人中有近20%埋葬在公墓中。

（二）丧葬补贴

满足条件的退役军人由退役军人事务部提供葬礼费用、墓地费用、运输遗体费用和墓碑及碑文费用的丧葬补贴，具体数额因退役军人身故时间、身故原因及埋葬地点而不同（见表7-20），但与服役无关的丧葬补贴申请必须在埋葬或火葬后两年内提出。但这些费用并不由退役军人事务部直接支付，而是由家属垫付后申请报销。

表7-20　　　　　　　2022年退役军人丧葬补贴　　　　　　　单位：美元

身故原因	身故时间	最高补贴金额
与服役相关	2001年9月11日之后	2 000
与服役无关	2021年10月1日之后	300（补贴）+828（墓地费）
	2020年10月1日之后	300（补贴）+807（墓地费）
与服役无关且身故时在VA医院或护理院	2021年10月1日之后	828（补贴）+828（墓地费）
	2020年10月1日之后	807（补贴）+807（墓地费）
安葬墓碑和碑文	2021年10月1日之后	231

资料来源：美国退役军人事务部。

（三）葬礼仪式及纪念物

国防部自2001年起为符合条件的退役军人在其身故时提供军队葬礼仪式，具体包括折叠和展示美国国旗，以及由喇叭手吹奏或播放哀乐。军队葬礼仪式由两名及以上身穿制服的军人负责，其中至少一人来自已故军人服役所在部队。

退役军人事务部免费为符合条件的退役军人及其家属提供墓碑、碑文、纪念奖章、葬礼旗帜（美国国旗）和由现任总统签名的总统纪念证书（Presidential Memorial Certificate，PMC），但埋葬在私人墓地的退役军人家属通常不能获得纪念物。

第八章
社会救助和住房保障

社会救助制度是由政府承担全部责任、为国民提供最低生存保障而设立的最后一道安全网,是肩负免除国民生存危机、维护社会底线公正、促进国家长治久安的国家治理机制。[①] 作为资本主义经济最发达的美国,其贫困问题从大萧条时期便开始凸显,至今仍是美国社会不公的重要原因之一。1959 年美国联邦政府首次发布贫困人口统计结果,当时公布的贫困人口比例高达 22.4%,这意味着大约有 4 000 万人处于贫困状态,此后贫困率虽有下降,但始终在 10% 以上波动。[②] 根据美国人口普查局发布数据,新冠肺炎疫情暴发后,2020 年美国贫困率上涨至 11.4%,约 3 720 万人处于贫困线以下。

为应对贫困,1933 年 5 月,罗斯福签署了《联邦紧急救济法案》,成立了美国历史上第一个全国性的救助机构——联邦紧急救援署(FERA),并拨付 5 亿美元用于援助各州失业的贫困人群,使

[①] 郑功成. 中国社会救助制度的合理定位与改革取向 [J/OL]. 国家行政学院学报,2015(4):17-22. DOI:10.14063/j.cnki.1008-9314.2015.04.031.

[②] 闫坤,刘轶芳. 中国特色的反贫困理论与实践研究 [M]. 北京:中国社会科学出版社,2016:111.

得美国进入救助历史上的新时期。1935 年通过的《社会保障法》，一改以往地方负责或社会团体自助的救济传统，第一次明确了联邦政府在解决失业和贫困问题的主导责任，是美国现代社会救助制度的开端。[①] 第二次世界大战后，伴随经济的增长、国力的雄厚以及民权运动的兴起，美国迎来了空前繁荣的"丰裕社会"（affluent society），政府提出"向贫困开战"（war on poverty）并迈向"伟大社会"（great society），各项社会救助制度不断完善，贫困发生率大幅减少，救助重心从化解穷人生存危机逐渐转向提高受助人摆脱贫困的能力。[②] 但随着 20 世纪 70 年代经济陷入滞胀以及新自由主义的兴起，美国政府直接缩减了社会救助的支出，并将救助责任从政府现金救助为主转为更加强调个人自力更生的就业救助，进一步减轻了政府的责任。

美国社会救助项目繁多，从联邦政府到地方政府均建立了不同的社会救助项目，大致可以分为现金救助和实物救助两类，主要涵盖生活救助、医疗救助[③]、住房保障等方面。

第一节 生活救助

美国的生活救助主要包括贫困家庭临时救助（TANF）、补充性保障收入（SSI）、补充营养救助项目（SNAP）等项目（见图 8-1）。

---

① 黄安年. 当代美国的社会保障政策 [M]. 北京：中国社会科学出版社，1998：258.
② 杨立雄. "不情愿的福利国家"与金融危机——美国福利模式解析 [J/OL]. 当代世界与社会主义，2012（5）：17-25. DOI：10.16502/j.cnki.11-3404/d.2012.05.020.
③ 医疗救助已在医疗保障一章予以介绍，此处不再赘述。

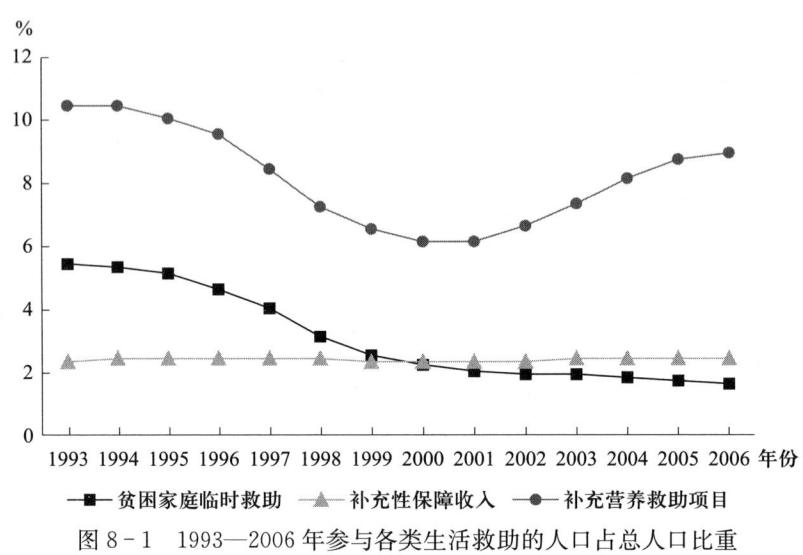

图 8-1 1993—2006 年参与各类生活救助的人口占总人口比重

资料来源：美国卫生与公众服务部儿童和家庭管理局（ACF）、美国商务部人口调查局（BC）。

一、贫困家庭临时救助

（一）发展历程

贫困家庭临时救助旨在为有儿童的贫困家庭提供帮助，是美国极为重要的公共救助项目之一，其前身是抚养未成年子女的家庭援助（Aid to Families with Dependent Children，AFDC）。抚养未成年子女的家庭援助的建立可以追溯到1935年的《社会保障法》，该制度最早规定联邦政府仅为那些难以抚养未成年子女的单亲母亲提供救助。随着制度演变，此后对受助资格标准、工作要求等进行了多次调整，并逐渐将失业家庭纳入救助范围[①]，从单一儿童福利援助转为整体家庭福利援助。1995年，抚养未成年子女的家庭援助为近1 366万人提供了合计163.2亿美元的补助金，受惠人口中的2/3

---

① 姚建平．中美社会救助制度比较［M］．北京：中国社会出版社，2007：108-109．

为儿童。^① 但这一制度带来的财政支出增长（见图 8-2）、对传统双亲家庭结构的冲击^②以及福利依赖（见表 8-1）等问题也引起了部分公众的不满。

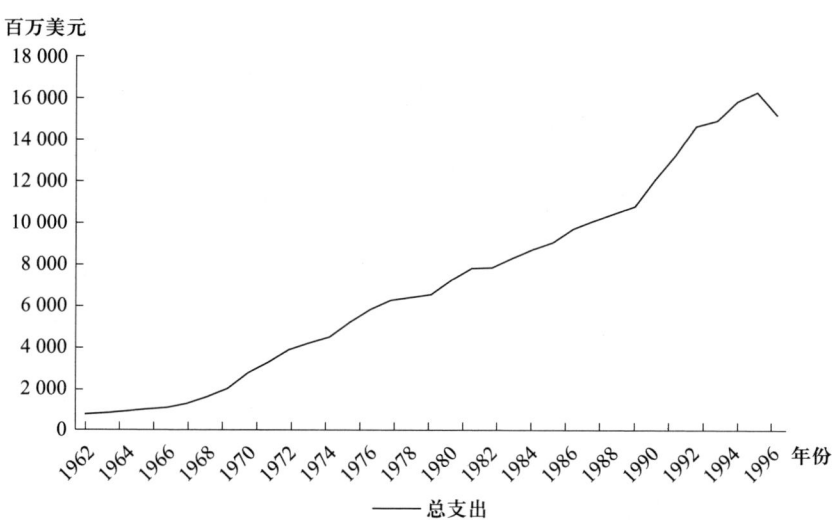

图 8-2　1962—1996 年美国抚养未成年子女的家庭援助总支出

资料来源：美国卫生与公众服务部儿童和家庭管理局。

表 8-1　抚养未成年子女的家庭援助的"贫困陷阱"效应

年收支（两名子女）	享受救助的母亲（美元）	工作的母亲（美元）
福利	5 052	0
食品券	2 427	2 503
薪资	0	8 000
减税	0	1 384
总收入	7 479	11 887
工作上支出	0	1 900
社会保障税	0	612

---

① U. S. Bureau of the Census. Poverty in the United States：1996［R］//Current Population Reports. 1996：60-198，earlier years.

② 杨得前，彭文栋，肖莹. 美国家庭援助计划研究及其对我国的启示［J］. 中国行政管理，2017（11）：145-150.

续表

年收支（两名子女）	享受救助的母亲（美元）	工作的母亲（美元）
托儿所支出	0	2 700
可支配收入	7 479	6 675

资料来源：R I Kirkland. What can we do now [J]. Fortune, 1992 (11): 1 - 48.

在财政压力、公众舆论、救助理念转变以及各州福利改革等多种原因的推动下，1996年8月，克林顿政府出台了《个人责任和工作机会协调法》（PRWORA），其中最主要的内容就是用受益条件和领取时长更为严格的贫困家庭临时救助来整合并替代抚养未成年子女的家庭援助、贫困家庭紧急救助以及就业机会和技能培训计划。至此，原本以现金救助为主的公共援助体系开始转向以就业救助为主。

（二）主要内容

根据《社会保障法》第401条，贫困家庭临时救助的基本目标有四个：一是为有需要的家庭提供帮助，让儿童可以获得家庭照顾；二是促进就业，减少贫困家庭对福利的依赖，增强家庭自立能力；三是减少非婚生育现象的发生；四是鼓励建立和维持双亲家庭。[1] 由此可见，贫困家庭临时救助旨在通过对贫困儿童及其家庭提供支持和帮助，保证儿童健康成长。同时通过该项目的实施，实现促进就业、减少福利依赖、减少非婚生育、支持家庭和婚姻等经济和社会目标，缓解突出的社会问题。[2] 为实现上述目标，联邦政府不再要求各州必须提供一致的项目，而是转移部分权力责任给各

---

[1] FALK G. The temporary assistance for needy families (TANF) block grant: responses to frequently asked questions [EB/OL]. Congressional Research Service, 2015: 7 - 9. https://fas.org/sgp/ers/mise/R44188.pdf.

[2] 宋绪男. 美国贫困家庭临时救助制度研究 [J]. 社会保障研究, 2017 (6): 89 - 93.

州政府，允许其在项目设计、选择、运行上有更大的自主权。通常情况下，贫困家庭临时救助包括四类项目：一是承担的联邦项目，主要包括抚养未成年子女的家庭援助、贫困家庭紧急救助、就业机会和技能培训计划中保留下来的项目；二是单独的州立项目，即各州根据本州的实际情况，围绕四个主要目标自主设计和实施的一些项目；三是从福利到就业（welfare-to-work）项目，为接受救助的贫困家庭提供就业支持服务；四是为保障少数族群接受救助的权利，针对印第安人部落等专门设计的项目。[1]

在制度管理运行方面，贫困家庭临时救助由联邦卫生与公众服务部下设的儿童和家庭管理局负责管理，但各州有权设定申请的资格条件和救助标准等，具有较高的灵活性和自主性。一般而言，州政府的主导地位体现在：（1）在项目设置上，围绕贫困家庭临时救助项目目标的实现，各州可以选择加入联邦组织的相关项目，也可以根据实际需要设置新的州立项目；（2）在基金的使用上，各州在联邦要求范围内，可以根据自身的实际情况来合理使用救助基金，自主决定具体的发放范围、形式以及津贴水平；（3）对于福利资格，各州有权决定哪些人有资格、哪些人不具备资格，对于获得救助的身份资格、收入条件、资产条件等，都可以自主决定；（4）在工作活动的认定、机构的选择、制裁违法行为等方面有较大的自主权。[2]

在资金筹集使用方面，贫困家庭临时救助资金依旧由联邦和各

---

[1] FALK G. The temporary assistance for needy families（TANF）block gant: a primer on TANF financing and federal requirements. Congressional Research Service，2012 – 11 – 06.

[2] MOFFITT R A. Means-tested programs in the United States//The temporary assistance for needy families program. Prepared for the NBER conference. Cambridge，2000.

州政府共同承担，但不再实行无上限的匹配补偿模式，而是实行联邦政府打包下拨方式拨给州政府。联邦所承担的经费金额由各州对该项目的实际支出和州人均收入来决定，州人均收入低于全国水平的州可以获得联邦政府较大比例的援助，反之联邦政府的负担就轻。各州为获取联邦拨款，需要提供一笔配套州基金（maintenance of effort），并可将联邦拨款和州基金用于以下几方面：（1）直接支付同实现制度四个目标相关的项目，如各州可用于受助家庭的就业安置和培训、儿童保育和税收优惠等；（2）向儿童保育和发展基金（Child Care and Development Fund，CCDF）和社会服务基金（Social Services Block Grant，SSBG）的转移支付；（3）支付项目管理成本；（4）结余滚存至次年（见图 8-3）。

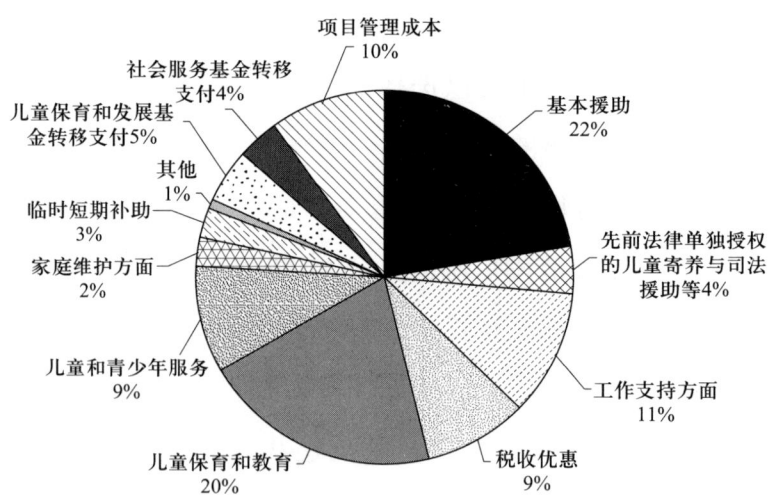

图 8-3　2020 年美国贫困家庭临时救助（含州基金）各项目支出占比

资料来源：美国卫生与公众服务部儿童和家庭管理局。

在受益资格方面，贫困家庭临时救助更加突出"临时性"和"工作优先"的取向。一方面，为避免出现长期福利依赖的现象，对于有成年受助者的家庭，联邦规定受助者累计受助时间不得超过

5年，各州可根据实际情况更为严格地调整时限。对于特别困难的家庭，可以适当延长时间限制，但是延长时间的家庭数不能超过困难家庭总数的20%。另一方面，贫困家庭临时救助采取多种措施督促成年受助者承担社会责任，并规定了非常严苛的工作要求：一是对各州的最低工作参与率做出要求，规定各州在接受救助的成年人中，参加工作活动的人员必须要达到一定的比例；二是对受助家庭做出严格的工作时长要求，例如，联邦要求受助家庭中的成年人在接受帮助的24个月甚至更短的时间内，必须参加一定时数的、被其所在州认可的工作活动。其中，接受现金援助的家庭至少一半的时间从事每周不低于30小时的工作（有6岁以下子女的单亲家庭为不低于20小时），双亲家庭视是否接受其他照顾福利，需从事每周不低于35~55小时的工作。如果各州受助者不能达到规定的工作参与率要求，联邦则会授权各州通过对其削减福利甚至取消资格的方式进行制裁。相反的，受助家庭如果实现了就业，则会获得政府较为丰厚的优惠和奖励，如在计算家庭收入时将部分就业收入免除。

贫困家庭临时救助充分体现了"以工作代替福利"的思想，通过提高受助者的资格要求，迫使他们参加工作，自食其力摆脱对福利的依赖，从而提高就业率、减轻财政负担。这一制度设计对福利规模的削减效果明显，但就业率的增加并没有带来贫困人群收入的同步增加，反而限制了各州增加福利支出的积极性，致使救助水平始终处于低位，部分贫困家庭并没有得到必要的补助。

二、补充性保障收入

（一）发展历程

补充性保障收入源于1935年《社会保障法》，最初是一项由各州进行管理的家计调查型的老年救助计划。1950年将贫困残疾人和盲人两类群体纳入其中,由州和地方政府管理,联邦政府仅提供部分资金并对各州进行指导。由于联邦政府并未统一规定各州的筹资标准和待遇水平,这种以州为主、联邦为辅的救助制度因各州差距过大而广受批评,部分州甚至通过立法逃避政府救助责任。

为解决这一问题,1972年《社会保障法修正案》将原有的三个救助计划(老年救助、盲人救助、残疾人救助)进行合并,正式建立了补充性保障收入制度。这一制度重构了联邦和州政府的职责,由联邦政府进行主导,负责制定最低的待遇标准和统一的资格标准,各州可以在最低标准上进行补充。1974年1月,补充性保障收入制度正式开始实施,最初有320万受益人。为应对资金短缺,1977年《社会保障法修正案》通过税率微增(从6.45%增加到7.65%)、扩大税基和待遇微降的方式来寻求项目的长期资金平衡。20世纪80年代的立法则侧重于残疾人相关规定的调整上。1996年,《美国进步合同法案》进一步调整了补充性保障收入制度的助残理念。同年,《个人责任与工作机会协调法》终止了许多非美国公民的受助资格;1997年,《平衡预算法》又恢复了非公民的资格。2009年,为应对金融危机,奥巴马总统签署《美国复苏与再投资法》(ARRA),为补充性保障收入的成年受助者提供250美元的一次性补贴。[①] 截至2020年12月,补充性保障收入的受助者约800万人,其中460万人年龄在18～64岁,230万人年龄在65岁及以上,

---

① Social Security Administration. Supplemental security income program description and legislative history. 2020. https://www.ssa.gov/policy/docs/statcomps/supplement/2019/ssi.html;Social Security Administration. Historical Background and Development of Social Security. 2020. https://www.ssa.gov/history/tally65.html.

110万人年龄在18岁以下（见图8-4）。

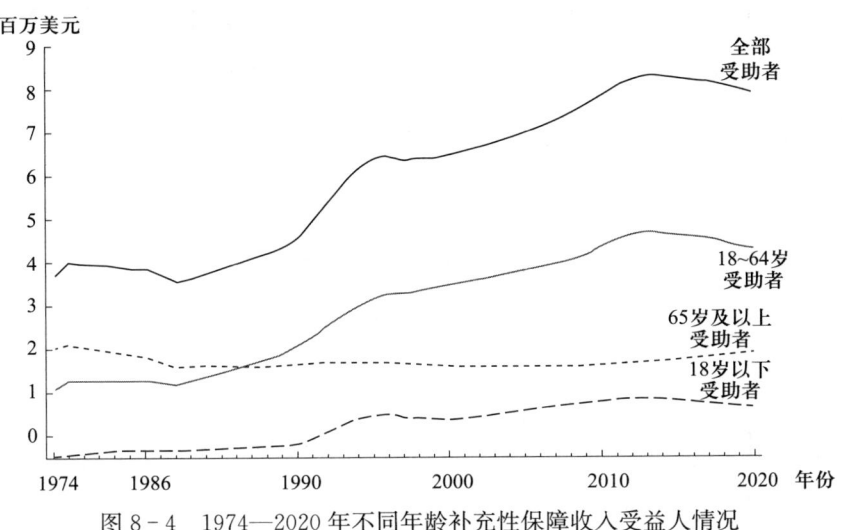

图8-4　1974—2020年不同年龄补充性保障收入受益人情况

资料来源：美国社会保障署。

（二）主要内容

由于补充性保障收入制度是家计调查型的救助，美国社会保障署必须考虑申请者的收入和资产状况。在受益资格方面，补充性保障收入制度对受助者的要求包括：(1) 年龄在65岁以上（含65岁）的老人、盲人、残疾人；(2) 收入或财产资源有限；(3) 美国公民或某几类外国人之一（一般是属于国土安全部授权的非美国公民或不符合公民身份/外侨要求的外来人口）；(4) 50个州的居民，包括哥伦比亚特区和马里亚纳群岛北部居民；(5) 一整个月或连续30日未离开美国等。

在财产审查方面，个人的最高限额为2 000美元，夫妻的最高限额为3 000美元。这些资产主要包括申请者所拥有的现金、银行存款、股票、美国储蓄债券、投资性地产、人寿保险、车辆以及其他任何能够换成现金的资产。申请者的部分资产不属于调查范围，如自住房产及其附属土地等固定资产、低于1 500美元的人寿保单、人均低于1 500美元的丧葬费、个人及直系亲属的墓地、家庭生活及个人必需用品、助学金或奖学金等。

在收入审查方面,申请者的可计算收入不得超过联邦规定的收入标准。2021年个人的最高收入标准为每月794美元,夫妻为每月1 191美元。最高收入标准每年根据生活成本调整(见图8-5)。申请者获得的待遇水平等于最高收入标准减去可计算收入。其中,可计算收入等于申请者所有收入减去抵免收入。在确定抵免收入时,又分为劳动收入和非劳动收入,这主要是为了鼓励申请者参加劳动。劳动收入是指工资收入、自我雇佣者的净利润、版税,以及其他劳动报酬。非劳动收入是指除劳动收入以外的收入,如社会保障津贴、工伤补偿津贴等。对于劳动收入,每月有65美元可以抵免,65美元以上的收入抵免50%。对于非劳动收入,每月有20美元可以抵免。

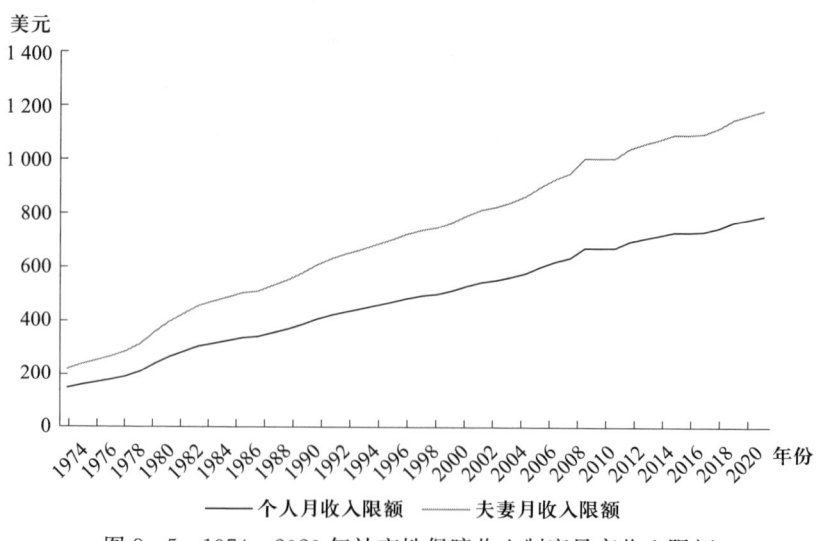

图8-5　1974—2020年补充性保障收入制度最高收入限额

资料来源:美国社会保障署。

在资金筹集和使用方面，补充性保障收入制度的经费主要源于联邦政府的拨款，各州政府有权根据联邦政府的拨款情况选择增补本州的救助金。1950年，联邦政府支付的部分约占总额的45%，此后逐年提高，1960年达到50%左右。1974年补充性保障收入制度实施后，总开支从最初的50.97亿美元增长至2017年的545.16亿美元，联邦政府救助金的占比也随之持续增加，从1974年约占75%增长至2017年95%左右（见图8-6）。随着联邦政府规定待遇水平的不断提高，只有少数几个州还在提供强制性补充待遇，大部分州提供自愿性补充待遇。

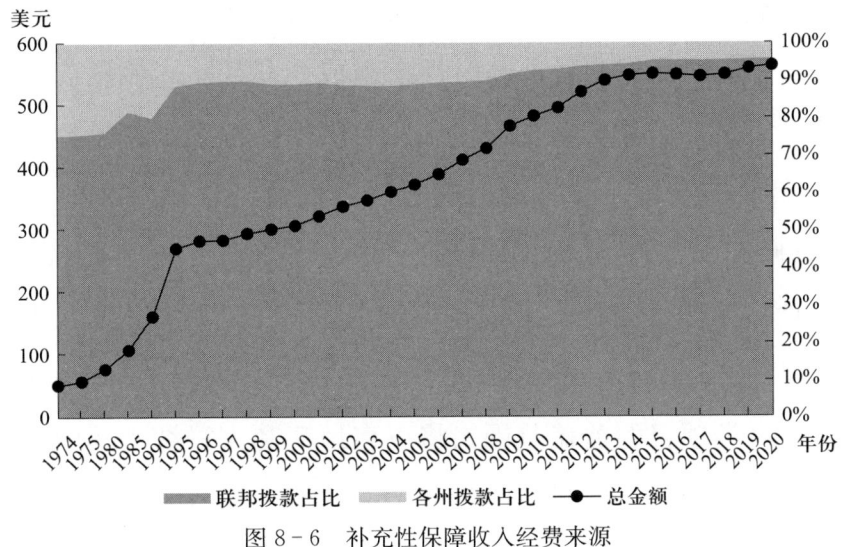

图8-6 补充性保障收入经费来源

资料来源：美国社会保障署。

三、补充营养救助项目

（一）发展历程

补充营养救助项目旨在为儿童和低收入人群提供健康食品和营养援助，其前身是食品券项目（Food Stamp Program，FSP），这是美国历史上影响最大、历时最久、受益人数最多的食品救助制度。食品券项目最早由美国农业部长亨利·华莱士等人于1939年实施，持续近4年，以仅限于购买指定农产品的特殊票券补贴的方式代替实物发放，目的在于扩大农产品销路并救济穷人。此后，食品券项目的宗旨、运作和管理经历过几次重大调整，项目逐渐以福利为导向、不断简化程序、提高福利水平，在功能定位上从解决温饱问题向提高营养水平转变。

1961年，肯尼迪总统宣布启动食品券项目试点，取消了只能购买剩余农产品的特殊票券制度，实行统一票券制，救济领取者可持券在指定副食店购买任意食品。1964年，美国国会通过了《食品券法》(FSA)，食品券项目从临时性措施成为联邦正式制度安排，几乎取代了直接的食物救济。20世纪70年代，为了对食品券项目的成本和管理进行规范与明确，美国国会进行了数次重要的立法调整：1971年，《食品券法修正案》(Food Stamp Act Amendment)统一了食品券项目资格及工作要求的全国标准；1973年，《农业和消费者保护法》(Agriculture and Consumer Protection Act，ACPA)扩大了食品券项目的覆盖范围，将更多地区和人群纳入其中，并确定了救助标准的调整机制；1974年的立法则要求改革食品券项目联邦和各州的财政分担机制，并要求提高各州对食品券项目的管理效率；1977年，《食品和农业法》(Food and Agriculture Act)全面取消了食品券购买要求并降低了申领门槛，规定家庭收入低于一定标准的穷人均能获得领取食品券的资格。

20世纪80年代中后期的联邦立法侧重于预算削减，如1985年《食品和农业法修正案》、1988年《防止饥饿法》和1990年的《家庭饥饿救济法》；90年代后期的联邦立法则更加强调食品券领取资格限制和工作要求，如1996年的《个人责任与工作机会协调法》、1997年《平衡预算法》和1998年《农业研究、教育和扩展法》。进入21世纪，食品券项目的目标定位已经从建制之初的扩大农产品需求发展到"反饥饿、反贫困"再到提升低收入者营养水平。2008年通过的《粮食、节约和能源法》（FCEA）将食品券项目更名为补充营养救助项目，既充分体现出这一食品救助项目的功能目标变化，又减轻了食品券的污名化效果；2009年《美国复苏和再投资法》（ARRA）、2010年《健康、反饥饿儿童法》（HHFKA）再一次扩大了补充营养救助项目的范围。2014年开始推行线上福利兑换方式并扩大了补充营养供应与零售商授权范围，同时批准了食品安全和营养激励赠款计划以鼓励受助者多消费果蔬。2018年《农业促进法》（Agriculture Improvement Act）则要求加强补充营养救助项目的资格审查。[1]

（二）主要内容

目前，美国共有15个食品和营养补助政策，主要包括补充营养救助项目、全国学校午餐项目（NSLP）、妇幼营养补助项目（WIC），以及儿童和成人护理食品项目（CACFP）等，面向儿童和低收入成年人提供食品救助，每年惠及大约1/4的美国人，支出占美国农业部年度预算的2/3以上（见图8-7、图8-8）。补充营养救助项目是其中规模最大的一项，占所有食品救助支出的2/3以上，覆盖美国大多数低收入贫困家庭。

---

[1] United States Department of Agriculture. A Short History of SNAP | USDA-FNS. https：//www.fns.usda.gov/snap/short-history snap#1939.

在受益资格方面，所有收入低、资源少的家庭均可以申请参加补充营养救助项目，但这些家庭必须接受严格的收入、支出及财产调查。同时，对有工作能力的成年受助人，要求他们必须积极工作或参加就业和培训项目，否则将会被取消福利待遇。

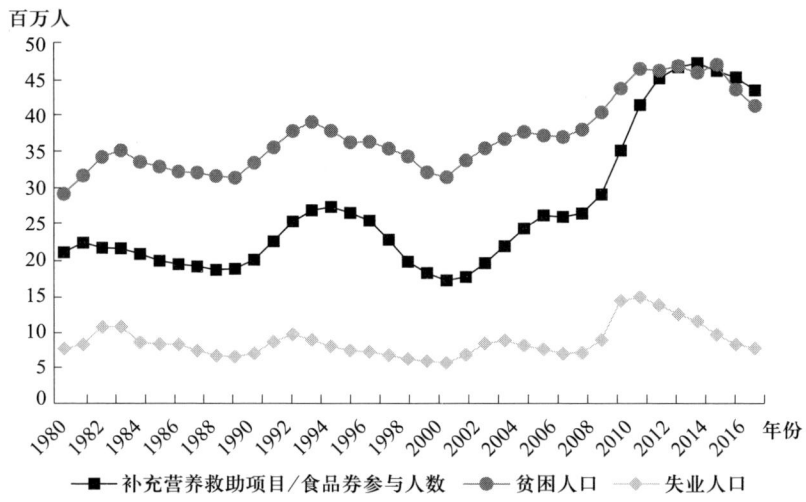

图8-7　1980—2016年补充营养救助项目/食品券参与人数、贫困人口及失业人口统计

资料来源：补充营养救助项目/食品券参与人数来自美国农业部食品和营养服务局；贫困人口数据来自美国商务部人口普查局；失业人口数据来自美国劳工部劳工统计局，失业人口数据指平均每月16岁及以上的失业人数。

补充营养救助项目是由联邦发起、各州负责具体实施的全国性救助制度，并采取层层授权的管理体制及以联邦财政为主的资金分担体制。在联邦一级，该项目由美国农业部的食品和营养服务局（FNS）管理，联邦法规设定资格要求、救助水平、运作规则等；各州通过地方福利办公室负责该项目的日常运作。在资金支出方面，补充营养救助项目的救助资金全部由联邦财政负担，行政成本则由联邦和州政府共同负担，二者大约各负担一半，部分县政府也要求承担管理费用，但主要责任仍在州政府。

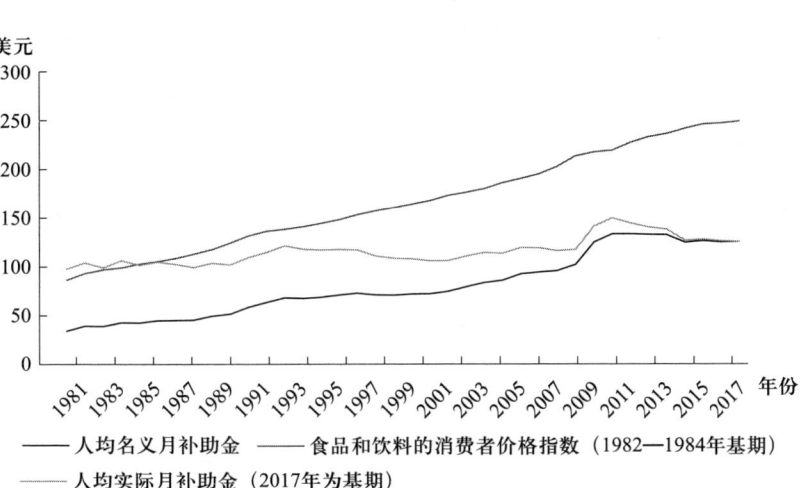

图 8-8 近年补充营养救助项目待遇水平

资料来源：美国农业部经济研究局（ERS）、食品和营养局（FNS）、美国劳工部劳工统计局（BLS）。

补充营养救助项目不仅具有强大的反贫困效果，为低收入个人和家庭提供的营养援助，大大增进了他们的健康和福祉，而且还具有强大的经济效益以及刺激经济发展、缓解家庭财务压力和增加食品消费的作用。①

四、社会救助的特点

自 20 世纪 30 年代开始，美国相继建立了以贫困家庭临时救助、补充性保障收入和补充营养救助项目为代表的各类现金和非现金生活救助项目，救助对象几乎涵盖美国所有贫困人口，如陷入贫困的老年人、残疾人、失业者、营养不足的母亲和儿童等，除满足受助者基本生存需求外，亦注重提高自主发展的需求且具备鲜明的工作福利导向，已成为数千万贫困者的安全网。但由于其较高的门槛带

---

① 高静华．美国补充营养救助项目的运营管理与社会经济效益及其启示［J］．中国物价，2019（12）：93-96．

来的选择性保障取向，仍有大量贫困人群难以获得基本的生活救助。

（一）强调"自助"与反贫困能力

美国社会救助制度在改革过程中尤为注重"工作导向"，即从仅提供福利的"输血"向主动工作的"造血"模式转变，通过各种举措鼓励受助者自力更生：肯尼迪政府通过将救助资金投入教育和就业等领域来促使贫困者自立自强，同时防止贫困家庭再度贫困；福特政府斥巨额投资帮助失业者再就业，以使他们减轻依赖；克林顿政府则直接立法规定受助者最低工作时间及最长受助年限从而倒逼他们自谋生路。

（二）联邦主导、各州补充、责任分担明确

美国多数救助项目都由联邦政府和州政府共同承担资金责任，辅之以社会捐助，但以联邦政府为主导。从救助项目管理上看，联邦政府在救助项目设计和改革方面拥有决定性的权力，并通过设计项目和管理预算来发挥在社会救助制度中的行政领导作用；州政府和地方政府则在项目执行和预算分配方面拥有很大的自主权，并允许运用地方税收来补充社会救助开支，有针对性地解决当地面临的特殊问题。从救助制度的运作机制上看，美国实行国家与私人并举、公办与民营并重的运作方式，实现运作载体的多元化。如今，美国政府与相关的非政府组织、慈善机构、志愿组织及营利性社会福利机构已经形成了比较成熟的伙伴关系，共同编织救助网，承担社会救助责任。

（三）全面覆盖与有限救助

美国的社会救助属于典型的"补救型"福利，其目标被定为为弱者服务。主要体现在两个方面。一是低标准、广覆盖。美国的社会救助制度设计考虑到了贫困群体的种种需要，对儿童、孕产妇、残疾人等致贫风险高但脱贫能力弱的重点人群都设有专门的救助项目予以救助。其中，对贫困婴幼儿、学龄儿童和单亲母亲的营养援助尤为重视。二是救助项目的有限救助性、临时性。1996年美国的福利改革，用贫困家庭临时救助计划代替了原来的抚养未成年子女的家庭援助，使救助从原先的无限制终身福利转变为一种有限制的临时福利。这种有限救助虽然减轻了政府财政开支，但也降低了救助覆盖面和救助水平，实质上将政府责任转移到个人身上，不利于贫困问题的解决，反而加剧了贫富差距。美国智库美国进步中心2020年一项调查显示，全美有约1 100万儿童处于贫困之中，约占儿童总人口的1/7，几乎是发达国家中儿童贫困率最高的，很多儿童甚至连基本的温饱都无法得到满足。[①]

第二节　住房保障

住房保障是美国社会保障体系的一个重要组成部分。《美国法典》第42卷"公众健康与福利"中明确规定了美国住房保障的目标：维持美国的一般福利与安全、美国国民的健康和生活标准，需要进行住房修建以及相关的开发项目，通过清除贫民窟和衰退地区，以解决严重的住房不足、老旧和不宜居住问题，尽量可靠地推动实现每个美国家庭有体面的住房和适宜居住的环境，进而带动社区开发和再开发，推动美国的进步、财富增长和国家安全。然而，

---

① 美国贫困儿童超1 100万　17%儿童吃不饱［EB/OL］. 央视网，2021-03-05. http://m.news.cctv.com/2021/03/02/ARTI3w36W42xk8zwJa8MkQRy210302.shtml.

受制于自由主义取向的有限政府保障理念，美国住房不平等问题十分突出。2019年美国政府统计数据显示，全国有超过50万人无家可归，近20万人每天睡在街道上。超过4 000万家庭租房，其中17%的家庭房租占收入的一半以上。但没有一个州能为低收入者提供足够的平价住房（affordable homes），据美国低收入者住房联盟数据，全国范围"廉租房"短缺近700万套。[①]

一、住房保障的立法历程

20世纪初，住房被视为纯私人物品，其供需完全通过市场进行调节。无家可归者的住房问题则是由私人、社区或慈善力量来提供临时住处进行解决，政府在住房领域的干预极其有限。20世纪30年代经济大萧条时期，美国城市中房屋建设数量减少了约90%，近200万户居民因无力偿还贷款而丧失住房产权，失业和破产使得大量人群无家可归，住房也成了影响社会稳定的重要问题。对此，国会于1937年通过了《住房法》（United States Housing Act），这部法案是美国历史上首部关于公共住房的法案。在这一时期，政府不仅为低收入群体修建大规模的公共住房，也为地方住房机构清理和整顿贫民窟的活动提供资金支持。

1940年，为满足战时需要，美国通过了《全国国防住房法》（National Defense Housing Act），由陆军和海军的住房部门开展合作，积极保障战时军人及其家属的基本居住需要，公共住房建设让位于战时住房建设。第二次世界大战结束后，大量军人复员，为解决退役军人的住房问题，美国于1949年通过的《住房法修正案》中

---

① 美国分化：疫情冲击下"居者有其屋"更难了[EB/OL]. 央视网. https：//news. china. com/international/1000/20201030/38907744_all. html.

进一步提出了"让每个美国家庭能够负担得起一套环境适宜的体面住房"的目标。该法是联邦政府在提供公共住房服务方面的重大改革,首次强调联邦政府在住房领域应当承担重要责任。此后,联邦政府通过轰轰烈烈的城市更新运动,大力整顿了城市贫民窟。1954年,联邦政府对城市更新政策进行修正,旨在消除贫民窟,实现对中心城市的再开发。

由于城市更新运动瓦解了原有的社区关系,将不同种族人群进一步隔离,美国种族愈发激烈。1961年《住房法修正案》允许私人机构兴建住房租给低收入家庭居住,并为老年人提供低息贷款;1965年《住房和城市开发法》规定联邦政府应对缺乏支付能力的低收入家庭提供租金补贴;1968年《公平住房法》(FHA),旨在通过利息补贴协助低收入群体获得可负担的住房,消除购房或租房时发生的种族歧视现象。1968年《公平住房法》的影响十分深远,被称为"20世纪首部公平住房法案"。

20世纪70年代,随着自由主义的回归,美国政府于1974年通过了《住房和社区发展法》(HCDA)。该法正视之前政府承担过多公共责任并在公共住房建设计划中耗费联邦资金过多的问题,开始进行"放权",倾向于由州和地方承担住房开发和资助的责任,首创了社区发展拨款项目和租金证明计划,联邦政府的干预逐渐减少。这是美国联邦政府将房租补贴置于公共住房政策与住房保障制度核心位置的标志。①

进入20世纪80年代以来,里根政府推出了租金优惠券计划,

---

① 张淑玲. 美国住房社会保障制度变迁中的政府行为研究[M]. 北京:对外经济贸易大学出版社,2015.

相较于 1974 年《住房和社区发展法》创设的租金证明计划，租金优惠券计划更具灵活性，也更受低收入家庭的欢迎。租金优惠券计划是指符合资格的低收入家庭可从政府处获得住房租金优惠券，获得优惠券的家庭必须每月拿出家庭总收入的 25% 来支付房租，实际房租支出超过 25% 的部分则可用租金优惠券来补充。而优惠券的使用形式也十分灵活：第一次尚未使用的优惠券的份额可以留待下次继续使用，超出优惠券可抵扣份额的部分，则需要由住户自行承担。克林顿政府颁行的《品质住房与工作责任法》（QHWRA）将租金证明计划和租金优惠券计划合并执行。这时期大多数住房政策的革新发生在州和地方政策，并通常与非营利机构合作开展。到 20 世纪 90 年代中期，美国已经停止新的公共住房建造。1994 年，公共住房存量达到历史最高峰（140.9 万套），之后逐年下降，到 2008 年还剩 114 万套，在联邦资助的租赁性保障房中的比重，从原来的绝对主导地位下降为 16%。[1]

二、住房保障制度的演变

从美国住房保障立法的过程中，可以看到住房保障制度的演变经历了三个明显的阶段。

第一，由政府鼓励保障住房建设向政府提供住房补贴转变。20 世纪初，保障房的供给十分有限，政府的主要目标是通过政策引导和资金扶助，增加保障房建设，保障居民的居住权。但是随着保障房供给的增加，政府的主要目标放在了保障房流转和运营方面，保障房制度也随即转变为住房补贴计划。

---

[1] 马秀莲. 透视保障房：美国实践、经验与借鉴 [M]. 北京：社会科学文献出版社，2018：18.

第二，由政府间接补贴向直接补贴转变。为了增加保障房供给，联邦政府的补贴对象最初是金融机构和房地产开发商，现今的补贴更多变为对住房需求者的直接补贴，包括房租优惠券、房租援助计划、住房返税政策等。

第三，由鼓励房屋建设向鼓励自主选择转变。20世纪30年代，联邦政府就实施了低租金保障房政策，其后陆续推出了重要的住房保障政策，如城市更新运动和城市再开发运动等，这些都是对保障房建设和供给的补贴，目的是迅速增加保障房的数量。从20世纪60年开始，联邦政府的补贴模式开始向直接补贴转变，这一时期推出了房租援助计划，70年代推出租金证明计划，80年代推出住房租金优惠券计划和住房返税类计划，90年代推出住房选择优惠券活动等。

三、住房保障管理机构

美国住房和城市开发部（HUD）于1965年通过合并政府原有住房管理部门而成立，是一个内阁级的政府机构。该部在提升美国住房自有率方面发挥了重大作用，其目标是为美国人提供合适的住房和生活环境，通过按揭贷款等方式支持民众的自有住房计划。2005—2007年，住房和城市开发部的预算拨款每年高达三四百亿美元，主要是通过实施各类住房保障计划来解决美国的住房问题，确保其平稳发展并促进就业。

1970年联邦政府探索住房津贴试用方案，鼓励社区开发公司发挥作用，住房和城市开发部的职能范围进一步扩大。1988年出台的《印第安住房法》要求住房和城市开发部为美国原住民和阿拉斯加印第安人提供必要的住房。1992年，《联邦住房企业财政安全稳健法案》通过，住房和城市开发部下设新的联邦住房企业监督办公室

(Office of Federal Housing Enterprise Oversight，OFHEO)，对房地美和房利美的业务拥有总的监督权，包括批准新方案、制定年度供房目标、投资评估及合理贷款等，以促进住房市场的发展以及健全国家住房融资体系。

美国共有12家私营的联邦住房贷款银行，均由联邦住房金融委员会负责监管。这些银行彼此负责的区域互不重叠，均受到政府的资金资助，并为市场提供住房贷款。

四、住房保障政策

美国的住房保障政策主要包括扩大供给公共住房建设以及改善需求的租房补贴、税收政策等。

（一）公共住房建设

公共住房建设创设于1937年，是美国政府在低收入群体住房保障方面最久远、最具有影响力的政策，旨在通过为低收入群体建造公共住房来扩大房屋供给。美国公共房屋的来源很多，概括起来主要有三类。第一类是由联邦住宅管理局利用贷款和补助金补助地方营建公共住宅，以供应低收入家庭。地方政府有建造、拥有和经营公共住宅的权利。罗斯福新政时期为应对住房短缺而采取的大规模公共房屋开发便是如此。第二类是美国政府支持私人机构开发建设的针对低收入家庭的住宅。从20世纪70年代开始，美国政府减少了直接建房的做法，转而采取这种方法。政府对房地产企业减免有关税费、提供贴息贷款、提供低价公有土地用以降低成本。1986年，国会正式通过了《低收入者购房与租房税收抵扣法案》，该法案规定"由联邦政府对验收合格的公共住房建设项目的私人开发商给予为期10年的联邦所得税抵扣优惠"。第三类是政府通过一些政策鼓励房地产企业提供一些低于市场价的住房。政府往往通过放宽部分区域的住宅容积率、建筑密度的规划控制，要求房地产企业为低收入家庭提供10%～35%的低于市场价的住房。

政府直接兴建住房和间接补贴公共住房的做法直接扩大了住房量，有效解决了短期内住房严重不足的问题，但也带来了较高的政府财政负担并且不利于住房质量的改善。20世纪80年代以来，公共住房建设的重点从直接扩大住房增量转向利用并优化已有的住房存量，政府更倾向于通过租房补贴来改善大众的住房需求，而不是投资于建筑成本更高的新住房项目（见表8-2）。

表8-2　　　　1949—2004年公共住房总量变化

年份	公共住房总数（套）	同期增长量（套）	年增长率
1949	170 436	—	
1959	422 451	252 015	148%
1969	792 228	369 777	88%
1979	1 204 718	412 490	52%
1990	1 391 312	186 594	15%
1993	1 407 923	16 611	1%
1996	1 326 224	−81 699	−6%
1998	1 300 493	−25 731	−2%
1999	1 273 500	−26 993	−2%
2004	1 234 555	−38 945	−3%
1949—1979	—	1 034 282	287%
1979—1993	—	203 205	17%
1993—2004	—	−173 368	−13%

资料来源：阿列克斯·施瓦兹. 美国住房政策[M]. 北京：中信出版社，2008：104.

（二）租房补贴

租房补贴是20世纪70年代以后美国住房保障的主要方式，旨在通过经济补偿来为美国民众提供更好的居住条件。联邦政府规定，凡是收入达不到所在地区平均收入80%的家庭均有资格申请住房补贴。住房补贴主要分为两种：一种是生产者补贴，意在提供实物性援助，对住房建设和投资领域给予补贴；另一种是消费者补贴，即由政府为低收入家庭直接提供租金补贴，以提高其支付能力。

早在1965年，美国便推行过生产者补贴，建房者可以获得数额合理的市场租金和25%租户收入之间差额的政府资助。这种补贴方式对于促进住房供给较为有效，而且成为政府推动经济发展的重要反周期政策工具。但这一方式存在诸多缺陷，例如，补贴整体效率过低，实物援助的补贴范围难以确定，政府长期负担加重等。

相较而言，消费者补贴更为经济且具有更大范围的选择，也是美国政府采取的主流措施——租金优惠券计划。这一计划允许住房管理机构根据当地经济水平设立房租补贴规定，如果要领取租金补贴，低收入家庭必须找到符合居住要求的房子。低收入家庭可以在市场上寻找租金高于或低于标准的房屋，按市场价格向房东支付不超过自身收入30%的房租，不足部分由政府提供补贴。此外，美国还会采取房东补贴的方式，固定出租给获得住房补贴资格的家庭，补贴额为市价租金与不超过低收入家庭30%收入的差额。

（三）税收政策

为鼓励低收入家庭拥有自己的住宅，美国联邦政府为低收入家庭提供税收和贷款上的优惠，同时对高收入群体的炒房行为加以打击。美国联邦政府对第一次购房者实行个人所得税减免，即第一次购房的所有支出，包括首期付款以及每年贷款偿还额从个人所得税的税基中扣除。此外，地方政府还对第一次购房者减免不动产税若干年。

除了向购房者提供税收优惠，联邦政府也通过税收政策激励经济适用房和廉租房的开发，向建造经济适用房和廉租房的开发商以及购买抵押贷款债券的投资者提供税收优惠。2003年，约1.5亿人通过抵押贷款利息支付减免其个人收入所得税。

住房贷款利息税减免是指购房人用于支付贷款利息的费用可以冲抵税前收入，因而可以减少个人所得税支出，其最大特点是降低了购房贷款的成本。它的另一个特点是鼓励买房而非租房，租房者并不能以房租支出来减免个人所得税。

为遏制占地、囤房等投机行为，维持一个理性、稳定的住房价格，美国对高等住房征收高昂的房产税，住一般房屋的家庭少缴税或不缴税。房价越高，赋税越重。房地产税一般由各州政府自行决定税率，一般为1%～3%。根据WalletHub 2023年调查所得数据，房产税率最低的州为夏威夷州，平均仅为0.29%，但其房价中位数位居全美第一；房产税率最高的州为新泽西州，平均为2.47%，其按房价中位数计算的房产税也是全美最高。房产税有效稳定了美国的房地产市场，使美国的住房价格稳定在一个比较合理的层次。

（四）住房贷款

早在1934年，美国就成立了联邦住宅管理局和联邦储蓄贷款保险公司，组建了"互助抵押贷款保险基金"，负责对中低收入家庭抵押贷款提供保险。满足相应规定条件的购房者可以向政府申请贴息担保，个人只需支付首期款并承担一小部分利息，政府则承担还款风险以及大部分的利息。联邦住宅管理局对住宅贷款的最高担保额可高达9万多美元（美国中等水平的住宅售价为7万～10万美元），购房者只用向联邦住宅管理局支付相当于担保额 3.8% 的手续费，购房者经过担保后，首期付款只需付售价的 5%。

此外，对于能够支付每月房屋贷款账单，但是没有足够的钱缴纳购房首期付款的低收入家庭，美国采取特别资助的方法。这些家庭可以向地方相关机构申请低收入特别资助。政府帮助购房者缴纳首期房款和办理房屋过户手续等有关费用。

五、住房保障的特点

（一）住房保障的法制化建设

由于受到经济危机的影响，在罗斯福新政时期，美国联邦政府开始通过立法建立公共住房保障制度，对低收入群体住房问题加以解决。美国的公共住房保障制度包括三个方面的内容，即财政预算、资金筹集和资金拨付。联邦政府用于公共住房保障项目的资金预算在经由国会批准后生效执行；仅依靠联邦政府的经费资助不足以使全部公共住房计划得以实现，这决定了公共住房计划的全面实施还需要多渠道的资金筹集。[①] 1937 年《住房法》、1968 年《公平住房法》等数十部法律，不仅确立了美国住房保障的目标，明确了住房和城市开发部等管理机构的职责，也为低收入群体的居住需求提供了法律层面上的坚实依据。

（二）有限政府思想与社会力量参与

在自由竞争和自由贸易等理念的影响下，从美国建国到 20 世纪 30 年代，美国政府的住房保障一直处于缺位状态。罗斯福新政以来出台的诸多住房保障政策，其目的是缓和贫富分化造成的社会矛

---

① 卫欢. 美国公共住房制度及其对中国的启示［M］//武廷方. 贵州房地产发展报告 No.2 (2015). 北京：社会科学文献出版社，2015：20.

盾，维护国家的稳定与发展。在这些政策中，美国各级政府参与了公共住房的建设，同时也十分鼓励市场和社会力量参与低收入家庭的住房建设与经营。部分州和地方政府通过税收、建筑要求等方面的政策优惠，吸引开发商在进行商品房开发时配套建设一定数量的保障性住房或贡献一部分利润供政府建设保障性住房。

（三）住房保障方式多元化

美国政府不仅为低收入群体直接提供保障性住房，而且通过提供贷款政策、信用担保、税收优惠或者住房补贴等多种途径，从住房供需两方面解决低收入群体的住房问题。早期美国政府主要通过直接投资建设公共住房来解决住房供给不足的问题，在住房供给不足问题缓解后，政府逐渐转为通过各种金融手段补贴需方，进而缓解低收入群体住房负担过重的问题，优化现有存量住房，避免旧房产闲置和社会资源浪费，满足大众的改善性住房需求。此外，美国还对炒房行为进行打压，以维持房地产市场的合理与稳定。

第九章

慈善事业

高度繁荣的慈善事业是美国社会保障体系的重要组成部分。根据美国施惠基金会发布的2021年度美国慈善捐赠报告,尽管受到新型冠状病毒感染、种族冲突、经济衰退等多重复杂因素的影响,美国2021年的慈善捐赠总额仍达到4 848.5亿美元的历史新高,相比2020年的4 662.3亿美元增长了4%(经通货膨胀调整后,增长率为-0.7%)。事实上,自2000年起,美国慈善捐赠总额总体上呈现持续增长的趋势,仅在2008年金融危机后有短暂的跌落。与慷慨的慈善捐赠共存的是一个庞大的接受慈善捐赠的非营利部门。[①] 美国有200多万个非营利机构,在美国社会中扮演着十分重要的角色,其中大多数直接为老年人、儿童、妇女及残疾人群体服务。[②]

发达的慈善事业极大减少了美国政府的社会福利开支,节省了政府的人力、物力和财力,弥补市场调节的缺陷,将救助范围延展到政府和市场触及不到的地方和人群。究其原因,一方面是受自

[①] 周俊. 美国慈善业的历史演进与经验借鉴——评《美国慈善史》[J]. 中国第三部门研究,2019,18(2):121-135.

[②] 郑功成. 多层次社会保障体系建设:现状评估与政策思路[J]. 社会保障评论,2019,3(1):3-29.

由主义思想和宗教文化影响，政府无意提供全面充分的保障，自由竞争的市场机制也难以覆盖贫困人群，这为慈善事业留出了广阔的发展空间；另一方面，由于美国是世界上贫富分化最为严重的国家之一，巨大的经济不平等容易引发社会动荡，这也是富裕阶层积极参与慈善事业的一大动因。此外尤为重要的一点是，在政府税收政策的引导下，建立基金会不仅可以享受税收减免与财富转移的好处，还可以通过基金会的资金运作获得巨大的资本收益和政治影响力。

第一节 慈善事业的发展历程

一、殖民时期的宗教慈善传统

从早期欧洲向美洲殖民开始，欧洲的宗教信仰、思想文化和政治传统也被带到了这一片新大陆上。其中，英国殖民虽然起步晚，但却后来居上成为美洲最重要的殖民国家。在欧洲宗教改革的浪潮下，许多基督教徒为了躲避天主教迫害而移民北美，这些人占了早期美洲移民的大部分。基督教强调爱人如己、主张行善的教义观念也成为美国慈善事业的起源。

1620年，五月花号商船从英国普利茅斯出发，载着102名清教徒前往北美建立殖民地，并在登陆前签署了《五月花号公约》。《五月花号公约》创建了一个先例，即政府是基于被管理者的同意而成立的，并且将依法而治。这也是美洲殖民的主要思想之一，即在同一个社会里的所有公民有自由结合的权利。这种自治团体的共识与开拓殖民过程中的现实困境使得互助精神在早期北美移民中深入人心，"他们首先建立能够自治的宗教团体，这些团体随后迅速成长为学校教育、卫生保健和其他社会服务的主要提供者"。① 同时，新教伦理中"勤奋、诚信、克制、节俭、禁欲"等观念也为美国社会发展提供了思想基础。在接下来长达一个半世纪的殖民地时期里，早期的美国大陆就有了诸多慈善实践，如1684年成立旨在救助残疾人、寡妇等弱势群体的苏格兰慈善协会等。1710年美国著名清教徒科顿·马瑟写在其撰写的《论行善》一书中主张，无论是男女、个人还是某个组织的成员，都应加入行善的行列，并认为"行善是对上帝应尽的义务，而不是一种自我救赎的方法"。受科顿思想影响，本杰明·富兰克林将"促进人类幸福"和"提高民众普遍的知识水平"作为口号积极投身公益慈善事业，于1727年创办了费城共读会，在当时费城的小商人、工匠职员等社会阶层中产生了广泛的影响。随着参与人数不断增加，在共读会的基础上，富兰克林于1743年创办了美国哲学会（American Philosophical Society），主要资助各个领域里的学术研究。这也使得慈善超越了"个人的救赎"或社会的救济而成为"影响社会的方式"，注重对人的塑造这一取向也注入美国慈善事业发展的基因。

二、战后需求促进慈善发展

经过独立战争，美国推翻了英国的殖民统治，实现了国家独立，为美国经济的发展开辟了道路。然而，战争却给人民带来了家园被毁、财产损失、精神痛苦等创伤。在社会秩序重建、经济百废待兴的背景下，人们对慈善事业的关注度日益提高，越来越多的慈善组织随之出现，如1797年成立的救助有年幼子女的贫困寡妇协

---

① 乔尔·L. 弗雷施曼. 基金会：美国的秘密[M]. 上海：上海财经大学出版社，2013：16.

会、1800年设立的从良妓女协会、1816年创建的贝德福德妇女慈善协会、1831年创办的希伯来救济协会等。这个时期的慈善事业十分强调家庭关系，且倾向于帮助那些遇到不可避免的困难且无法自救者，认为"只要还有自我支持的能力，接受慈善救济的行为应当是可耻的"[①]。

这一时期的慈善事业依旧主要依靠社会团体、教会和私人举办的救济院、养育院、收容所等慈善性机构。19世纪中后期，在美国各大城市中蓬勃发展的慈善机构和慈善协会标志着慈善工作更为职业化，但是它们的宗旨仍仅限于专门设定的范围之内。在有些情况下，它们的功能还会转到地方政府或被其他大的公共机构所吸纳，所从事的仍是扶危济困工作，与美国20世纪的慈善基金会有着极大的区别。可见，美国的慈善制度形成缘起民间社会的发育，制度形成的结果来自对民间慈善行为的规范。这一时期盛行的"天赋人权、自由竞争"主流观点，使得慈善更多是一种应急性的互助行为而非长效的救济措施。

三、慈善理念的转变与法制规范的确立

19世纪中期，美国慈善事业面临新的转折，尤其是慈善理念的显著转变。慈善思想由个体救急逐渐扩张到增加全人类福祉，以扶危济困为宗旨的传统型慈善组织开始向资助探讨解决社会问题的现代型慈善组织转变。这种观念在历史上第一次将科学化的理论和大量资源引入慈善思想服务领域。典型代表就是于1846年成立的史密森学会，它从事的不再是针对个人的救济性慈善活动，而是更加广

---

① 马文·奥拉斯基. 美国同情心的悲剧 [M]. 北京：文津出版社，2004：13.

义的、研究解决根源性社会问题的慈善事业,其宗旨是"促进人们之间知识的增加和传播"[①]。在资助对象方面,除资助博物馆及各种艺术收藏外,史密森学会还开创性地支持有关的研究项目。在管理方面,史密森学会创设有董事会和职能部门,并设立了一套规章制度。这两方面的创新使史密森学会成为20世纪美国现代慈善基金会的早期典范。从史密森学会成立到20世纪初,主张慈善基金会宗旨应当广泛并具有灵活性的新慈善观念开始酝酿并逐渐成熟。

另一个值得注意的转变是美国本土慈善组织的诞生与发展。1867年,皮博迪教育基金成为第一个由美国人在美国创办的慈善基金会,专门致力于资助和发展南北战争后南方教育事业。美国南北战争后到20世纪初被称为"镀金时代"。在这一时期,美国的社会、政治、经济等都发生了巨大的变化。随着资本主义的迅猛发展,生产和资本向大企业集中,美国社会中出现了一个以卡内基、洛克菲勒、阿斯特、摩根等工商巨头为代表的亿万富翁阶层。这个占美国家庭总数仅1%的阶层1913年的收入占全部美国家庭总收入的15%左右。[②] 然而,经济上的繁荣伴随着社会矛盾的激化。贫富差距加大、社会严重不公、工人运动兴起、媒体舆论批评等外在压力,以及美国文化中开拓进取观念、基督教主张行善的教义内涵,使得诸如卡内基、洛克菲勒等富豪在拥有丰厚财产的同时也认识到自身的社会责任,为避免更激烈的社会冲突,他们积极投身社会慈善事业,例如,1907年拉塞尔·赛奇基金会成立,1911年卡内基基金会成立,1913年洛克菲勒基金会成立。这些基金会资金规模极大、

---

① James Smithson's Gift [EB/OL]. http://www.si.edu/about/mission.html.
② 吉尔伯特·C. 菲特,吉姆·E. 里斯. 美国经济史 [M]. 沈阳:辽宁人民出版社,1981:593.

活动范围广、影响力强,将美国慈善事业推向了前所未有的新高度。与此同时,影响慈善发展的税收制度也得到了确立。一方面,1913年税收改革增加了主要针对富人的个人所得税,遗产税也在1916年税法中首次予以制度化规定;另一方面,美国联邦、州、地方的税法均通过税收豁免或扣除鼓励慈善活动,例如,1909年税法中对慈善企业的消费税进行豁免,1913年所得税法中规定了慈善组织税收豁免资格,1917年第一部针对基金会的法律《战时收入法》对税收抵扣作了规定。慈善捐赠开始享受税收优惠扣除待遇,进一步促进了慈善事业的发展。

罗斯福新政时期,慈善救济成为联邦政府承担的主要责任,政府与慈善机构的职责实现了分离。时任联邦紧急救援署署长的哈里·霍普金斯禁止将联邦资金转交给私立机构分配,认为应该将穷人从接受私人救济的耻辱中解救出来。20世纪中期,企业基金会开始出现并快速发展,大众慈善急剧扩张,社区福利基金会开始发挥作用。在"伟大社会"的计划中,联邦政府再次利用私人慈善力量促进社会服务的发展与市民社会机构的相互合作重新获得发展。

20世纪80年代,里根总统上台后大幅缩减了政府福利开支。政府责任的收缩和经济的发展使美国慈善事业的发展再次达到高潮。慈善基金会的数量呈现爆发式增长态势,以家族基金会为例,1980—1990年就新增4 117家,超过之前的总和(3 110家),1990—2000年新增数更是高达13 345家。自1973年以来,美国慈善捐赠总额占GDP和个人可支配收入的比重一直维持在2%左右,慈善已经成为人们习以为常的行为。如今,美国以慈善事业捐赠量庞大、捐赠率极高的形象,成为当今世界慈善事业最发达的国家。

第二节 慈善事业的法律规范

受英美法系传统的影响,美国没有对慈善事业专门立法,但是关于慈善事业的法律规范夹杂在联邦宪法、国际条约、美国税法、联邦和州的立法与行政规章以及法院的司法判例中,构成了美国慈善制度的法律体系。美国成熟的慈善法律体系,从根本上规范了美国慈善事业的发展路径,为慈善事业的发展保驾护航。

一、宪法原则下的慈善制度

美国宪法中并没有明确规定有关慈善的内容,它更多的是通过对宪法权利的保护以及限定政府权力原则等来使慈善制度获得最高权威的界定。

援引宪法第1条修正案,关于慈善组织募捐权利也经历了宪法范围内的讨论。募捐是慈善组织筹集资金的主要方式,但是募捐行为本身并不一定为被募捐者所接受,因此两者间的冲突为行政权力的介入提供了入口。但是,行政权力的"事先规范"却也有可能使得募捐行为失去自由行动的空间,由此造成宪法上规定的冲突。

美国宪法对慈善组织等民间社团的保护与规范主要根植于宪法权利的规定,通过最高法院对宪法及修正案的援引和阐释,为慈善组织的发展建构出宪政制度空间,从而也为其他法律或行政规范提供了方向指引。

二、联邦的立法规定

联邦层面的立法过程由美国国会完成,主要涉及慈善组织的有关权益、治理与监管过程等内容。联邦立法中对美国慈善组织发展影响最大的是《国内税收法》,通过对慈善组织免税或减税来界定、调节、监管慈善组织的活动，也正因如此，针对慈善组织的财会审计以及信用管理成为国会立法关注的重点。特别是随着2000年以来安然公司、世界通讯公司等大型上市公司接连曝出财务欺诈丑闻并导致破产后，民间组织如何对慈善组织进行财务监管，成为国会立法的当务之急。因此2000年国会通过了《上市公司会计改革和投资者保护法案》（又被称作《萨班斯-奥克斯利法》），意在加强政府对上市公司的监管，进一步严格商业财务和审计制度。法案规定：组织内部必须设立独立的审计委员会作为审计组织财务账目的机构，审计人员每五年更换一次；禁止审计公司为客户提供与审计无关的诸如评估、投资、法律等方面的财务服务；财务审计的方法和原则必须向公司管理层公开，首席执行官和首席财务官必须签署本机构的财务报表，严禁任何不实信息或作假行为；严禁内部交易和利益关联；提高内部信息的透明度和信息披露要求；鼓励并保护慈善组织等民间社团的雇员或志愿人员向审计机构检举揭发问题；建立保存和销毁内部文件的规范制度等。该法案生效后，美国各州也随即依照该法案的原则和思路出台相关立法或规定，加强对本州公司和民间组织的监管。

其后，在2004年通过《美国工作岗位创造法》，增加了关于"捐赠知识产权"的税收条款，填补了长期以来对知识产权捐赠的价值缺乏相关法律规定的空白。同时，该法案还设置了关于废旧汽车捐赠的条款，避免通过向公益慈善组织捐赠废旧汽车而捞取免税好处的现象。在2006年生效的《养老金保障法》中作出了进一步的补充：改革捐赠财产的评估、严格筛选评估师和确定评估程序，防止实物捐赠价值被高估；将公益慈善组织、私人基金会和社会福利组织等违法行为的惩罚性征税提高一倍，强化对获得免税优待的"支持型"组织的监管力度，防止它们成为谋求私利的工具；以前无需向联邦税务局提供年度报表的小型免税组织也需要向联邦税务局进行年度电子报备；从2007年度起，任何联邦免税组织若连续三年不按要求上报年度报表，则自动丧失免税地位等规定。

美国联邦层面尽管没有专门的慈善法，但是其将慈善组织和慈善行为归入非营利组织的管理范畴之下，在宏观层面上为鼓励支持和监管慈善组织建立了法律制度体系。对于慈善组织的具体监管措施主要体现在联邦行政部门的规章和州的立法层面。

三、州的立法体系

美国是联邦制国家，各州在本州范围内拥有立法权力，因此各州关于慈善事业、慈善组织的立法内容也是美国慈善制度的重要组成部分。州层面的立法主要集中在慈善组织的设立、州税赋的征收、劝募、审计等规则方面。由于各州历史传统、经济社会发展水平、政府治理能力的差异，各州关于慈善组织的立法也有差别，特别是关于联邦免税组织，有的州"自动认可"、无条件地给予这些组织在本州范围内的免税待遇。但是有的州，如得克萨斯州等，则拒绝这种做法。因此，即使全国性的慈善组织在各州开展活动时也要遵守本州的法则，即使是在同一州内，不同时间成立的慈善组织也可能有不同的法律要求。例如，有的州新成立的慈善组织必须遵循非营利组织相关法律，而一些老牌的慈善组织则可以由州议会或其他机构特许成立。

但是，随着美国跨州慈善组织和慈善活动的迅速增加，各州政府越来越重视法律规范的统一。许多州在制定相关法律时，所参考的除宪法和联邦法律，特别是税收法外，更多的是参考、引用一些"范本"，如《非营利法人机构法范本》《慈善募捐法范本》等，他们并非由联邦政府制定，而是由一些美国历史上声誉卓越、发展悠久的非营利组织，以其自身的专业能力为各州的立法机构提供的权威参考框架，因此这些法律范本也构成了州立法体系的基础内容，比较重要的法律范本有三种。

一是《非营利法人机构法范本》，由美国律师协会商法分会的非营利公司制法人组织委员会起草，并经美国律师协会审议通过，涵盖非营利组织的"成立条件、名称设置、登记程序、组织形式、办公地址与法人注册、财务管理、理事会、表决机制、成员管理、机构变更、章程修订、财产处置、活动授权、档案管理、解散"等方面的定义、程序、规则和制度。由于美国97%以上的民间组织都采用非营利法人机构的组织形式，因此《非营利法人机构法范本》也就成为相关法律范本中最为重要和普适性的文件，绝大多数州陆续采纳或者参考了这个范本。

二是《慈善募捐法范本》，由全国首席检察官协会、全国州级政府慈善和公益慈善组织代表组成的专家小组在1986年共同研究拟定，主要目的在于对在州界内公益慈善组织开展的各种慈善募捐活动进行规范，保护公众对公益慈善事业的热情与信任，防范和打击以慈善募捐为名的财产诈骗行为。

三是《非公司制法人机构非营利社团法范本》，由全国统一州法委员会起草，其目的在于解决"具体的非公司制"民间社团如何适用普通法原则的问题。

除此以外，全国保险事务专员协会还就慈善合约捐赠的方式及规范于1998年推出了两种规范合约捐赠的法律范本以及规范慈善组织投资、资金管理等行为的法律范本,如《机构资金谨慎管理法范本》《本金与收益法范本》和《信托法范本》等。

这些法律范本因其专业领域的权威性,各州在立法时往往会参考其内容,对其中提出的标准法律范本中的条款各取所需,形成了"共同但有差别"的州慈善立法体系。

四、《国内税收法》

《国内税收法》是美国国会制定的统一法典,是美国联邦税务局监管免税组织的主要法律依据,其自1954年形成基本框架、在1969年相关条款基本成熟定性后,又在不断吸收最新立法成果进行补充完善,特别是其中直接规定慈善组织范围的第501(c)(3)条款,被誉为"美国公益慈善事业的圣经"。

(一)慈善组织的界定

美国没有专门的慈善法,但是对于慈善组织的确定却直接关系到免税资格的获得。因此《国内税收法》对于免税资格的确定就成为判断其是否为慈善组织的基本要件。事实上,美国政府也正是以免税资格的确定和审批为切入口,界定和管理慈善组织。

对慈善组织的界定主要来自《国内税收法》第501(c)(3)条款的规定,以"慈善、宗教、科学、公共安全试验、文学、教育、促进业余体育竞技或预防虐待儿童、动物"为目的而成立和运行的社区福利基金、基金会或事业法人机构等。此外诸如州立大学、医院等,尽管其由政府兴办,但是只要他们是独立的实体、符合税法的要求和以公益慈善为目的的运营检验标准,都可以申请第501(c)(3)条款下的免税组织资格。除第501(c)(3)条款外,在《国内税收法》中还有第 509 条（所得税）、第 4944～4946 条（消费税）等对免税组织作出了规定。总体来说，获得免税资格的慈善组织必须满足以下方面的要求：必须以非营利为目的，即具备第 501（c）（3）条款的要求内容；经营活动主要为了达到规定的非营利目的；不能借由慈善组织谋求个人利益；不得参与竞选，不支持和反对任何公共职位候选人；不得参与实质性游说活动，即不对立法进行影响。

（二）免税资格的审批

除红十字会由美国国会特许成立外，任何慈善组织要获得免税资格，都必须向联邦税务局申请审批。免税资格的审批主要由三个环节组成：准备文件、审查批准、（未获批）申诉。填写申请表格是审批免税资格的开始，一般申请免税资格的材料应在该组织成立后的 15 个月内提交。除了教会和年收入不超过 5 000 美元的非私人基金会可以自动获得免税资格，其他申请免税资格的非营利组织需要填写美国联邦税务局的 1023 号申请表。此外，部分慈善组织还需要填写附表 A 到附表 H。不同类别的慈善组织所要填写的表格是不同的，宗教组织（如需联邦税务局正式出函确认其免税资格）需要填写附表 A，教育组织需要填写附表 B，医院和医学研究组织要填写附表 C，为老年人、残疾人和低收入者提供住房的组织需要填写附表 F 等。第 1023 号申请表内容涵盖组织负责人身份证登记、组织类型和组织结构文件、经营活动情况、财务资料等 11 个部分，一些问题的填写还需附加必要的证明材料和说明文件，在填写好之后会提交联邦税务机关进行审查。

一般联邦税务局在收到材料后会出具一份正式的收据，如果填写不符合要求需要申请者进行修改。通过初审的申请材料将转送联邦税务总局进行最终审查。美国税法规定的免税期限一般是从该组织成立之日算起，获得免税资格后，慈善组织可以凭联邦税务局开出的批准函申请退回已经缴纳的所得税款。如果提交申请后收到联邦税务局的否定函，如对其拒批理由存有异议，可以在收到否定函 30 日内向联邦税务局申请申诉；如果申诉失败或联邦税务局在 270 日内未做答复，可以将案件提交联邦地区法院、经济纠纷法院或税务法院审理。

获得免税资格对于慈善组织来说是一项非常重要的成就，因为许多美国人相信"慈善部门在某种程度上比商业部门更好、更值得信赖，因而更有可能提供高质量的服务和商品。如果一个慈善机构和一家公司都提供同一种服务，消费者通常会选择慈善机构提供的服务"。因此，获得免税资格的慈善组织所拥有的巨大声望也使得其自身以及政府部门对其内部管理过程更加重视。

（三）慈善组织的活动规定

值得注意的是，所谓"免税"并不是免除慈善组织活动的所有缴税，而是免除慈善组织"获得的捐款和组织发挥其非营利功能所获得的收入"所需缴纳的税款，如果从事与本机构慈善性质不相关的贸易或商业收入，则需缴纳"非相关商业所得税"。

正因如此，美国税法对于慈善组织进行慈善相关活动的信息披露有详细的规定。

1. 捐赠与募捐活动

募捐是慈善组织获得资金和资产的主要方式，美国税法对慈善捐赠及开展慈善劝募活动的规定主要体现在劝募性质、对象、方式及募集物资的形式和募款数额等方面。

一般来说，慈善组织的劝募活动有较大的自主权，政府对于其劝募活动的规范仅限组织注册和人员专业管理上。由于募捐活动是在各州具体开展的，因此州的立法规定对于募捐活动有着详细的要求，主要包括募捐前的注册和活动项目的审查等。为了促进各州对慈善组织募捐活动注册的统一化、规范化，美国州慈善组织管理机关全国联合会和首席检察官全国联合会联合制定了"注册统一陈述"，对慈善组织注册的组织名称、地址、组织结构、成立时间、地点及初次注册时间、雇员或劝募人信息、免税地位、劝募方式、目的、财务信息等进行登记，在登记注册完成后将"注册统一陈述"表格向州政府相关部门提交。

有关项目审查主要针对慈善募捐活动的执行者——劝募人或劝募顾问以及商业合作人，对他们之间的合同与其他文件进行审查，以及在募捐活动结束后要求专业劝募人提交财务报表进行财务审查。其目的在于审查劝募者的资格，是否会收取或控制、雇用其他人劝募，或收取、控制募捐所得财物，以使捐赠者与受助者双方的权益得到保障，确保捐赠款物会真正到达受助者手中，同时监督募捐活动是否在合法范围内进行。

2. 信息公开

信息公开是美国民众直接了解慈善组织的最有效方式，有利于捐赠者及时获知自己的捐赠是否符合自己的要求，也有利于民众监督慈善组织是否有效实现其慈善目的。按照联邦规定，美国民众可以查询慈善组织每年申报免税资格的所有文件，包括组织的日常活动、财务状况、善款使用去向、机构办公支出等内容。

美国税法也对慈善组织的信息公开事项作出了具体的规定：其

一，获得免税资格的慈善组织申请免税地位的申请文件，包括慈善组织设立文件、州政府相关部门的批准函、EIN 码①、申请免税资格所提供的相关材料、美国联邦税务局免税资格批准函等；其二，慈善组织的年度报告，包括组织概况、签名、开展项目、守法情况说明、组织治理、工作人员构成及薪资状况、收入开支、资产负债、财务报表等；其三，不相关营业收入的报告文件，即前文所提到的需缴纳"非相关商业所得税"的组织活动文件，主要内容是提交 990-T 表（即慈善组织财务状况和经营状况的报表）及其附件、相关的配套资料等；其四，少数慈善组织还需要公布一些其他信息，如不得抵税的劝募、可从联邦政府处免费获得的信息和服务、用于劝募或政治运动的资金、禁止的避税交易等。

通过这些文件的信息，民众可以非常清晰地了解到慈善组织的具体状况，从而进行及时的监督。除了这些基本要求公开的信息，有的慈善组织还为了更好地获得民众的信任主动公开其他组织信息，这无疑为美国慈善组织在阳光下运行创造了良好的制度环境。

3. 活动限制

美国税法除了对慈善组织可以开展哪些活动作出了详细的活动规范，还制定了禁止举行某项活动的规则。一般来说，禁止慈善组织进行的活动主要原则包括禁止慈善组织"非法侵吞"慈善资产，如美国《国内税收法》第 501（c）（3）条规定"（慈善组织）任何收入均不得用于支付私人股东或个人的福利"；禁止慈善组织利用慈善资金或慈善组织对民众的影响力从事具有明显价值倾向，尤其

---

① EIN 码是美国雇主身份识别号码，也称作联邦税号，通过该号码可以查询到在美国境内外注册的公司或者实体以及个人的注册信息。

是政治倾向的活动,如公开支持或反对某公职候选人、资助竞选或进行游说活动,简单地说就是慈善组织要严守价值中立;禁止慈善组织借由免税资格从事避税交易,即与其他不具备免税资格的组织进行利益交换或进行利益输送行为,借由慈善组织的特殊税法地位为创始人或其他股东的私人目的服务;关于慈善组织进行商业投资的限制,《国内税收法》第 4944 条规定,"如私人基金会的投资活动可能削弱其开展慈善活动的能力,那么该基金会将被课以年度投资额 5% 的惩罚税"等,其实际意图在于保证慈善捐赠者的慈善捐赠能够有效保值、使用。

违反禁止规定的慈善组织将被处以警告甚至取消免税资格。取消免税资格对于慈善组织而言是一项非常重的处罚,这不仅是慈善组织在法律体系中的资格被剥夺[①],而且是慈善组织在社会中公信力的完全丧失。除了税法对慈善组织的财务、募捐等外部活动进行了规范,《公司法》等相关法律还对慈善组织内部管理,如董事会活动等进行了一定的规范。

五、针对个人直接税的税制安排

在联邦层面,有关个人直接税的税制安排主要有两种:一是所得税税前扣除,旨在激励人们慈善捐赠行为的发生;二是以遗产税和赠与税为主体的"财富转让税",促使人们慎重考虑财富的用途与流向。

美国的个人所得税在 1913 年成为一个正式税种,而有关慈善捐赠的所得税扣除政策始于 1917 年,当时国会通过了一项鼓励人们捐

---

① 在美国,很多时候以"501(c)(3)组织"来代称慈善组织或非营利组织。

赠的宪法修正案，规定捐赠款物可以享受所得税扣除优惠，扣除比例最高可达 15%。

尽管个人所得税可以限制个人财富积累的能力，但它对已经积累的财富，尤其是家族财富代际转移的影响则无能为力。与个人所得税不同，联邦赠与税和遗产税是对财富本身进行征税，即对个人生前或死后无偿转移的财富进行征税。美国现代意义上的遗产税始于 1916 年，当时的主要目的是为筹集第一次世界大战的军费，后来便成为固定税种。随后，联邦政府又于 1924 年开征赠与税，两年后停征；1932 年立法后成为一项长期制度重新开征；1976 年《税收改革法》的颁布，将遗产税和赠与税合并，并制定了统一的税率表和宽免项目，从而构成了一个统一的转让税体系。美国联邦遗产税实行总遗产税制，以死者死亡时的遗产总额为课税对象，以遗嘱执行人为纳税人，以应税遗产额为计税依据。

美国对所得税和遗产税均实行超额累进税率，应纳税额越高，相对应的税率也越高。超额累进税率对于慈善捐赠发挥了有效的激励作用。一方面，收入越高者，其适用的所得税税率越高，因此通过慈善捐赠可以降低其应纳税额和对应的税率。另一方面，财富越多，其适用的遗产税税率也越高，实际上提高了继承遗产的价格，降低了慈善捐赠的价格。而美国的富人为了避税，往往会通过设立私人基金会来达到目的。①

第三节　慈善实践

慈善组织、慈善捐赠和志愿服务是美国慈善事业三大重要组成

---

① 褚蓥. 美国公共慈善组织法律规则 [M]. 北京：知识产权出版社，2015.

部分，三者的齐头并进保证了美国慈善事业在社会中继续发挥举足轻重的作用。

一、慈善组织

在美国，非营利部门被称为政府、商业之外的第三部门，其中包括美国《国内税收法》第 501（c）（3）条款给予不同免税资格的公共慈善机构和私人基金会等慈善组织。各种非营利组织在文化、教育、卫生领域，以及消除贫困、帮助弱势群体、保护妇女儿童权益、促进就业、保护环境和预防犯罪、改造社区、帮助移民等方面发挥着重要作用。

2017 年，美国联邦税务局注册的非营利组织超 150 万个，拥有近 1 250 万工作人员[①]，是美国第三大产业，2016 年其总收入为 2.62 万亿美元，总支出为 2.48 万亿美元。公共慈善机构和私人基金会等慈善组织近 145 万个，其中 72% 为公共慈善机构，7% 为私人基金会，剩下为其他类型的慈善组织。基金会是重要的非营利组织，不仅有诸如卡内基基金会、福特基金会等大型基金会，也有构成美国私人基金会主体的数量庞大的中小型基金会，更有如联合劝募会、救世军组织、比尔及梅琳达·盖茨基金会、洛克菲勒基金会等遍布世界多个国家和地区的具有较大影响力的国际性基金会（见表 9-1）。目前美国基金会主要分为四大类：社区基金会（community foundation）、独立基金会（independent foundation）、公司基金会（corporate foundation）和运作型基金会（operating foundation）。其中社区基金会属于公共慈善机构（public charity），而独立基金会、公司

---

① SALAMON L M, NEWHOUSE C L. The 2020 nonprofit employment Report [J]. Johns Hopkins Center for Civil Society Studies，2020（5）：4.

基金会和运作型基金会则被统称为私人基金会（private foundation）。

表9-1　　2020年美国基金会资金规模排行榜（前十位）　　单位：亿美元

排名	基金会	总资产
1	比尔及梅琳达·盖茨基金会（Bill & Melinda Gates Foundation）	478.5
2	礼来公司基金会（Lilly Endowment）	151.0
3	保罗·盖蒂信托基金（J. Paul Getty Trust）	132.3
4	福特基金会（Ford Foundation）	130.8
5	罗伯特·伍德·约翰逊基金会（Robert Wood Johnson Foundation）	111.4
6	促进开放社会基金会（Foundation To Promote Open Society）	106.0
7	威廉和弗洛拉·休利特基金会（William & Flora Hewlett Foundation）	97.6
8	彭博家庭基金会（Bloomberg Family Foundation）	89.3
9	W. K. 凯洛格基金会（W. K. Kellogg Foundation Trust）	81.9
10	硅谷社区基金会（Silicon Valley Community Foundation）	80.5

资料来源：美国联邦税务局。

二、慈善捐赠

（一）慈善捐赠数额

规模庞大的慈善组织为美国慈善事业募集到了数额巨大的资金。自1980年以来，除了1987年、2008年和2009年这三年，美国年度慈善捐赠总额基本上保持了逐年增长的趋势。但是另有实证研究指出，小额捐赠者和中等水平捐助者的参与度和捐赠金额均在下降，这表明美国家庭捐赠的增长主要来自高收入阶层捐赠的增加。城市研究所（Urban Institute）证实，在慈善机构收到的捐款中，来自收入更高、财富更多的人的捐赠占很大比例，2018年收入位于前五位的人捐出1 930亿美元，这个数字占美国家庭捐款3 060亿美元（估计数据，不包括地产或基金会捐赠）的63%。美国税收政策中心（Tax Policy Center）的测算也得出类似结论，称收入位于前1%的纳税人估计捐赠800亿美元，占3 060亿美元的1/4以上（见图9-1）。①

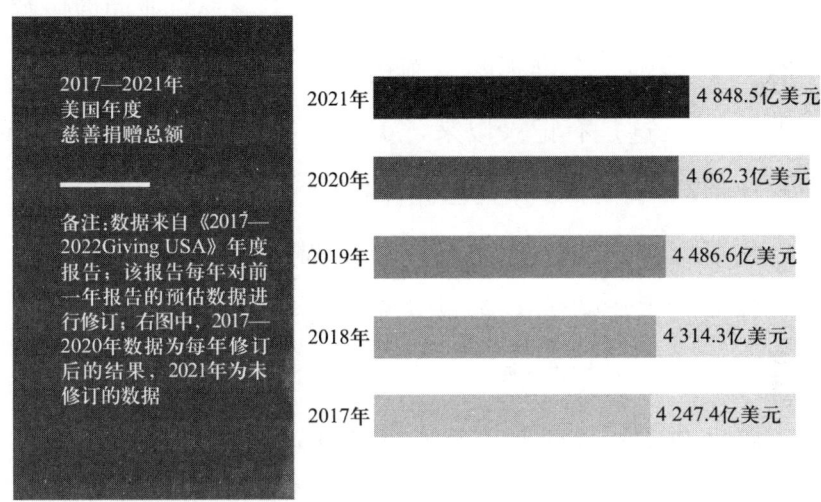

图9-1　2017—2021年美国年度慈善捐赠总额

资料来源：爱德传一基金。

（二）慈善捐赠募集

美国慈善捐赠的来源主要包括个人捐赠、基金会捐赠、遗产捐赠、企业捐赠。其中，个人捐赠虽仍然是美国慈善捐赠最重要的来源，并且在2021年达到了创纪录的3 268.7亿美元，占总捐款额的67%，但它在美国慈善捐赠总额中的占比已连续四年处于70%以下。20世纪90年代，个人捐赠在美国慈善捐赠中的占比超过80%。麦肯齐·斯科特（MacKenzie Scott）和埃隆·马斯克（Elon Musk）为代表的美国富豪在2021年的慈善捐赠接近150亿美元，约占同年美国个人捐赠总额的5%。美国施惠基金会主席劳拉·麦克唐纳

---

① 程芬．"美国梦"的破灭与修复：富人慈善的悖论与启示［M］//杨团．中国慈善发展报告（2019）．北京：社会科学文献出版社，2019：32．

(Laura MacDonald)认为,美国慈善"自上而下"的趋势是明显而持续的,但是更多人参与的慈善事业才是更健康的,为此,她呼吁美国政府继续制定激励政策,鼓励所有人都能为了慈善事业而慷慨解囊。

2021年,美国基金会捐赠总额达908.8亿美元,占美国慈善捐赠总额的19%。这是有记录以来,美国基金会捐赠在美国慈善捐赠总额中占比最高的一年,并且已经保持了十年的持续增长。与2020年相比,增长了3.4%,但经通货膨胀调整后,略降1.2%。2020年,因为新冠肺炎疫情等因素的影响,众多美国基金会增加了慈善支出,并承诺放宽拨款要求。

因为感染新冠肺炎而死亡的人数增加,2021年,美国遗产捐赠总额达460.1亿美元,占美国慈善捐赠总额的9%。与2020年相比,下降7.3%,经通货膨胀调整后,下降达到11.4%。遗产捐赠具有不稳定性,美国2021年遗产捐赠明显下降,可能是因为2020年几笔大额同类捐赠的对比。尽管如此,美国2021年遗产捐赠总额在经通货膨胀调整后,依然是该来源捐赠数据的历史第二高。美国得州理工大学的拉塞尔·詹姆斯(Russell James)教授认为,代际人口结构的变化才是美国遗产捐赠增长最大的驱动力;与前几代人相比,美国"婴儿潮一代"的生育率下降,这使他们更有可能向慈善机构捐款。

同样遭受新冠肺炎疫情影响,2021年,美国企业捐赠总额达210.8亿美元,占美国慈善捐赠总额的4%。与2020年相比,增长23.8%,经通货膨胀调整后,也仍增长18.3%。企业捐赠包括通过企业项目捐出的现金与实物,以及通过企业基金会捐出的现金与实物。美国2021年企业捐赠增幅明显,或与国内生产总值和企业税前利润增长（增长37.4%，经通货膨胀调整后为31.2%）有关（见图9-2）。

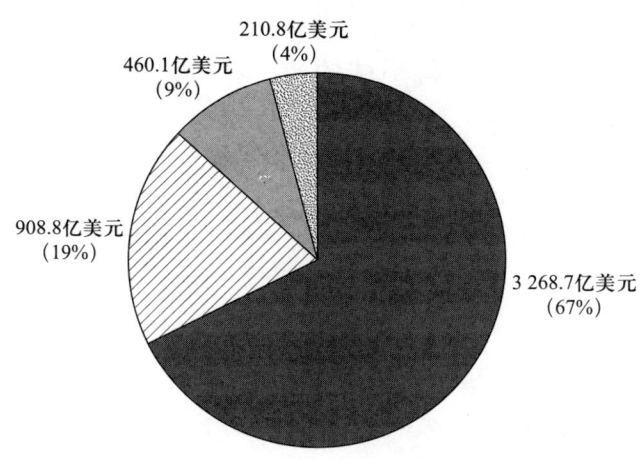

图9-2 2021年美国慈善捐赠来源情况

（三）慈善捐赠运营

美国慈善捐款的使用领域非常广泛，并且还在随着现实环境的变化不断扩展，主要包括宗教、教育、人道服务、基金会、公共团体利益、健康、国际事务、艺术文化与人文社科、环境/动物保护、个人这十个领域。其中，人道服务领域包含了犯罪预防与法律支援、平等就业、食物救助、营养保障、住房保障与支持、社区服务、应急管理、卫生服务、娱乐与体育发展、青少年健康成长、儿童保护、难民安置、家庭援助等；公共团体利益领域包括了大多数有商业赞助的捐赠者，如建议基金（Donor-advised Funds）、联合之路（United Ways）、犹太联合会（Jewish Federations）、民权组织（Civil Rights Groups）和智库（Think Tanks）等。

在2021年，美国获得最多慈善捐赠的领域依然是宗教。该领域

2021年获得的慈善捐赠总额达到1 357.8亿美元,占美国全年慈善捐赠总额的27%。但增长最明显的是艺术文化与人文学科领域,增幅或高达27.5%。随着疫情的消退,紧急和危机救助需求也随之消退,对艺术文化和人文学科领域的慈善捐赠明显反弹,而随着全球从疫情的影响中逐渐恢复,对这一领域的慈善捐赠,无论是捐赠范围还是捐赠重要程度,都可能继续扩大或提高。以下为各慈善捐赠流向概况。

(1) 宗教:2021年,美国宗教领域接收的慈善捐赠达1 357.8亿美元,占比约27%;与2020年相比,增长5.4%,经通货膨胀调整后基本持平,略涨0.7%。

(2) 教育:2021年,美国教育领域接收的慈善捐赠总额达707.9亿美元,占比约14%;与2020年相比,下降2.8%,经通货膨胀调整后,下降7.2%。流向教育机构的慈善捐赠包括流向K-12学校、高校和图书馆的慈善捐赠。

(3) 人道服务:2021年,美国人道服务领域接收的慈善捐赠达653.3亿美元,占比约13%;与2020年相比,增长2.2%,但经通货膨胀调整后,下降2.4%。

(4) 基金会:2021年,美国基金会接收的慈善捐赠达642.6亿美元,占比约13%;与2020年相比,增长9.3%,经通货膨胀调整后,增长4.4%。

(5) 公共团体利益:2021年,美国公共团体利益领域接收的慈善捐赠达558.5亿美元,占比约11%;与2020年相比,增长23.5%,经通货膨胀调整后,增长17.9%。在过去12年中,美国对公共团体利益领域的慈善捐赠,有11年是增长的,而且是少数几个在 2020 年和 2021 年都保持增长的领域，其背后最强劲的推动力是对全国捐赠者建议基金的捐赠，一些美国极富有的个人已经宣布了几笔面向全国捐赠者建议基金的大额捐赠。此外，过去两年股票市场的普遍增长也起到了推动作用。

（6）健康：2021 年，美国健康领域接收的慈善捐赠达 405.8 亿美元，占比约 8%；与 2020 年相比，增长 7.7%，经通货膨胀调整后，增长 2.9%。

（7）国际事务：2021 年，美国国际事务领域接收的慈善捐赠达 274.4 亿美元，占比约 5%；与 2020 年持平，但经通货膨胀调整后，下降 4.5%。

（8）艺术文化与人文社科：2021 年，美国艺术文化与人文社科领域接收的慈善捐赠预估达 235.0 亿美元，占比约 5%；与 2020 年相比，增长 27.5%，经通货膨胀调整后，增长 21.8%。

（9）环境/动物保护：2021 年，美国环境/动物保护领域接收的慈善捐赠达 163.2 亿美元，占比约 3%；与 2020 年相比，增长 11.0%，经通货膨胀调整后，增长 6.1%。

（10）个人：2021 年，美国个人接收的慈善捐赠达 117.4 亿美元，占比约 2%；与 2020 年相比，增长 1.8%，但经通货膨胀调整后，下降约 2.7%。这部分捐赠大部分是制药公司运营的基金会通过患者援助项目向有需要的患者提供的药物捐赠。

值得注意的是，美国慈善事业用于宗教和教育的资金最多，可见美国人对于宗教信仰的热衷和对于教育的重视。个人领域的资金是最少的，而这些受到资助的个人一般为身处困境的人，可见美国慈善事业真正惠及贫困人群的资金非常有限。这一现象也反映了美国慈善事业的价值取向并非致力于改变经济不平等加剧的情况，而是通过捐赠来利用其经济特权维护富人特权、控制公共政策和社会议题，这突出体现在教育特权、政策研究等方面。

三、志愿服务

除慈善捐款外，提供志愿服务是大众支持和参与公益慈善事业的另一种方式，这也是慈善行为区别于其他商业行为的重要标志之一。

据美国国家慈善统计中心（NCCS）发布的《非营利部门简报2019：公共慈善机构、捐赠和志愿服务》显示，2017年有6 440万美国成年人参与了至少一次志愿服务，占总人口的25.1%。在此前十年中，志愿服务人口占比最低为2015年的24.9%，最高为2009年和2011年的26.8%，但大部分时间稳定在25%以上（见表9-2）。

表9-2　　2008—2017年志愿服务时长及价值

年份	2008	2009	2010	2011	2012	2013	2014	2015	2016	2017
志愿服务人口占比（%）	26.4	26.8	26.3	26.8	26.5	25.4	25.3	24.9	25.2	25.1
志愿者人数（百万）	61.8	63.4	62.8	64.3	64.5	62.6	62.8	62.6	63.9	64.4
志愿服务小时数（亿）	8	8.1	8.1	8.5	8.5	8.3	8.7	8.5	8.7	8.8
每位志愿者的年平均小时数	130	128	129	132	132	133	139	136	136	137
每位志愿者每天的小时数	2.43	2.39	2.46	2.84	2.48	2.57	2.41	2.49	2.39	2.86
志愿时长总价值（亿美元）	144.7	150.7	154.1	164.8	168.3	167.2	179.2	179	187.4	195

资料来源：The Nonprofit Sector in Brief 2019.

2017年美国年平均志愿服务时长为137小时，相较于2016年的136小时略有增加，志愿时长最多的活动是社会服务和护理活动（24.8%），包括准备食物、收集和交付衣服或其他物品、提供护理以及教学、咨询或指导等任务。行政和支持活动次之（22%），具体包括计算机、电话（热线咨询除外）、写作、筹款等。2017年志愿时长总价值约为195亿美元。

第四节　慈善事业的特点

发达的经济实力虽然是美国慈善事业发展的客观环境条件，但并不是其发展的决定性因素。美国发达的慈善事业要归功于慈善文化的宣扬和政策法规的引导。如果仅靠文化影响和道德指引而没有法律政策加以鼓励和规制，慈善事业将不具有可持续性，偏离慈善初衷；如果空有惩罚性的高额税收和鼓励性的纳税优惠法规，没有形成回馈社会的慈善道德，则可能导致财富肆意挥霍造成政策落空。由此可见，美国慈善事业的兴旺发达，既根植于传统的慈善文化，又得益于健全的政策法制，二者缺一不可。[①]

一、慈善文化的广泛传播

美国的慈善文化是在社会发展过程中逐渐形成的。殖民地时期，宗教思想与慈善理念由英国传入美国，对人们产生着潜移默化的影响；与此同时，被称为"现代慈善法开端"的英国1601年《慈善用益法》（The Statute of Charitable Uses）也随之引进美国。此后，美国慈善事业不断发展，产生了各种新的慈善动向，慈善文化不断形成，美国本土的慈善实践也在不断探索中发展。

二、政策法规对慈善的强力引导

美国"小政府、大社会"的格局形成已久，将包括慈善机构与其他公益组织在内的非营利部门看成与政府部门、营利部门并重的部门，体现了非营利部门在美国社会中的地位。慈善事业之所以能发展到如此规模，与美国政府的支持引导密不可分。一方面，美国

[①] 陶冶，陈斌. 美国慈善事业发展的历史、原因及启示［J］. 中国劳动关系学院学报，2016，30（4）：76-82.

个人捐赠税收减免政策明确、申请程序简单，政府通过税收优惠鼓励人们将个人财富用于公共事业的政策目的，通过让渡一部分财政收入动员更多社会资源的政策落到了实处；另一方面，高额的遗产税、所得税等税收政策促使公众特别是富人出于避税考虑积极参与慈善，直接推动了慈善事业的发展。

部分术语对照表

中文	英文
《9·11后退役军人权利法案》	Post-9/11 GI Bill
补充性保障收入	Supplemental Security Income, SSI
补充医疗保险	Supplementary Medical Insurance, SMI
补充营养救助项目	Supplemental Nutrition Assistance Program, SNAP
残障保险	Disability Insurance, DI
储蓄激励匹配计划	Savings Incentive Match Plan for Employees, SIMPLE
待遇确定型计划	Defined Benefit Plan, DB Plan
儿童和成人护理食品项目	Child and Adult Care Food Program, CACFP
儿童和家庭管理局	Administration for Children and Families, ACF
儿童健康保险计划	State Children's Health Insurance Program, SCHIP
抚养未成年子女的家庭援助	Aid to Families with Dependent Children, AFDC
妇幼营养补助项目	Special Supplemental Nutrition Program for Women, Infants, and Children; WIC
个人储蓄养老保险	Individual Retirement Accounts, IRA
《个人责任和工作机会协调法》	The Personal Responsibility and Work Opportunity Reconciliation Act, PRWORA
工伤补偿项目办公室	Office of Workers' Compensation Programs, OWCP
公共福利协会	American Public Human Services Association, APHSA
《公平住房法》	Fair Housing Act, FHA
《雇员退休收入保障法》	Employee Retirement Income Security Act, ERISA
《冠状病毒援助、救济、经济保障法案》	Coronavirus Aid, Relief, and Economic Security Act, CARES
《国内税收法》	Internal Revenue Code, IRC
《海岸和港口劳工补偿法》	Longshoremen and Harbor Workers' Compensation Act, LHWCA

续表

中文	英文
《患者保护与平价医疗法案》(奥巴马医改法案)	Patient Protection and Affordable Care Act, PPACA
《基础设施投资和就业法案》	Infrastructure Investment and Jobs Act, IIJA
减薪简化雇员养老金	Salary Reduction Simplified Employee Pension Plan, SARSEP
简化雇员养老金	Simplified Employee Pension, SEP
《健康、反饥饿儿童法》	Healthy, Hunger-Free Kids Act, HHFKA
缴费确定型计划	Defined Contribution Plan, DC Plan
《经济机会法》	Economic Opportunity Act, EOA
就业保障管理账户	Employment Security Administration Account, ESAA
1946年《就业法》	Employment Act of 1946
矿山安全与健康管理局	Mine Safety and Health Administration, MSHA
《矿山改进与新应急响应法》	Mine Improvement and New Emergency Response Act, MINER Act
蓝十字委员会	Blue Cross Commission, BCC
蓝十字与蓝盾协会	Blue Cross Blue Shield Association, BCBSA
老年、遗属和残障保险	Old Age, Survivors, and Disability Insurance, OASDI
联邦雇员补偿账户	Federal Employees Compensation Account, FECA
联邦雇员、海岸和港口劳工补偿处	Division of Federal Employees', Longshore and Harbor Workers' Compensation, DFELHWC
联邦雇员医疗保障计划	Federal Employee Health Benefits Program, FEHBP
《联邦雇主责任法》	Federal Employers Liability Act, FELA
《联邦紧急救济法案》	Federal Emergency Relief Act
联邦紧急救援署	Federal Emergency Relief Administration, FERA
联邦就业和培训管理局	Employment and Training Administration, ETA
联邦贫困线	Federal Poverty Level, FPL
《联邦失业税法》	Federal Unemployment Tax Act, FUTA
联邦税务局	Internal Revenue Service, IRS
联邦医疗救助百分比	Federal Medical Assistance Percentages, FMAP
《粮食、节约和能源法》	Food, Conservation, and Energy Act, FCEA

部分术语对照表

续表

中文	英文
罗杰斯科学、技术、工程和数学奖学金	Edith Nourse Rogers Science Technology Engineering and Math Scholarship, Rogers STEM Scholarship
煤矿工伤补偿处	Division of Coal Mine Workers' Compensation, DCMWC
《美国残疾人法》	American with Disability Act, ADA
《美国复苏和再投资法》	American Recovery and Reinvestment Act, ARRA
美国国家慈善统计中心	National Center for Charitable Statistics, NCCS
《美国救援法案》	American Rescue Plan Act, ARPA
美国医学会	American Medical Association, AMA
美国医院协会	American Hospital Association, AHA
《美国住房法》	United States Housing Act, the Wagner-Steagall Act
《蒙哥马利退役军人权利法案》	Montgomery GI Bill, MGIB
能源业雇员职业病补偿处	Division of Energy Employees Occupational Illness Compensation, DEEOIC
《能源业雇员职业病补偿法》	Energy Employees Occupational Illness Compensation Act, EEOICPA
贫困家庭临时救助	Temporary Assistance for Needy Families, TANF
《品质住房与工作责任法》	Quality Housing and Work Responsibility Act, QHWRA
《平民职业康复法》	Civilian Vocational Rehabilitation Act, The Smith-Fess Act
全国学校午餐项目	National School Lunch Program, NSLP
伤残退役军人延伸项目专家	Disabled Veteran Outreach Program Specialist, DVOP
社会保障号	Social Security number, SSN
《社会保障伤残津贴改革法》	Social Security Disability Benefits Reform Act
社会保障署	Social Security Administration, SSA
食品和营养服务局	Food and Nutrition Services, FNS
《食品券法》	Food Stamp Act, FSA
《通胀削减法案》	Inflation Reduction Act, IRA
退役军人事务部	Department of Veterans Affairs, VA
卫生与公众服务部	Department of Health and Human Services, HHS
《五月花号公约》	Mayflower Compact

续表

中文	英文
养老及遗属保险	Old-Age and Survivors Insurance,OASI
《伊丽莎白济贫法》	The Elizabethan Poor Laws
医保优势	Part C,Medicare Advantage,MA
医疗保险和医疗救助服务中心	Centers for Medicare and Medicaid Services,CMS
早期预防、诊断和治疗服务	Early and Periodic Screening, Diagnostic, and Treatment, EPSDT
职业安全与健康管理局	Occupational Safety and Health Administration,OSHA
住房和城市开发部	Department of Housing and Urban Development,HUD
《住房和城市开发法》	Housing and Urban Development Act,HUDA
《住房和社区发展法》	Housing and Community Development Act,HCD Act
追加失业补偿账户	Extended Unemployment Compensation Account,EUCA
《综合就业培训法》	Comprehensive Employment and Training Act,CETA